Emmanuel Alloa (Org.)

Pensar a imagem

FILÕESTÉTICA   **autêntica**

Emmanuel Alloa (Org.)

Pensar a imagem

1ª EDIÇÃO

2ª REIMPRESSÃO

TRADUÇÃO Carla Rodrigues (coordenação), Fernando Fragozo, Alice Serra e Marianna Poyares

COORDENADOR DA COLEÇÃO FILÔ
Gilson Iannini

CONSELHO EDITORIAL
Gilson Iannini (UFMG); *Barbara Cassin* (Paris); *Carla Rodrigues* (UFRJ); *Cláudio Oliveira* (UFF); *Danilo Marcondes* (PUC-Rio); *Ernani Chaves* (UFPA); *Guilherme Castelo Branco* (UFRJ); *João Carlos Salles* (UFBA); *Monique David-Ménard* (Paris); *Olímpio Pimenta* (UFOP); *Pedro Süssekind* (UFF); *Rogério Lopes* (UFMG); *Rodrigo Duarte* (UFMG); *Romero Alves Freitas* (UFOP); *Slavoj Žižek* (Liubliana); *Vladimir Safatle* (USP)

EDITORA RESPONSÁVEL
Rejane Dias

EDITORA ASSISTENTE
Cecília Martins

PROJETO GRÁFICO
Diogo Droschi

REVISÃO
Lira Córdova
Renata Silveira

CAPA
Alberto Bittencourt

DIAGRAMAÇÃO
Jairo Alvarenga Fonseca

Dados Internacionais de Catalogação na Publicação (CIP)
(Câmara Brasileira do Livro, SP, Brasil)

Pensar a imagem / Emmanuel Alloa, (org.). – 1. ed. ; 2. reimp. – Belo Horizonte: Autêntica Editora, 2017. (Coleção Filô/Estética)

Título original: Penser l'image.
Vários autores.
Vários tradutores.
ISBN 978-85-8217-618-4

1. Arte - Filosofia 2. Estética 3. Imagem 4. Percepção visual I. Alloa, Emmanuel.

15-03707   CDD-700.1

Índices para catálogo sistemático:
1. Percepção visual : Arte : Ensaios   700.1

 GRUPO **AUTÊNTICA**

Belo Horizonte
Rua Carlos Turner, 420
Silveira . 31140-520
Belo Horizonte . MG
Tel.: (55 31) 3465 4500

São Paulo
Av. Paulista, 2.073, Conjunto Nacional, Horsa I
23º andar . Conj. 2310-2312 .
Cerqueira César . 01311-940 São Paulo . SP
Tel.: (55 11) 3034 4468

www.grupoautentica.com.br

Introdução
Entre a transparência e a opacidade –
o que a imagem dá a pensar

Emmanuel Alloa

> *Não se olha a imagem como se olha um objeto.*
> *Olha-se segundo a imagem.*
> Maurice Merleau-Ponty

O que é uma imagem? A múltipla proliferação de imagens no mundo contemporâneo parece – e esse é seu paradoxo – inversamente proporcional à nossa faculdade de dizer com exatidão ao que elas correspondem. Parece ocorrer com as imagens quase o mesmo que acontece com o tempo em Santo Agostinho: somos perpetuamente superexpostos às imagens, interagimos com elas, mas se alguém nos pedisse para explicar o que é uma imagem, teríamos dificuldades de fornecer uma resposta. Poder-se-ia retrucar que existem duas razões para essa dificuldade e que a questão está mal colocada. Por um lado, interrogar-se sobre o que é *uma imagem* seria ainda ignorar que a imagem tende a se disseminar, declinar-se dela mesma em formas plurais, se desmultiplicar em um devir-fluxo que se sustentaria instantaneamente no *Um*. Por outro lado, perguntar o que é uma imagem retorna inevitavelmente a uma ontologia, a uma interrogação sobre seu *ser*. Ora, nada parece menos seguro do que o *ser* da imagem.

O tríptico fotográfico de *Retratos Fictícios*, de Keith Cottingham (1992), nos dá a ver sucessivamente um, dois, depois três adolescentes, instalados sobre um fundo negro diante da câmera fotográfica (Fig. 1). Expostos à meio-corpo a uma luz fria, os bustos imóveis remetem à plástica idealizante, uma vez que os olhares expressam uma aristocracia impassível. Esses rostos de cabelos lisos e traços regulares, quase andróginos, repousam sobre os corpos cujo crescimento ainda não está completo, ou melhor, como um crescimento que foi interrompido. Na sua perfeição congelada, o tríptico evoca o retrato de um Dorian Gray sobre o qual o tempo não irá mais passar. Assim como o número de imagens da série, a unidade do sujeito representado se difrata em um polimorfismo inquietante: ligados entre si por uma perturbadora gemeidade, os adolescentes quase idênticos se distinguem, entretanto, insensivelmente, embora sem nunca alcançar suas individualidades distintas. Inegavelmente, os *Retratos Fictícios* de Cottingham provocam. Ao desligar o mecanismo identificador e confundir o automatismo da atribuição, suas imagens exigem que a elas se dedique tempo.

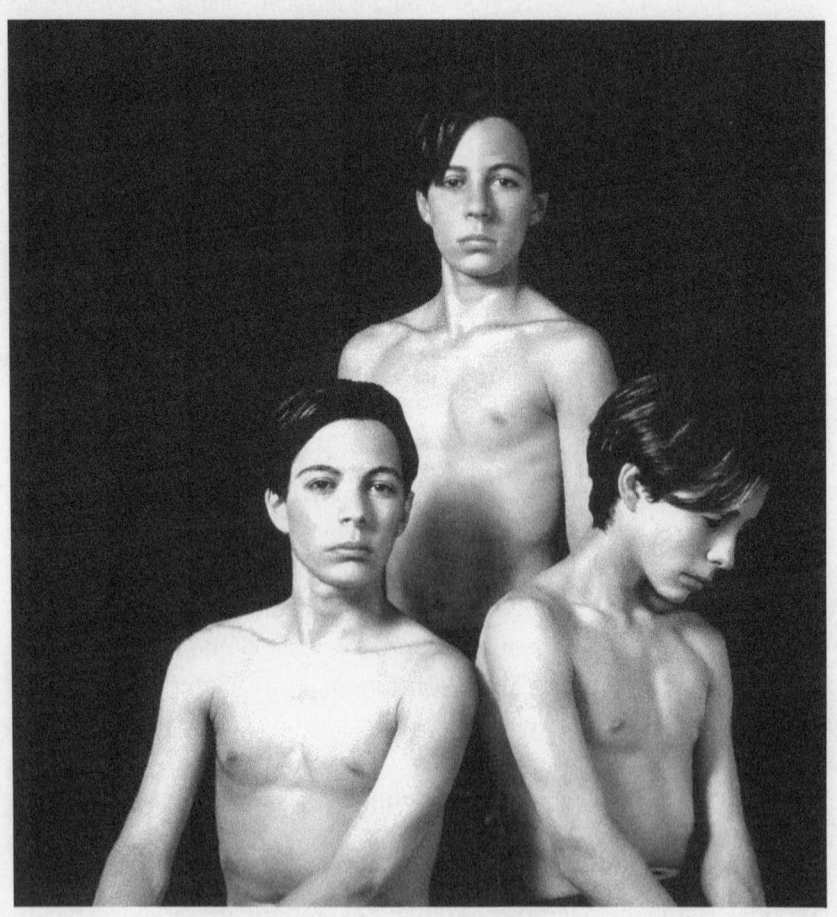

Figura 1 – Keith Cottingham, *Sem título (triplo)*, 1992
Fotografia modificada. Série *Retratos Fictícios*

A imagem pensativa

Atraente ao olhar, as fotos de Cottingham só podem, no seu deslocamento ínfimo, deixar sonhar aquele ou aquela que as contemplam. Superfícies impenetráveis, elas aspiram, entretanto, o movimento do olho, forçando-o a procurar a origem da sua intranquilidade. Através da superexposição do grão, a materialidade da imagem introduz areia nas engrenagens do visual e cria um tempo, o do olhar. Segundo Roland Barthes (2003, p. 1134), esse é o instante preciso em que a fotografia se faz subversiva, "não quando se assusta, repele, ou mesmo estigmatiza, mas quando é pensativa".

Na sua análise nas linhas finais da *Sarrasine* balzaquiana ("E a marquesa permanece pensativa"), Barthes (2003, p. 700-701) entrevê o esboço de uma indecisão suspensiva que, por sua vez, Jacques Rancière (2009, p. 115-140) encontra na atitude pensativa dos adolescentes sonhadores fotografados por Rineke Dijkstra. Esta "pensatividade" ainda permanecerá relativa, por muito tempo só nomeará o estado de alma de um sujeito representado, em resumo, a pensatividade da imagem será, portanto, confundida com a pensatividade do sujeito da imagem. Ora, a "pensatividade" só desenvolve realmente sua força de subversão quando não realça mais o sujeito representado, mas quando se difunde e afeta tudo que a cerca. No espaço entre a imagem e o olhar que ela provoca, uma atmosfera pensativa se forma, um meio pensativo. Tal meio e tal espaço potencial, indeterminado ainda nas suas atualizações singulares, um meio de pensatividade precedendo todo pensamento e que, assim, "encerra o pensamento não pensado" (RANCIÈRE, 2009, p. 115 [2012, p. 103]).[1]

Com força, as fotos de Cottingham lembram que, longe de ter permanecido exterior ao pensamento ocidental, a imagem sempre esteve no coração do pensamento, suscitando nela uma exteriorização, uma saída de si. Operacionalizado em um projeto de apreensão compreensiva como representação, de esquema ou de clichê, a imagem inevitavelmente arruína todo recentramento, no que ela expõe o pensamento como seu fora, no que ela carrega, para fora de si, a

---

[1] Entre colchetes, referência à tradução brasileira, que reproduzo. RANCIÈRE, Jacques. *O espectador emancipado*. Tradução Ivone Castilho Benedetti. São Paulo: Martins Fontes, 2012. (N.T.)

força de se expor ao que ela não pode ainda pensar e ao que há talvez de mais difícil a pensar, quer dizer, que o pensamento emerge ele mesmo de uma pensatividade sensível, de um sensível impensado porque inesgotável em sua exterioridade.

A ambivalência fundamental ao olhar as imagens talvez se lance inteiramente nesta oscilação entre a denúncia dos *limites* da imagem e a operacionalização de seu *ser-limitado*, na ambiguidade entre o que se dá por finito (podendo, portanto, servir de suporte representativo ao que, de outra forma, se subtrai ao olhar) e isso que, entretanto, na sua finitude, se excede em permanência, não reconhecendo nunca os limites da sua própria razão. Daí este estranho paradoxo na atitude ao olhar a imagem: reconhecendo que ela tem o poder de tocar o que está ausente, tornando presente aquele que está distante – o que levará Alberti (1992, p. 131), em *Da pictura*, a compará-la à força da amizade –, trata-se precisamente de controlar e de inspecionar esse autoexcedente. Na Antiguidade, o que os detratores da imagem denunciavam a título de excesso, de sua *hýbris*, retorna aqui: essa pretensão de ser presente, de se apresentar no lugar daquilo que é representado, faz da imagem literalmente um "pretendente" do ser.

A imagem pretendente

O pretendente aqui não é nada além de um simulador. No lugar de se contentar de permanecer em seu lugar e de não ser aquilo que ele é, ele se faz simulacro, ele faz "como se" (ele é o *simul* dos latinos). À diferença do *substituto* que suplementa a ausência do original, o *pretendente* visa não somente a função do representante, mas pretende substituir o original, simulando o ser (DELEUZE, 1969, p. 292-307). Quando tentamos compreender as novas realidades visuais que nos cercam, é inútil apelar a uma tradição que, na sua ambivalência ao olhar as imagens, nem por isso deixou de produzir uma reflexão frequentemente significativa sobre elas. É por isso que descrever as revoluções tecnológicas – como a passagem do analógico ao digital – não necessariamente ajuda-nos a compreender isso que modifica a eficácia das imagens e não apenas mascara o que muito frequentemente ainda faz falta em um pensamento da imagem. Ora, as palavras que utilizamos, sem tomar muito cuidado, para nos referir a essas novas visualidades, são resultado de uma tradição que fez de tudo para manter as imagens à distância. Essas novas visualidades são chamadas de *virtuais*, de um lado porque sua realidade não repousa sobre nenhuma substância psíquica, mas ainda porque elas participam de um *virtus*, de uma potência ou de uma eficácia que age sobre o espectador, que, depois de Platão, o pensamento tenta circunscrever. Diz-se ainda que as novas visualidades consistem em imagens de *síntese*. Mas o que isso quer dizer? Uma vez mais, a distinção platônica se impõe entre as imagens-cópias (*eikónes*) que a tudo representam, mas permanecem ainda separadas do representado, e as imagens-simulacro (*eídola*), que se curvam, se apiedam e se confundem com o que elas presumem representar. No primeiro caso, os *eikónes* obtêm sua representatividade da autoridade que guardam com o representado em sua ausência, em seu lugar, sem colocar em questão o espaço; no segundo caso, os *eídola*, não contentes em simular sua dependência com o representado, a ele substituem e tornam impossível toda distinção. Quando tal síntese ilícita acontece, impedindo de distinguir de direito os elementos que a compõe, se reúne uma contranatureza quimérica.

Sobre esse pano de fundo, os *Retratos Fictícios* de Cottingham só podem convocar esses simulacros evocados por Platão: nenhum adolescente real serviu aqui de modelo para o fotógrafo, os corpos imaculados são, na realidade, quimeras eletrônicas, mosaicos híbridos cujas peças foram fabricadas a partir de esboços virtuais, a partir de máscaras de argila e de farrapos de pele ou de cabelos digitalizados, resultado de centenas de horas de trabalho. Cottingham realiza, portanto, imagens "híbridas" que não enviam mais a nenhuma realidade identificável e consistem em pura aparência. Resultado de uma *facultas fingendi* que não revela mais a alma, mas os aparelhos em si mesmos, essas imagens são simulacros no sentido em que se apresentam *como se* fossem retratos, que pretendem, portanto, ser aquilo que nunca foram. O caráter híbrido ou quimérico aqui faz par com uma *hýbris* fundamental da imagem, um "excesso", ou melhor, uma "pretensão" de ocupar um lugar para o qual não há retorno. Os debates sobre a imagem, novos ou antigos, são frequentemente debates em torno dos lugares e dos espaços aos quais atribuir às imagens. Por essa razão, os pensamentos da imagem raramente foram pensamentos *a partir* da imagem (ou *segundo* a imagem, para falar como Merleau-Ponty), mas consistiam antes em uma inserção desse objeto incômodo e perturbador em uma ordem de saberes já estabelecido. Com frequência, o caráter proteiforme das imagens e sua força de deslocamento suscitou estratégias eficazes de reterritorialização, permitindo desarmar os conflitos em torno do "lugar" e corrigir essa pretensão. Paradoxalmente, a distância interna de toda imagem entre seu aparecer e aquilo que ela faz aparecer – distância que se poderia qualificar, com Gottfried Boehm, de "diferença icônica" – pode servir de pretexto aos mais ferozes iconoclastas, mas também a uma verdadeira iconofilia incondicional.

Insistir sobre o fato de que a imagem que aparece é *sempre menos* que aquilo que ela torna visível, é insistir sobre sua autonomia irredutível e sua materialidade insuperável; insistir sobre o fato de que aquilo que vemos em uma imagem é sempre *mais* que seu objeto físico, é concordar com uma legitimidade que vem de fora ao objeto ao qual fornecemos o sentido. Trata-se, portanto, de negar a eficácia das imagens ou, ao contrário, de defender sua função significante, se está diante de uma busca pela *univocidade* das imagens, permitindo arranjá-las ou bem na ordem das coisas ou bem na ordem dos significantes.

O paradigma duplo da transparência e da opacidade

Retomando a categorização que Arthur Danto (1981, p. 159) propõe para a arte, se poderia então distinguir entre as *teorias da transparência*, de um lado, e as *teorias da opacidade* da imagem, de outro. Dizer que as imagens são "janelas abertas" sobre uma significação é tratá-las como simples "lembrancinhas",[2] transitividades cuja função de referência funciona melhor quanto mais sejam esquecidas na sua materialidade. Os críticos de uma tal semiologização da imagem insistiram sobre a irredutibilidade e a inesgotável materialidade das imagens, não a remetendo mais a nenhum referente e só expondo seu ser bruto, como nos *objetos específicos* de Donald Judd. Se quisermos reformular essas duas estratégias que reintegram as imagens em termos

---

[2] O termo francês é *faire-part* e designa pequenos brindes distribuídos ao final de uma festa de casamento, aniversário, etc. (N.T.)

linguísticos, respectivamente, na ordem dos signos e na ordem das coisas, se poderia dizer que as teorias da transparência consideram que a proposição/imagem/ é uma proposição em dois termos, enquanto que as teorias da opacidade assumem que a proposição/imagem/ é uma proposição em um único termo. Para mantê-las em transparência, é preciso que toda imagem seja sempre imagem de *alguma coisa*, é portanto sempre um x imagem de um y (em termos formais, a proposição/imagem/ deveria ser escrita "imagem (x,y)"). Para tomá-las como o contrário da opacidade, o ser-imagem coincide com seu ser-aí e não há necessidade de um termo exterior instituinte da "imagicidade"[3] (aqui, a proposição/imagem/ se escreve "imagem (x)").

Essas duas posições são, no entanto, menos antinômicas do que parecem e só se pode observar que, na tradição, uma combinação tão improvável quanto eficaz se estabeleceu entre elas. Contra a afirmação de que as imagens têm um poder, se insistirá sobre o seu caráter material, o qual em seguida se poderá denunciar rapidamente a impotência ("têm uma boca, mas não falam, são dotadas de olhos, mas não veem" [Salmo 115]). Sobre a outra vertente, se insistirá sobre o fato de que não há lugar para travestir a imagem com propriedades mágicas, visto que se trata de um certo tipo de simbolização da qual se poderá em seguida descrever a estrutura referencial. A imagem – a "verdadeira", o *eikón*, e não o ídolo que se *toma* por uma "presença real" – *remete* à coisa representada, desviando a atenção de sua própria materialidade. Daí toda uma *semiologia* da imagem, de Tomás de Aquino a Umberto Eco, que visa demonstrar que as idolatrias, antigas e modernas, apenas compreenderam mal que a imagem revela simplesmente um sistema de simbolização, entre outros. O quadro do castelo de Marlborough pintado por John Constable fixa menos os traços comuns com o castelo real de Marlborough – com o qual, entretanto, se diz semelhante – que com outro quadro representando qualquer outro sujeito. A identificação não procederia, portanto, das qualidades intrínsecas da imagem, mas de sua inscrição em uma rede de significantes (RÉCANATI, 1979, p. 84-87).

---

[3] No original, *imagéité*, neologismo usado por Jacques Rancière em *Le destin des images*, aqui publicado como *O destino das imagens* (Contraponto, 2012, p. 20). A tradutora Mônica Costa Netto optou por manter o termo no original. (N.T.)

Tal subordinação da imagem ao discurso não se manteve incontestada. De Félibien à *minimal art*, sublinhou-se a dimensão física irredutível das obras, essa profundidade da cor, todas essas manchas, esses toques e traços propriamente "insignificantes" e que formam, no entanto, a condição *sine qua non* de toda obra (JUNOD, 1976). As "opacidades da pintura", para falar como Louis Marin (2005, p. 202), resistem a toda verbalização sem resto. Acidentes da matéria, vestígios do gesto que o abrirá, essas concretudes físicas reconduzem o olhar inelutavelmente em direção ao tecido de que são feitas as imagens. Uma tal estética da imanência está resumida na fórmula programática de Frank Stella: "what you see is what you see" – inútil procurar um sentido escondido, de fato, se a obra coincide com a sua *identidade* material.

Pode-se, todavia, perguntar se uma tal estética está realmente alforriada da posição que ela pretende combater e se ela não vem confirmar, de forma ainda mais dissimulada, a dicotomia entre matéria e forma. Pode-se realmente alcançar o nível de uma matéria nua e indecifrável? Existe um *punctun* puro, afastado de todo *studium*? Nessa contra-história do discurso da imagem na época clássica, Louis Marin não parou de insistir sobre o fato de que opacidade e transparência são, em sua oposição, religadas por uma combinação irredutível. Janela aberta, a pintura da representação permite a *visibilidade*, corpo opaco, ela garante a *lisibilidade*. O retrato do rei constituirá, então, essa figura na qual o envio convencionado e a presença real se reencontram em um ato eucarístico, em que a matéria autentica o signo, e o signo inversamente garante o milagre, "opacidade e transparência reconciliadas – ao menos idealmente – em uma teologia do ato real" (MARIN, 2005, p. 202). A aliança subterrânea entre uma ontologia do objeto e uma semiologia da referência permite operacionalizar a imagem e neutralizar o escândalo inicial. Esse fenômeno que não se deixa pensar nem como *um* com aquilo que dá a ver nem como fundamentalmente *outro* pode ser assim reabsorvido no duplo registro unificante da ontologia e diferenciador da semiologia. A imagem será pensada sucessivamente na transitividade transparente e na sua intransitividade opaca, sucessivamente como janela e como superfície impenetrável, como simples *alegoria* ("állos agoreúein", diz o Outro) e como pura *tautologia* ("tautó légein", diz o Mesmo).

O pensamento exposto

A polarização da imagem que se opera através do duplo paradigma da transparência e da opacidade permite um exorcismo quase perfeito da inquietude suscitada pelas imagens. Assim, dissociada em dois terrenos separados, a imagem não coloca tanto um problema teórico, mas formará um objeto a mais para um pensamento já constituído. Com Georges Didi-Huberman (1990, p. 9-17), pode-se constatar que um "tom de certeza" reina, recentemente como hoje, a propósito das imagens, não apenas entre seus usuários profanos, mas ainda de maneira mais forte entre os que se dizem especialistas. Tratando a imagem como uma individualidade que se poderá inscrever em uma genealogia geral e reduzindo todo conhecimento a um reconhecimento, é a *superveniência singular* de uma imagem que se vê recoberta em sua força irruptiva que se encontra anestesiada. Ao reconduzir assim as imagens visíveis às imagens lisíveis e, portanto, inteligíveis, só se pode "encerrar muito rápido sua capacidade de provocar, de *abrir* um pensamento" (DIDI-HUBERMAN, 1998, p. 10).

Ora, esse saber das imagens apenas mascara imperfeitamente sua experiência, na experiência de uma imagem que nos interpela, estamos antes de tudo desamparados e despossuídos de nossa segurança (ao complementar Cézanne, Merleau-Ponty [1964, p. 156] expressava alguma coisa dessa ordem quando sugeria que, com a pintura, não podemos jamais nos sentir em casa como podemos com a linguagem). O adolescente colocado à esquerda na fotografia de Cottingham e cujo olhar aponta, flecha em direção ao espectador e não larga mais os olhos se inscreve na tradição dessas *figurae cunclae videntiu* evocadas a partir de Nicolau de Cusa (1986 [1453]), esse olhar proveniente do quadro e no qual o espectador não pode se subtrair, mesmo se deslocando. Quando Paul Valéry, Walter Benjamin ou Lacan retomam essa evocação sobre nosso ser-olhado pelas imagens, eles ressaltam, em sintonia, que antes de toda demanda de interpretação, esse olhar marca um pedido de atenção, uma demanda que é a do direito de um olhar de volta (DIDI-HUBERMAN, 1992; ELKINS, 1997). É porque ela se dá na simultaneidade de um golpe de vista, a imagem não saberia se reduzir – apesar do que diz Lessing – a uma visão sinóptica. A imagem exige, ao contrário, sempre um lapso de tempo e um lapso no tempo, um sobressalto, um pôr em movimento do olhar: uma cinestesia que precisa ser tomada ao pé da letra. Operadora de eclosão ou ainda de abertura, a imagem introduz um excedente não reintegrável na ordem do saber e provoca, a partir de dentro, uma exposição ao fora. Sua força de abertura provém talvez do fato de que ela não pode, em si mesma, se retirar em direção a nenhum regime de interioridade: na exposição de sua nudez, ela dá a ver que só existe dentro e por esse espaço onde ela se precede perpetuamente e onde igualmente ela precede todo olhar antecipador.

Isso que a imagem dá a pensar se situa talvez lá, nesta iminência que não pertence a ninguém, alguma coisa que se tem *diante* (em todos os sentidos da palavra): nem aqui nem em outro lugar, nem presente nem ausente, mas *iminente*. Quando se diz que as imagens são suspensas, é preciso entender essa constatação literalmente: o que elas dão a ver está suspenso, sem que essa suspensão possa ser objeto de uma substituição sintética, o que aparece em imagem resiste à generalização, mas excede sempre, no seu aparecer a um espectador, sua simples redução ao artefato individual. Seria preciso, sem dúvida, falar das imagens em termos de "suspense" (DÉOTTE, 1993): paradoxo de um objeto que se dá a ver em uma única e rápida olhada, nos limites físicos do objeto pendurado na parede, sem, no entanto, jamais ser exaustivo no instante. Ao demandar serem percorridas, elas geram uma espera – um suspense – cujo desenrolar é, no entanto, infinitamente referido, adiado, suspenso, o fim da imagem não podendo ser reduzido a suas bordas materiais.

Entrelaçamentos temporais, quiasmas de olhares, as imagens não saberiam propriamente ser localizadas nem aqui nem lá, mas constituem precisamente esse *entre* que mantém a relação. Como tais, as imagens requerem uma outra forma de pensar que suspenderia suas certezas e aceitaria se expor às dimensões de não saber que implica toda experiência imaginal.

★

Esta coletânea é resultado de um seminário realizado no Collège Internacional de Philosophie em 2007 e 2008, enriquecido em seguida por alguns textos que testemunham ao mesmo tempo a incidência da questão da imagem nos saberes contemporâneos e a variedade de abordagens. A heterogeneidade dos objetos e dos olhares só confirmaram o fato de que a imagem é também indisciplinada, indisciplinar, e que constitui precisamente o que resta ainda *a pensar*. O livro se articula em múltiplas subdivisões.

A primeira ("O lugar das imagens") circunscreve as imagens como lugares de uma interrogação originária. Na sua intervenção, Gottfried Boehm explica por que as imagens colocam o problema mais amplo da mostração e indica o caminho de uma antropologia da imagem, em que o homem será pensando como "iconóforo",[4] no entanto, com si mesmo e tendo diante de si suas próprias representações. A partir de mãos negativas da arte paleolítica, Marie-José Mondzain propõe uma meditação sobre o gesto do retrato como origem da imagem e a autoridade do espectador como sua destinação. Partindo de uma coimplicação originária entre *mímesis* e *méthexis*, Jean-Luc Nancy caracteriza, em seu ensaio, o lugar da imagem como esse fundo que permanece quando a aparência escapa.

A segunda parte ("Perspectivas históricas") é dedicada a outras conceitualidades da imagem – em geral espantosas, por vezes enganadoras – que puderam ser desenvolvidas no pensamento ocidental, notadamente com uma troca com outras tradições. Emanuele Coccia faz reviver os debates medievais em torno das "espécies intencionais", cuja aceitação implicaria que o sensível fosse não uma vasta assombração espectral. Emmanuel Alloa retraça o destino fantasmático de uma ciência que jamais se constituiu como disciplina – a "idolologia" – retomada por Heidegger em sua luta, perdida por antecipação, contra as filosofias da cultura. Hans Belting propõe lançar um olhar sobre a concepção da imagem como janela transparente com a qual se constituiria a forma simbólica do mundo árabe: o muxarabi como o que extrai o olhar, deixando transparecer a luz.

A terceira parte ("A vida das imagens") promove uma reflexão sobre a presença das imagens no mundo contemporâneo. O crescimento exponencial do imageamento científico analisada por Horst Bredekamp se refere, de um lado, a um imperativo ilustrativo, produzindo "ícones" científicos, mas convoca, antes mesmo de seus resultados, de Galileu a Darwin, as descobertas científicas que

---

[4] Iconóforo é a tradução literal do neologismo *iconophore*, que tem como significado "portador do ícone". (N.T.)

procederam principalmente de esboços, croquis e outros esquemas rascunhados à margem dos textos. Em seu ensaio programático sobre as vidas e os desejos das imagens, W. J. T. Mitchell sustenta a provocadora ideia de que a imagem, longe de ser apenas um instrumento de representação, usa seus espectadores segundo seus próprios fins. Se ele reconhece que tal posição visa denunciar a neutralização teórica cujo preço foi pago pelas imagens durante muito tempo, Jacques Rancière traz de volta, em sua discussão crítica das teses de Mitchell, as ambiguidades de uma biologização, para defender, contra a corrente, uma função crítica da imagem, resultado precisamente de sua "ociosidade".

Por fim, na última parte ("Restituições"), Georges Didi-Huberman promove um diálogo com a obra de Harun Farocki em que expõe por que, mais do que nunca, a imagem é hoje uma questão de restituição. Em sua "entrega", que só pode ser feita sobre o fundo de uma montagem heterogênea, a imagem pode tornar-se uma superfície de reparação onde, longe de todo lugar-comum, se desenha alguma coisa como um "lugar-comum".

Agradeço aqui a todos os que, próximos ou distantes, acompanharam este projeto desde seu início, a editora Presses du Réel pela acolhida calorosa e – *last but not least* – os tradutores (Fabrice Flückiger, Naïma Ghermani, Stéphane Roth et Maxime Boidy), sem os quais a circulação do pensamento para além das fronteiras não teria sido possível.

Basileia, maio de 2010.

Referências

ALBERTI, L. B. *De la peinture*. Trad. J.-L. Schefer. Paris: Macula, 1992. [*Da pintura*. Campinas: Ed. da Unicamp, 1989.]

BARTHES, R. La chambre claire. Notes sur la photographie. In: *Œuvres complètes en trois volumes*, t. III, 1974-1980. Paris: Le Seuil, 2003. [*A câmara clara: nota sobre a fotografia*. Trad. Júlio C Guimarães. Rio de Janeiro: Nova Fronteira, 1984.]

BARTHES, R. S/Z. In: *Œuvres complètes en trois volumes*, t. II, 1966-1973. Paris: Le Seuil, 2003. [*S/Z*: uma análise da novela Sarrasine de Honoré de Balzac. Nova Fronteira: Rio de Janeiro, 1992.]

DANTO, A. *The Transfiguration of the Commonplace*: A Philosophy of Art. Harvard: Harvard University Press, 1983. [*A transfiguração do lugar comum*. Trad. Vera Pereira. São Paulo: Cosac Naify, 2010.]

DE CUES, N. *Le Tableau ou la vision de Dieu*. Trad. A. Minazzoli. Paris: Cerf, 1986.

DELEUZE, G. *Logique du sens*. Paris: Minuit, 1969. [*Lógica do sentido*. Trad. Luis Roberto Salinas Fortes. São Paulo: Perspectiva, 2009.]

DÉOTTE, J-L. *Le Musée. L'Origine de l'esthétique*. Paris: L'Harmattan, 1993.

DIDI-HUBERMAN, G. *Ce que nous voyons, ce qui nous regarde*. Paris: Minuit, 1992. [*O que vemos, o que nos olha*. São Paulo: Editora 34, 1998.]

DIDI-HUBERMAN, G. *Devant l'image*. Paris: Minuit, 1990. [*Diante da Imagem*. Trad. Paulo Neves. São Paulo: Editora 34, 2014.]

DIDI-HUBERMAN, G. *Phasmes. Essais sur l'apparition*. Paris: Minuit, 1998.

ELKINS, J. *The Object Stares Back. On the Nature of Seeing*. New York: Columbia University Press, 1997.

GOODMAN, N. *Languages of Art. An Approach to a Theory of Symbols*. Indianapolis: Bobbs-Merrill, 1976. [*Linguagens da arte*: uma abordagem a uma teoria dos símbolos. Lisboa: Gradiva, 2006.]

JUNOD, P. *Transparence et opacité*. Lausanne: L'Age d'Homme, 1976.

MARIN, L. *De l'entretien*. Paris: Minuit, 1997

MARIN, L. *Opacité de la peinture. Essais sur la représentation au Quattrocento*. Paris: Editions de l'EHESS, 2006.

MARIN, L. *Politiques de la représentation*. Paris: Kimé, 2005.

MERLEAU-PONTY, M. *La Prose du monde*. Paris: Gallimard, 1964. [*A prosa do mundo*. Trad. Paulo Neves. São Paulo: Cosac Naify, 2014.]

RANCIÈRE, J. *Le Spectateur émancipé*. Paris: La Fabrique, 2009. [*O espectador emancipado*. Trad. Ivone Castilho Benedetti. São Paulo: Martins Fontes, 2012.]

I. O lugar das imagens

Aquilo que se mostra. Sobre a diferença icônica

Introdução. O lugar da imagem

O que uma imagem dá a ver, o que mostra e, sobretudo: como mostra? São as questões das quais gostaria de partir. Pensar a imagem será, portanto, refletir sobre o entrelaçamento entre as imagens e aquilo que elas mostram. A *lógica das imagens* – aqui está a nossa tese – é uma *lógica da mostração*: as imagens nos dão a ver alguma coisa, nos colocam alguma coisa "sob os olhos" e sua demonstração procede, portanto, de uma mostração.

Partindo de tal asserção, já fizemos, todavia, apelo a pressupostos complexos que se tratará em breve de situar. Trata-se de recolocar a *questão da imagem* em seu *lugar*. Mas existe verdadeiramente esse lugar? Porque a realidade da imagem se revela ser tão plurívoca, é ubíqua. Ao não levar em conta que as transformações que a arte do século XX operou sobre a grandeza do *quadro*, outrora sólido, mede-se já a amplitude desta transgressão: ela se faz bruscamente e sem dizer uma palavra. O que toma lugar, então, é – para nomear apenas o essencial – a fotografia e o filme, a colagem, o objeto híbrido (Picasso), o objeto-imagem (Schwitters), o *ready-made* (Duchamp), o *all-over* (Pollock), o objeto específico (Judd), a performance, a videoarte e a videoinstalação, assim como diversos outros "neologismos", próprios à expressão imaginal. Ao lado dessa avaliação colocou-se à prova crítica a imagem e seu alargamento, viu-se a partir dos anos 1980 o acontecimento da tecnologia digital que, nas ciências, por exemplo, fizeram da imagem uma ferramenta de conhecimento e, por consequência, alguma coisa que nunca tinha havido na sua história: o meio de comunicação cotidiano, flexível e fluido, que começa já, aqui e acolá, a suplantar a linguagem. Com tudo isso, ainda não falamos das *imagens em nós*: as imagens do sonho, as representações ou as imagens mentais, dessa misteriosa faculdade interior chamada imaginação ou fantasia. O que a linguagem produz são imagens, metáforas ou figuras poéticas?

Como se viu: a polissemia e as disparidades disso que a imagem realça revelam ser tanto extremas quanto perturbadoras. As imagens têm verdadeiramente uma *identidade* declinável, alguma coisa de comum que as liga? É aqui que a *filosofia* entra em jogo? Certamente, se pode chamar de filosófica a questão da imagem e das imagens. Mas como se arranjam, então, esses conhecimentos que as diferentes disciplinas puderam constituir sobre o sujeito da imagem: a história da arte, a arqueologia, a paleontologia, a antropologia, a teologia, a psicanálise, a literatura, a história das ciências? Porque parece que há poucas disciplinas que têm de lidar com as imagens. Se formos tirar uma constatação cética desse resumo muito curto, isso tomaria sem dúvida a seguinte forma: a questão da imagem *não tem um lugar unívoco* e não pode, consequentemente, ser enfrentado como um problema *coerente*. Seria, portanto, mais honesto interromper aqui e não ir muito longe com essas elucubrações. Mas o que, então, nos permite evitar nosso ceticismo e continuar nosso questionamento? A filosofia não fornece, apesar de tudo, um remédio eficaz contra a dúvida radical?

É porque, no fundo, um bom número de teorias da imagem está atualmente disponível e todas manifestam, mais ou menos, uma certa coerência. Por enquanto, nos ocuparemos de resistir ao canto da sereia de uma ou outra teoria. Não apenas por causa do caráter necessariamente parcial de toda teoria em geral, mas ainda porque bem sabemos que a entrada em jogo determina, sempre e inevitavelmente, a conclusão e o método do resultado – visto que optamos por um procedimento certamente mais elementar, mas talvez também mais circunspecto. Começamos por uma teoria *antes* da teoria, tentando efetuar um certo número de distinções dos fenômenos em si. Tentaremos decifrar a imagem em si, como ela funciona, que momentos são nela operadores e o que poderia – talvez – nos permitir fundar uma *epistéme* icônica. Essa circunspecção ressalta ainda uma outra razão. As culturas mediterrâneas e europeias têm certamente produzido uma história pictórica abundante, os museus transbordam; e milhares de imagens circulam em torno do globo. Mas por que razão o saber (no sentido do saber teórico) nunca pode andar no mesmo passo? Por que o projeto de uma *epistéme* icônica só apareceu dois mil anos *depois* da fundação de uma filosofia da linguagem?

Evitaremos aqui a palavra "logocentrismo" para nos arriscar em outra hipótese. Seria concebível que sejam as imagens, elas mesmas – e mais precisamente, um certo tipo de imagens –, que impedem que a imagem seja enfrentada como tal? De fato, a maior parte das imagens, as imagens de uso, cotidianas e típicas, visam ser lidas como uma simples indicação em direção ao que, sempre, se tem já *para além* da imagem. Pouco importa, aliás, se se trata de fotografias banais ou de pinturas ditas exigentes: a imagem representa um caso de figura cujo espaço de significação precede, a título de pré-texto, toda representação. Essa identificação *interna* de significações *externas* carrega um nome: iconografia. Queiramos ou não, todos já nascemos iconográficos. Em tal atitude iconográfica, apelamos a uma concepção implícita da imagem, a da *transparência ideal*. A imagem aparece então como um vidro transparente sobre um universo textual que se tem por trás ou ainda como uma lua que não dispõe de nenhuma luz própria e cuja claridade apenas provém da luz do sol que ali se reflete. Da mesma forma, no sentido da imagem, a luz da significação realçará pouco de sua própria força. Antes, ela procederá de uma outra realidade que, sob a forma de um texto ou de uma narrativa, precederá o pôr em imagem. Certamente, não há dúvidas de que a identificação de conteúdos desconhecidos – e aqui Panofsky tem razão – constitui um aspecto indispensável para a análise, porque, muito frequentemente, não compreendemos bem aquilo que vemos. Nesse sentido, as obras da pintura religiosa e mitológica apelam, com certeza, a uma *história* extrínseca que vem apoiar as imagens e lhes justifica a existência. Mas, se a imagem verdadeiramente equivale apenas a uma redundância mostrativa do que já foi *dito* previamente – espécie de desvio que a língua teria tomado para fornecer ao conteúdo uma intuição sensível –, ela não dispõe de nenhum direito de soberania e só pode se reduzir a uma imagem-cópia, a uma imagem secundária. Em tais condições, não existe lugar para uma *epistéme* icônica. Por muito tempo ainda se estará convencido – apesar de tudo que Wittgenstein nos ensinou – de que aquilo que se mostra pode também ser dito, e as imagens permanecerão sem força. Em resumo: as imagens são frágeis, não é o caso de fazer com elas uma ciência.

A diferença icônica

Mas o que acontece no momento de procurar a imagem na e por sua força? Por definição, só haveria *epistéme* como condição de haver alguma coisa como uma lógica intrínseca das imagens, não derivada de nenhum outro princípio exterior. Uma *epistéme* da imagem deverá, portanto, tratar as imagens como grandes soberanas, cuja soberania consiste naquilo que é pressuposto a partir delas próprias, a partir de sua materialidade, naquilo que elas geram de sentido. Mas o que isso quer dizer?

Para responder a essa questão, apelaremos (ainda que muito rapidamente) ao mito fundador desenvolvido por Leonardo da Vinci. Em seu *Traité de peinture* [Tratado de pintura], Leonardo evoca – muito de passagem, aliás – a potência da *macchia*. Trata-se de uma estrutura de manchas aleatórias sobre um velho muro decrépito, e Leonardo aconselha aos pintores aspirantes a observá-las atentamente, para aprender a descobrir as nuances, as feições, os corpos, os monstros ou ainda as paisagens. Em resumo, para afinar a imaginação pictórica. As *macchie* de Leonardo evocam as imagens ambíguas de Warhol. Quer se trate de *Oxydation Paintings* ou, de maneira ainda mais explícita, de quadros pintadas a partir dos testes Rorschach (Fig. 1), Warhol dá a ver que realidades plurívocas dão lugar às mais variadas interpretações. Em um sentido, essas imagens nos recolocam em um estado de infância, de *infantia*, e nos lembram como nós, crianças, aprendemos simultaneamente a ver e a fabricar imagens.

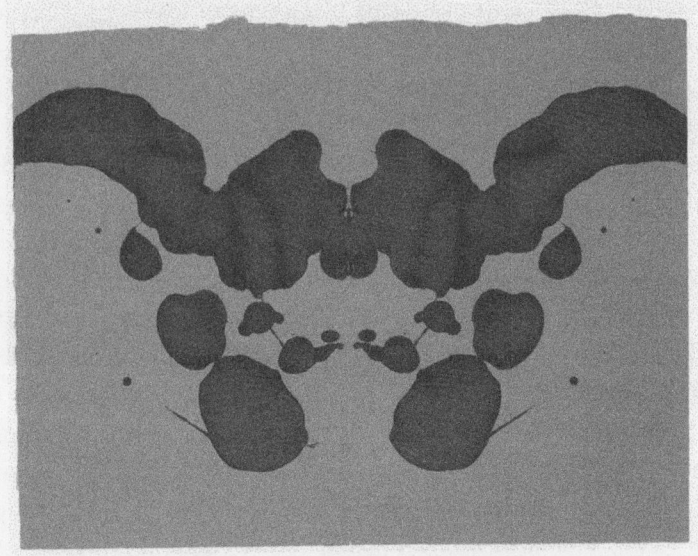

Figura 1 – Andy Warhol, *Rorschach*, 1984

Tal retorno a uma história pessoal não se dá sem relação a um retorno à história da humanidade. Numerosos vestígios paleolíticos indicam que a hominização acontece ao mesmo tempo que o desenvolvimento de práticas visuais, assim como a diferença antropológica residiria talvez nisto: o homem é o único animal a se interessar pelas imagens, ele é, portanto, um *homo pictor* (BOEHM, 2001, p. 3-13). Ora, realizar uma imagem é menos criar uma coisa e mais proceder um ato de diferenciação. Uma diferenciação que precede, aliás, as diferenças conceituais ou as diferenças de valor, mas observa uma diferenciação liberada do material sensível. Para avançar, pode-se dizer que tal ato de diferenciação implica três condições: 1) as imagens estão localizadas em um substrato material onde elas se encarnam. Se elas agem sobre os corpos que as contemplam, as imagens têm uma insistência, até uma persistência que frequentemente sobrevive à vida biológica do cérebro que as concebeu. 2) O corpo material das imagens faz fundo à emergência, no sentido mesmo de um campo visual que se diferencia, de alguma coisa que emergirá como isso ou aquilo. 3) Se insistir sobre a imanência dos processos no material imaginal, esse acontecimento de emergência seria, todavia, suspender o objeto: todo processo de diferenciação implica uma motricidade elementar do espectador que se desloca – com suas mãos, seus pés e seus olhos – em direção, em torno e no centro da imagem. Pode-se, então, à maneira da diferença ontológica de Heidegger, falar de uma "diferença icônica" que opera em múltiplos níveis ao mesmo tempo.

Qualquer que seja seu modo de distinção – recordem-se das diferenciações invocadas inicialmente –, essas se estabelecem sempre na e por um contraste visual. Uma imagem sem contraste é inconcebível. Mesmo uma imagem perfeitamente monocromática tira sua iconicidade de uma diferença, nesse caso da diferença de um campo colorido em relação a um muro. Como a diferença ontológica, a diferença icônica não seria, portanto, mais restrita à imanência de um ente, mas ela acontece onde haja uma diferenciação. Nivelar o contraste é fazer a imagem desaparecer: o fenômeno da camuflagem ilustra isso bem. A camuflagem que determina inicialmente (e sempre) uma estratégia militar de dissimulação visa fazer *desaparecer* algo visível, ao integrá-lo de novo à superfície visual do mundo. Warhol, aliás, refletiu sobre esse aspecto nas suas *Pinturas Camufladas*, o que se poderia igualmente interpretar como uma referência irônica à estética do *all-over* de Pollock. Além do mais, o exemplo da camuflagem ilustra que, à presença, uma força opaca vem se opor à transparência. A imagem só pode *se* mostrar sob a condição de mostrar, *a minima*, alguma coisa. Ora, na camuflagem, é, por assim dizer, a opacidade que ganha por acabar impedindo o caminho do olhar atravessador. A imagem se faz objeto entre outros, ela se perde como imagem. Ora, a equivocidade das imagens provém dessa tensão fundamental entre isso que se poderia chamar de literalidade material e o que se separa como apresentação visual, sem que esses dois aspectos nunca possam ser separados.

Essa diferenciação por contraste abre uma teoria da diferença que não se deixa resumir pelo conceito de diferença por oposição e síntese desenvolvida pela tradição ocidental. A gênese do sentido a partir de uma diferença visual fundamental se refere a um pensamento do entrelaçamento, idêntico e diferenciador ao mesmo tempo, que fascina a filosofia desde a antiguidade até Hegel, Heidegger ou Whitehead. Em *O sofista*, Platão – o grande inimigo filosófico das imagens – se empenha em uma disputa crítica com Parmênides, encontra no desvio de uma frase uma caracterização tão memorável quanto intrincada do que constitui a essência das imagens. Portanto, o "não ser é aquilo que realmente chamamos de imagem" (PLATÃO, 240b). Essa dupla negação expressa justamente o estatuto estranhamente flutuante da imagem, que marca seu lugar na ordem do real. Ora, na tradição que se inscreve na esteira desses grandes textos, as imagens são excluídas do *lógos* precisamente por causa de sua equivocidade, o *lógos* terminando por ser reduzido a uma lógica proposicional do tipo linguageiro. A predicação torna-se, assim, o modelo de todo sentido autêntico, permitindo estabelecer sem equívocos o que é e o que não é. As imagens só serão razoáveis como participantes da linguagem: um *lógos* icônico permanece inconcebível. A figura da diferença icônica abre, todavia, outra perspectiva, permitindo dobrar esse dogma: as imagens produzem sentido, sem obrigação de fazer uso das regras da predicação, da atribuição de um predicado a um sujeito (no sentido de "S é p"); ao contrário, as imagens dão acesso ao que se poderia chamar de um "pensamento com os olhos". Toda pessoa que leve as imagens a sério (mas se poderia invocar também outras formas expressivas, como a música, a dança ou a mímica) sabe bem que o acesso ao real se faz ainda por outros desvios que não a linguagem direta. Há um sentido que se pode passar com as palavras e que não seria passado, inteiramente, na linguagem.

Um pensamento da diferenciação faz, portanto, apelo não mais ao mecanismo dialético da negação recíproca, mas antes à distinção que a psicologia da *Gestalt* descreveu como uma distinção entre figura e fundo. Também não é por acaso que numerosos exemplos da teoria da imagem se referem a ela, como Wittgenstein (1953), por exemplo, quando evoca a visada-vaso ou ainda o coelho-pato. Ora ainda frequentemente, essa referência à *Gestalt* torna a depreciar o essencial do que essa distinção permitiria obter. Em resumo, se pode dizer que o exemplo das imagens duplas ainda concede muito à lógica opositiva, exclusiva. Ao insistir sobre o fato de que não se pode nunca ver mais de uma figura por vez, pouco se explicou ainda do que se passa quando o olhar se modifica da percepção do coelho para a percepção do pato.

Sobre esse assunto, a fenomenologia de Husserl nos dá algumas indicações preciosas, vindo complexificar o quadro. Husserl desenvolve sua filosofia, como se sabe, sobre os atos intuitivos nos quais o polo do sujeito (a noese) vem ao encontro do objeto (noema) em um vínculo chamado de "intencional". A intencionalidade vem aqui dizer que, ainda que vejamos sempre apenas um aspecto limitado das coisas (o termo técnico empregado por Husserl é *Abschattung*, aspecto ou esboço), vemos, entretanto, *toda* a coisa. Mesmo estando de costas, não teremos nunca nada além de visadas. Husserl conclui que toda coisa é simultaneamente *alguma coisa* e ao mesmo tempo o *horizonte* sobre o fundo no qual alguma coisa se mostra. Disso decorrem duas realidades radicalmente distintas. A *coisa* pertence ao reino do sucessivo: ela é limitada, singularizada, justaposta e atrai a atenção; o horizonte, ao contrário, abre o reino da simultaneidade: é fluido, contínuo, indivisível, potencial e indetermina-do, ele difrata o olhar. Se aplicarmos as análises de Husserl às imagens, poderíamos dizer que as imagens são constituídas de uma associação do contínuo e dos elementos diferenciáveis que se mostram *diante* ou *nele*. Binária à primeira vista, essa organização se revela ser, todavia – e contrariamente ao que afirma a psicologia da forma –, *ternária*, porque a figuração e o *continuum* se referem um ao outro, se invertem. Tem-se uma questão ao mesmo tempo com a transparência *e* com a opacidade. A tarefa, não resolvida ainda, consistirá, então, não tanto em distingui-las, "e" que se insinua entre eles. Essa ligação preenche a função do que na linguagem é operado pela predicação. Mas como pensar, então, o acontecimento da mediação visual, sem fazer uso das regras de sintaxe, quer dizer, das regras da linguagem? Em outros termos: a mostração implicada em uma lógica *própria*, em sua forma própria de racionalidade? Como essa racionalidade se relaciona com a racionalidade do dizer?

A lógica da mostração

Em *Vers une écologie de l'esprit*, o epistemologista e antropólogo americano Gregory Bateson (1977 [1951]) relata, não sem humor, um diálogo fictício com sua própria filha sobre a gesticulação dos franceses. Quando o pai responde que a gesticulação não é um apanágio exclusivo dos franceses, os dois se perguntam sobre a razão pela qual os humanos gesticulam. Bateson termina por concluir: "A ideia de que a linguagem se faz exclusivamente de palavras é perfeitamente falsa". E continua: "Só há palavras acompanhadas ou bem de gestos ou bem de uma certa entonação ou alguma coisa desse tipo. No entanto, há constantemente gestos sem palavras". Seria preciso "começar mais uma vez do começo e considerar que a linguagem é em primeiro lugar e antes de tudo um sistema de gestos... As palavras foram inventadas depois".

Essa passagem resume rapidamente em que movimento consiste a virada linguística, a qual estão associados nomes como Herder, Nietzsche, Wittgenstein, Bühler, Cassirer, Merleau-Ponty ou ainda Heidegger. Atualmente, as neurociências podem mostrar que o discurso verbal e o discurso gestual são comandados pelas mesmas regiões do cérebro. A inteligência humana é manifestadamente motora, o que quer dizer ser organizada de forma somática, que ela dispõe portanto da mão e da boca – para retomar a expressão do linguista Ludwig Jäger (2001, p. 22) – "*dois órgãos falantes* ligados estreitamente entre eles". Tudo isso nos obriga a retomar a questão de uma teoria geral do sentido sobre outras bases. Tudo se passa como se, ao começar pela linguagem articulada, se tenha interrompido aquilo que constitui as suas condições de possibilidade. Ora, antes mesmo de desenvolver uma linguagem estruturada, o *homo sapiens* se serviu de comunicações visuais e gestuais. A prioridade do discursivo como princípio estruturante parece remontar, segundo o atual estágio das pesquisas, há cerca de 50 mil anos, ao passo que as representações pictóricas são conhecidas há mais de 200 mil anos, sendo que os artefatos mais antigos (uma arma de pedra)[1] existem há pelo menos um milhão de anos. Mas que não se tome essas considerações por aquilo que elas não são. Não quero de forma alguma contribuir para os debates sobre a origem do homem que agitam a linguística e a antropologia há muitos séculos, mas faço alusão a isso para vir fundar de outra forma o problema da imagem, para evitar, portanto, não tratar a iconicidade como um simples registro de signos entre outros. O gesto e a imagem se reencontram em seu potencial *dêitico*.

Desde sua obra fundamental, *Sprachtheorie*, de 1934, o linguista austríaco Karl Bühler (2001 [1934]) estabeleceu o papel essencial dos dêiticos para a linguagem. No espaço motor do gesto, com seu vai e vem, se estabelece já a diferença entre "aqui" e "lá", o comprimento do eixo intencional já evocado. Ele se encontra ainda no que Bühler chamou de "partículas mostrativas" (*Zeigepartikel*), quer dizer, aqui/

---

[1] No original, *coup-de-poing*, hoje usado como sinônimo de soco-inglês, tipo de arma que se prende nos dedos para aumentar a potência dos golpes. Considero que o termo não seria opção de tradução na medida em que o autor está tratando de uma peça de 200 mil anos. Naquele momento, tratava-se de uma pedra esculpida com uma ponta afiada para corte. (N.T.)

lá, eu/você, isto/aquilo. Essas partículas fundam e estruturam um "campo mostrativo" (*Zeigefeld*) da linguagem. As analogias com a imagem, imediatamente e sempre em um campo da mostração, são evidentes. Quando contemplamos as imagens, nos orientamos com a ajuda de diferenças dêiticas tais como alto/baixo, direita/esquerda, aqui/lá, próximo/distante – sempre em função do olhar do espectador. Mas ainda aqui não se trata de aplicar uma categoria linguística – o dêitico – a outras formas de expressão, mas ao contrário. Toda *deîxis*, seja ela codificada e arbitrária, supõe uma localização de um locutor encarnado. A encarnação precede a locução e não o inverso; por outro lado, outras expressões não locativas são possíveis. Insistindo na dimensão mostrativa das imagens, queremos, portanto, sublinhar os seguintes aspectos:

1) A lógica das imagens não pode se resumir a uma gramática icônica: ela implica nos *corpos* aos quais elas se mostram e pelos quais elas podem se mostrar.

2) A "imagicidade"[2] não depende em nada do objeto representado. As imagens não são simples representações demonstrativas de uma significação já constituída em outro lugar, são, ao contrário, *mostrações originárias*.

3) As imagens exibem, no seu funcionamento, o *fundo dêitico de toda expressão* (que diz respeito, portanto, igualmente à linguagem discursiva), visto que, em sua singularidade, as imagens nos ensinam alguma coisa sobre o fenômeno expressivo em geral.

Se elas se abrem à decidibilidade, as imagens não têm, contudo, *lógos* predicativo como horizonte ou *télos*. Na sua dimensão circunstancial, as imagens são, portanto, ao mesmo tempo mais e menos do que a linguagem discursiva. Menos, porque elas não podem pretender a generalização descontextualizada da linguagem. Mais, porque elas tornam evidente uma lógica que não é mais restrita à dimensão opositiva dos signos. Operando por ligação e conjunção, a imagem nos carrega em direção ao sentido primeiro da palavra *lógos*: "légein", ligadura, ligação, laço. Pensar a imagem significa, na minha opinião, pensar a unidade sempre em tensão entre o olho, a mão e a boca.

---

[2] No original, *imagieté*, neologismo usado por Jacques Rancière em *Le destin des images*, aqui publicado como *O destino das imagens* (Contraponto, 2012, p. 20). A tradutora Mônica Costa Netto optou por manter o termo no original. (N.T.)

Isso que aquilo mostra

O que significa dizer que a imagem mantém uma ligação privilegiada com a mostração? E antes de mais nada: o que é um gesto de mostração? Parece que os gestos nos mostram alguma coisa onde não se trata tanto de um gesto de indicação explícita ou consciente. Todos esses gestos que, inconscientemente, acompanham nossa fala não são nada além de simples acidentes motores ou ornamentos extrínsecos: eles desempenham um papel essencial no acontecimento expressivo. Existem, sem dúvida, os gestos involuntários, os lapsos corporais que dão a ver o que o discurso reprimiu. Mas, para além desses gestos altamente "falantes", trata-se de dar conta dessa presença tão discreta quanto permanente da gestualidade nas nossas ações, um tipo de companhia fiel e silenciosa que constitui o fundo de nossos atos significantes. Para caracterizar essa dimensão, se poderia invocar o termo alemão *Hintergründigkeit*, que remete de uma só vez à profundidade e ao enigma.[3] Quaisquer que sejam as diferenças da gesticulação entre as pessoas – as diferenças de cultura, sexo, classe, idade são de fato consideráveis –, um aspecto sempre se apresenta. Os gestos *se afastam* do *corpo* e voltam em direção a ele. Um vai e vem incessante estabelece, com seu ritmo, um *espaço visual*. Com seu *tónos* vital específico, o corpo participa de maneira essencial. Sua calma tende a servir, por assim dizer, de cenário ao que os braços e as mãos representam diante dele. A atitude do corpo e o discurso dos gestos *se religam* – para poder se *distinguir*. A partir do ponto de vista do espectador, e na medida em que são sempre *fundadas* em um corpo, as mãos com seus signos performativos têm o corpo *como fundamento*.

Uma *diferença gestual* se manifesta, ainda que passe despercebida se se presta atenção nas mãos por muito tempo. Diante do contínuo opaco e impenetrável do fundo corporal, os gestos singulares se separam como tantos signos discretos que se reconfiguram perpetuamente. Uma *assimetria* complexa está aqui em obra. O corpo é o fundo *continuado* para os gestos que vão e vêm. Uma tal diferença não implica somente a opacidade do corpo e, com ele, a transparência dos gestos, mas ainda o gesto motor de sua ligação, a conjunção

---

[3] Para um tratamento mais detalhado da questão, permito-me referir a Boehm (2007). (N.A.)

estabelecendo sua relação. Simultaneamente, os gestos *mostrando* e o corpo *se mostrando* instalam uma relação entre falante e significante. De repente, a gesticulação das mãos, que não era até então nada além de um movimento local, começa agora a produzir significação.

Uma vez postas essas questões, podemos tentar ver que estruturas fazemos emergir das obras que nos permitirão precisar o que está em jogo. A tese segundo a qual as imagens mantêm um lugar privilegiado com a mostração não é nada além de uma simples especulação – é surpreendente observar o número de artistas que insistiram sobre a dimensão gestual em suas obras. Para concluir, iremos, portanto, evocar sucessivamente três obras nas quais se pode observar uma progressão da questão da mostração como tema ou motivo em direção à mostração como princípio operador. Entre as numerosas obras que nos colocam diante do papel das mãos como tema, se pode evocar o quadro de Albrecht Dürer, *Jesus entre os doutores da lei* (Fig. 2). Nessa obra, de 1506, e que ele intitulou *Opus quinque dierum*, Dürer inventa uma ilustração

Figura 2 – Albrecht Dürer, *Jesus entre os doutores da lei*, 1506
Lugano, Coleção Thyssen-Bornemisza

excepcional para esse duelo de palavras. Na rosácea gestual situada no centro do quadro, o artista dá corpo a esse *agón* intelectual onde tudo se dá e se entrelaça mutuamente em um corpo a corpo inextricável. Dürer não nos dá a ver, portanto, um gesto de indicação que aponta em direção ao que não está presente – o gesto mostra sua própria condição de intricado, seu próprio retorno sobre si mesmo, sua reflexividade. Uma outra constelação é posta em cena por Ticiano no seu *Retrato de Jacopo Strada*, dos anos 1566-1568 (Fig. 3). Nessa representação do

Figura 3 – Ticiano, *Retrato de Jacopo Strada*, c. 1567
Viena, Museu Kunsthistorisches

célebre colecionador de Mantoue, aquele que indica seus objetos que fizeram sua glória como antiquário. Mas o artista teve a inteligência de relativizar esse gesto de indicação para nos mostrar antes de tudo o corpo se mostrando. Ao se desviar da estátua para dar lugar a ela, Strada flexiona seu corpo em direção ao espectador. Nessa indivisibilidade do que se mostra e do que é mostrado, Ticiano nos lega uma alegoria sobre o retrato como essa tarefa impossível, que consiste a tornar o que, por definição, é inefável porque totalmente singular: a in-dividualidade. Mas, se a mostração teve um papel importante na pintura figurativa, não está a esta limitada. Trata-se, ao contrário, de compreender como a imagem nos mostra sua forma de mostrar – que nos mostra, portanto, *como ela mostra* –, e isso sem passar pela analogia de um corpo representado agarrado em um gesto de indicação. No expressionismo abstrato americano, se pode observar uma redução das relações icônicas ao *strict minimum*, sem que, entretanto, nunca se deixe a imagem. Ao contrário, parece que essa redução é essencial para exemplificar ainda melhor as estruturas intrínsecas da iconicidade.

Concluiremos, então, evocando, para terminar, o quadro intitulado *Nr. 7*, de Mark Rothko (Fig. 4). Obra datada de 1960, realça um mundo no sentido silencioso. De uma só vez, o título indica uma reserva ao olhar de toda decidibilidade e se aproxima do título preferido do pintor – *Sem título* –, apresentando ao espectador alguma coisa de funcionamento inominado. Uma composição frontal criada por relações claras: quatro campos de cores diferentes sobre um fundo escuro. A figuração que Rothko pode trabalhar na sua primeira fase não tanto rejeitada, mas incorporada. O *continuum* de castanho escuro faz intervir uma *opacidade impenetrável*, um campo de relações dinâmicas entre as superfícies coloridas que parecem ocupar distâncias diferentes. Elas se destacam do fundo e nele recaem ao mesmo tempo. Aquilo que, do ponto de vista da técnica pictórica, é realizado através de vernizes, dito de outra forma, de camadas semitransparentes deixando transparecer o fundo na superfície. As cores criam diferentes aspectos visuais. E seria preciso se deter longamente para nomear as principais características da temperatura da cor, a luminosidade ou ainda as relações de efetividade entre a forma da superfície colorida e o efeito cromático. A força da *deíxis* se nutre da assimetria entre a figura e o fundo.

Figura 4 – Mark Rothko, *Nr. 7*, 1960
Sezon (Japão), Museu de Arte Moderna

Isso implica três intuições fundamentais no que diz respeito a uma teoria da imagem. Primeiro, compreendemos a partir de que a mostração ganha em persuasão. É um verdadeiro *dinâmen visual*[4] que se estabelece

---

[4] Na história da filosofia, *dinâmen* é um termo usado pelos epicuristas para se referir ao movimento de desvio espontâneo da trajetória dos átomos que cria colisões e aglomerações de matéria, a partir do qual se constituem todas as formas do universo. (N.T.)

entre a opacidade do *continuum* e a figuração transparente que ela recaptura, carrega e contém. Essa pintura é – visualmente falando – inesgotável. A cada olhar posto sobre o quadro, ela faz um tipo de imagem, essa coisa estática que é percebida como movente e significante. A segunda intuição está diretamente ligada à primeira: a lógica da mostração só pode ser processual, trata a imagem como uma equação energética. Enfim, a opacidade impenetrável do fundo provoca um retorno ao olhar do espectador. Na medida em que mergulhamos na imagem, o que ali está representado se sobressai como aspecto visual, como aquilo *se* mostra. O mutismo de Rothko caminha ao lado do *páthos* e do afeto. Seus quadros, aparentemente vazios, geram de fato uma semântica, dão a impressão de respirar, e esse arranjo vertical de superfícies faz alusão a um corpo que (sem ser humano) parece vivente. Em uma palavra: o que mostra – a imagem, em sua ocorrência – nos mostra como alguma coisa *se* mostra. E ao nos dar a perceber, a imagem gera um sentido.

Do sentido.

Referências

BATESON, G. *Vers une écologie de l'esprit*. Trad. F. Drosso; L. Lot; E. Simion. t. I. Paris: Le Seuil, 1977.

BOEHM, G. (Ed.) *Homo Pictor*. Munique: Saur, 2001.

BOEHM, G. *Deixis – Vom Denken mit dem Zeigefinger*. Göttingen: Wallstein, 2007.

BOEHM, G. *Wie Bilder Sinn erzeugen. Die Macht des Zeingens*. Berlin: Berlin University Press, 2007.

BÜHLER, K. *Théorie du langage*. Marseille: Agone, 2009.

JÄGER, L. *Audio-Visualität vor und nach Gutenberg*. Vienne: Kunsthistorisches Museum, 2001.

PLATÃO. *Sophist*. Paris: Flammarion, 2006. [*O sofista*. Trad. Juvino Maia Jr. Lisboa: Calouste Gulbenkian, 2012.]

WITTGENSTEIN, L. *Recherches philosophiques*. Paris: Gallimard, 2014. [*Investigações Filosóficas*. Petrópolis: Vozes, 2005.]

A imagem entre proveniência e destinação

Marie-José Mondzain

Interrogar a proveniência da imagem é interrogar a origem, quer dizer, a causa. Qual será a causa da imagem? Alguma coisa como a questão: de onde ela vem? Se seguirmos um bom preceito aristotélico que jamais envelhece, toda ciência é ciência da causa, e o conhecimento da causa contribui para a definição; a causa tem por tarefa definir seu objeto. Portanto, a questão *ti esti*, o que é a imagem, a ciência da imagem responderia determinando sua causa e por consequência enunciaria sua natureza, designando seu gênero e sua espécie, quer dizer, sobre qual fundo se inscreve sua proveniência e qual é sua especificidade. Se mantivermos essa postura, se pressupõe, então, que a imagem é totalmente paradoxal: produção do sujeito, a imagem faz devir o sujeito mesmo que a produz. A imagem é, portanto, se posso dizer assim, duas coisas em uma: ao mesmo tempo uma operadora em uma relação e objeto produzido por essa relação.

As operações imaginantes são inseparáveis dos gestos que produzem os signos que, por essa razão, permitem os processos de identificação e a separação sem as quais não haveria sujeito. A definição da imagem é, portanto, inseparável da definição do sujeito. Então, à questão se há uma ciência da imagem, a resposta é a mesma daquela que pergunta se há uma ciência do sujeito. Sua fundação recíproca nos convida a desconfiar que a imagem não é um objeto e, portanto, que, se ela pode, sob certas referências, ser considerada como um objeto, isso não se dá jamais sem consequência para o sujeito. Tanto e tão bem que cada vez que se reduz a imagem a não ser mais do que um objeto, se coloca atenção à destinação do sujeito. Por outro lado, uma expressão como "entre proveniência e destinação" carrega a marca da historicidade, quer dizer, uma inscrição temporal sobre o qual se aplica a pesquisa. Não é somente o lugar da imagem na reflexão subjetiva, mas é sobre a imagem em uma trajetória que visa uma gênese da imagem e uma visada sobre seu desdobramento, uma visada que a inscreve no futuro ou segundo um fim. Mas, se a história da imagem é articulada a uma história do sujeito, essa trajetória histórica concerne, portanto, à gênese do sujeito ele mesmo, seu desenvolvimento e as modalidades sobre as quais a imagem indica um regime de subjetividade, na medida em que não se reduz a ser uma simples existência natural submetida às leis gerais daquilo que vive e daquilo que morre. A imagem diz respeito à vida do sujeito sobre o aspecto da sua existência não natural. Quero indicar com isso que as operações imaginantes são sem dúvida o modo produtivo da resistência do sujeito à natureza. De que natureza se trata? Desta àquela, ele deve, no entanto, viver, mas se distancia resolutamente no projeto de inscrever o sentido pela via dos signos. Dizer que as imagens têm uma história ou participam de uma história não é voltar a dizer que as imagens podem fazer o objeto de uma narrativa, na qual o modelo de excelência seria a história da arte, aquilo que seria muito trivial ou apenas levaria em conta uma ciência da imagem como uma história das figuras de produção das formas visíveis, sem interrogar a natureza do objeto do qual se fala. Fazer de conta que se sabe o que é uma imagem e assim, dispensados de dar à imagem uma definição, nos lançaria em um conjunto composto de proposições cronológicas onde as imagens acompanhariam a história das formas, dos estilos, dos objetos, quer dizer, das representações, se, com temeridade, se força o uso de tal léxico. Ora, interrogar a proveniência e a destinação tem outro objetivo. Trata-se de reparar aquilo que a título da imagem se inscreve na história da humanidade, e mais ainda: de interrogar as operações imaginantes na sua relação com o que constitui o sujeito falante e sociável. Na genealogia do humano, a imagem é parte integrante.

Escolhi, portanto, outra forma de responder à questão entendendo de outra forma a sua abertura. Proponho a hipótese de que, entre nossa proveniência e nossa destinação, é a imagem que vem se colocar como operador histórico da mediação e da produção da resposta. Quero dizer que, interrogando a imagem, posso recolher uma resposta para a questão da nossa proveniência e correr o risco de uma definição de humanidade. A questão do começo, em matéria de imagem, pode ser posta de duas formas. As duas têm seu estatuto próprio e não são excludentes entre si. A primeira consiste em considerar a origem das operações imaginantes na sua manifestação inaugural. Sobre isso, adota-se uma postura antropológica. A segunda consiste – para nós, no Ocidente –, em colocar a questão historicamente para constatar a incidência determinante das posições teológicas na legitimação das imagens próprias à nossa cultura. Se essas duas abordagens são inseparáveis, é porque a suspeita que pesa sobre as imagens pelas razões teológicas antes do cristianismo tem relação direta com a liberdade em jogo no estatuto antropológico das operações imaginantes. Aquilo que constitui o sujeito na sua liberdade de iniciativa constitui um perigo para aqueles cujo poder é assentado sobre a negação dessa liberdade. Dito de outra forma, é porque a capacidade do sujeito de produzir imagens faz parte de uma economia constituinte do desejo que as instituições que constituíram seu poder tomaram o cuidado tanto de interditar as imagens quanto de controlar a produção de seus efeitos. Em uma palavra, se poderia dizer que a proveniência das operações imaginantes está na origem do problema político que coloca sua destinação.

A imagem, o retrato

Imaginemos. Imaginemos um homem que corre o risco de um retorno ao passado, de um retorno às entranhas, de um mergulho no coração da noite de onde ele provém. Um homem mergulha nas trevas, por um instante dando às costas ao mundo dos viventes. Ao chegar nessa caverna matricial, reino das sombras, ele acende um fogo, ele se ilumina, ele ilumina a rocha. Ali é seu ponto de partida. De pé, diante da rocha, ele está lá, na opacidade brutal de um face a face, confrontado com seu ponto de apoio que é também seu ponto de partida. Aí está ele, braço estendido, ele se apoia.

Sua mão repousa, essa mão se afasta, se separa e toma da rocha a distância de um braço. Tal é de fato a primeira tomada de distância de si, disso com que ele se manterá, no entanto, em contato. A mão é aquilo que aproxima, toca e ao mesmo tempo rejeita, afasta. Esse gesto de afastar e de ligar é aquele que constitui a primeira operação, constituição dos lugares entre os quais se joga o sentido de um gesto que virá. Inaugura-se uma conversa, no sentido em que o homem se mantém diante da parede, que tem sua própria atitude e que a conversa vai advir entre essas duas polaridades. A imagem é o teor do que se mantém entre eles, entre o homem e a parede.

Segunda operação: o sopro. Nesta distância em que olho e a mão se arranjam, outro gesto se torna possível. O homem liquefez na sua boca os pigmentos da cor. Ele agora vai projetar com um só sopro sobre a parede. A boca deixa de ser uma boca que pega, mastiga, ingere, engole ou cuspe para se tornar um buraco pleno que sopra, que se esvazia e se separa. O homem sopra, sopra sobre a mão que ele pousou.

Terceira operação: o retrato. O gesto de retratar a mão sobre a qual ele acaba de soprar aparece agora diante dos olhos do soprador, a imagem, sua imagem, tal qual ele pode vê-la, porque sua mão não está mais lá. *Retirar-se para produzir sua imagem e dá-la a ver aos olhos como um traço vivente mas separado de si.* Salvo por amputação, não se pode se separar de sua própria mão para vê-la longe, como aquela de outro, mas se pode se retirar de sua imagem e dá-la a ver a um outro, aos olhos, e dá-la a ver também aos olhos que eles não se verão jamais. A parede é um espelho, espelho não reflexivo. A mão negativa é o primeiro autorretrato, autorretrato não especular, sem espelho, do homem que é um sujeito que só conhece de si e do mundo o traço deixado ali por suas mãos. A imagem de si é uma prova da separação, a instauração de um regime de separação e de uma subjetividade desatada. Quando esse sujeito se engaja no caminho imaginante que o subtrai da necessidade natural, ele inaugura um regime de liberdade que não será aceito, sem controle, tanto pela vontade instituinte quanto pelos poderes instituídos. Joga-se assim na imagem alguma coisa como a cena primitiva do sujeito sobre o caminho da renúncia a seu fantasma. As imagens rupestres nos oferecem a prova que testemunha um procedimento altamente instituinte, dado que vemos os homens se designarem a si mesmos como sujeitos fazendo nascer na escuridão em que habitam apenas gestos que figuram como o dispositivo imaginante de um ponto de partida, de um lugar de separação da natureza (Fig. 1). A meditação sobre a "arte" paleolítica permite pensar a proveniência em termos de ponto de partida mais do que origem ou menos em termos de arcaísmo. Ir ao antro noturno matricial e não respirável para instalar o cenário inaugural da separação. Não se trata do que a ideologia do originário reivindica como fundação substancialista ou essencialista. Não é mais uma questão de, em nome do arcaico, desdobrar o léxico do primitivismo, do balbuciamento ou de uma infância da imagem que corresponderia à uma infância da humanidade. Muito pelo contrário, essa proveniência indica, na sua integralidade completa, a destinação do homem como sujeito imaginante, quer dizer, contranatureza. Aquilo que está no começo permite sempre ser derivado em direção a uma sobreinterpretação do que vem primeiro em relação ao que se segue, na complacência de uma consideração lírica da infância de nossos pais. O interesse antropológico disso que se chama arte rupestre ou do que é designado por esses termos consiste, ao contrário, em reconhecer nesses gestos e nesses traços que reunimos uma maturidade completa da questão da separação, considerada como ponto de partida da humanidade no lugar mesmo disso que esses traços indicam como sendo o cenário fundador de toda operação imaginal e icônica.

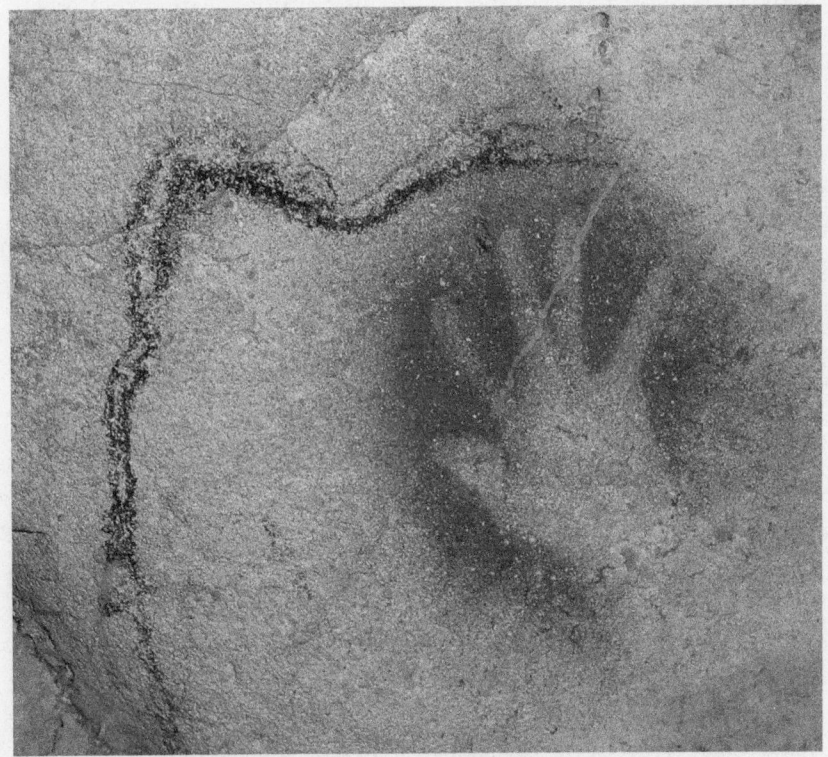

Figura 1 – *Mãos negativas*. Gruta Chauvet (Ardèche, França), 30.000 a.C.
(CHAUVET; DESCHAMPS; HILLAIRE, 1996)

O ponto de partida funda a história na medida em que é preciso deixá-lo para inscrever nossos gestos em uma trajetória, um percurso de humanidade e, em segundo lugar, para reconhecer que essa partida é infinitamente posta em questão há milênios. Tudo isso é ainda mais capital agora que as operações imaginais estão mais do que nunca ameaçadas de serem tomadas pelo lucrativo mercado da não separação, da regressão, do retorno ao infantilismo. As mãos de Chauvet nos lembram que não estamos no campo pré-histórico, em uma cena originária. Ao contrário, é a ruptura com o originário que de repente se inscreve na origem da arte. A origem da arte é a ruptura com todas as artes de origens. Não há imagem originária, mas um gesto, um lugar de proveniência do homem que só obtém seu sentido indicando sua destinação.

Historicamente, a separação induzida pela imagem se intensificará, todavia, em uma verdadeira disjunção, vindo repudiar tudo aquilo que indica ainda uma grande proximidade. Intervém, então, um monoteísmo da distância que se legitima doravante por uma remissão simbólica à origem.

A preocupação monoteísta com o sujeito das imagens

O monoteísmo nasce a princípio de um iconoclasmo. As religiões da imagem são cultos da imanência, da potência maternal e matricial, da imanência do poder dos signos em si. A imagem é egípcia, é a terra que se precisa deixar. Se é preciso cassar os ídolos, é para mostrar que não há nada mais estranho ao velado que a magia imanente das coisas próprias do animismo. Tornar a imagem inanimada é privá-la de toda relação, portanto, de todo sentido. Todos os procedimentos de separação não são nada além da sistematização de todos os gestos e de todos os signos que formam a construção simbólica dos sujeitos falantes submetidos à lei do pai. É, portanto, em nome dessa exigência de separação que se atravessa toda a arquitetura do templo como um lugar de encontro com o proibido na fabricação da imagem.

A iconoclastia hebraica apresenta analogias estruturais com a iconofobia da metafísica clássica: a pureza do *eîdos* só se mantém à custa de uma cegueira que encontrará seu consolo na retórica do ofuscamento. É para defender a força e a pureza da imagem que se declara sua invisibilidade, reservando todas as outras palavras que designam as produções sensíveis a fim de dizer que elas traem a verdadeira imagem.

Está tudo aí: a imagem, sendo fiel ao verdadeiro, não pode mostrar sua face nem se oferecer ao olhar. Escapa-se, portanto, da imagem tanto por razões positivas quanto negativas, porque ela é excesso de trevas e excesso de luz. O medo das imagens é indissociável do medo das forças libidinais. A iconofobia como a negação do iconismo especulativo são, de fato, confrontados com a definição do desejo da imagem como sendo um desejo do objeto. Ora, é com o cristianismo que acontece um deslocamento fundamental: o que qualifica uma imagem é doravante não mais a natureza da sua matéria, mas a essência do olhar que se coloca sobre ela. Toda a doutrina da encarnação volta a estabelecer doutrinalmente que a encarnação não é nada além do "devir-imagem" da divindade. A distinção entre a carne e o corpo vem agora sobrepor e mesmo recobrir a distinção da imagem como carne e do objeto como corpo. A redenção da carne é a transfiguração do olhar sobre o mundo pela via da imagem, a redenção do corpo é a identificação do corpo de Cristo com o corpo da Igreja. É, portanto, a instituição que dá sua visibilidade redimida e salvadora às instituições históricas do poder temporal. Se o ícone não reina mais ele mesmo, como no caso do ídolo, ele virá doravante a fundar um reino. Ora, as crises sucessivas que abalaram a patrística na questão da imagem – todas as crises bizantinas que estudei em *Image, icône, économie* (1996) – indicam, no entanto, que a disjunção definitiva que o cristianismo propõe entre ídolo como simples imanência e o ícone como pura distância nunca pode ser tão clara.

Ao longo da história humana, o desejo de ver e o de mostrar serão habitados pela ambivalência do desejo de estar em busca da satisfação, e de constatar que a satisfação estimula o fim do desejo, seu relançamento não pode fazer viver o sujeito constituído senão renunciando a designar aquilo que ele deseja como se designa um objeto; é assim que a imagem, se situando sobre a trajetória do desejo, oscila entre os dois estatutos que lhe conferem o regime do sujeito e do objeto. Dito de outro modo, as imagens têm um poder, e esse poder tem, por definição, uma estrutura crítica, quero dizer, uma estrutura de crise: elas são provenientes de uma energia desejante que coloca em jogo, a cada vez, a pulsão regressiva de um retorno às trevas fusionais ou a pulsão vivente de correr o risco das visibilidades que se quer compartilhar com o restante dos homens (Fig. 2). Entre a disjunção sem apelo e a regressão fusional, ele nos incumbe de tomar a responsabilidade pelo destino da imagem no seu movimento de desligamento. Entendo por desligamento o movimento pelo qual a imagem resiste a toda determinação e determinismo irreversível. A indeterminação da proveniência, por sua vez, orienta as operações imaginantes em direção a uma destinação indeterminada. Este é o preço da liberdade, inscrito nas produções visuais quando elas constituem o sujeito em um lugar inaugural. O sujeito que começa, com quem tudo pode começar, o homem do começo, como designa Hannah Arendt. Este é o ponto em que está em jogo a dimensão política. Entendo aqui por político as apostas do compartilhamento da vida em comum, quer dizer, no sentido em que a *pólis* grega instituiu com a *politeía*, no qual a cidade implica um regime comum na circulação dos signos e na partilha não do espaço, mas do tempo. Ora, a liberdade necessária a essa partilha supõe que seja mantida a energia de desligamento própria a toda criação. Para que haja o político, é preciso que as leis da psique, quer dizer, a lei do objeto tal qual ele se impõe como mercadoria, não *reinem* sobre os sujeitos desejantes. É preciso ficcionalizar a liberdade; é preciso imaginar e somente imaginar, ao compor a imagem para tornar a crença viva, só energia política. É por isso que a liberdade não é nem um objeto nem um sujeito, não é nem um estado originário que se teria perdido nem um reino por vir. A liberdade é uma ficção no sentido pleno da palavra, quer dizer, uma imagem, necessária, que se tem entre os sujeitos e permite a troca de lugares. Visto que se fizeram essas ressalvas, a resposta à questão da destinação vem se inscrever naturalmente na inflexão desse destino pulsional. Indicação de que a via política da partilha é a possibilidade problemática de constituir, pelo desejo, um objeto político situado no percurso de uma demanda insaciável. Porque designei anteriormente a saciedade como um campo de consumação imediata que não pode, em nenhum caso, ser identificado no percurso constituinte no qual, ao contrário, a vitalidade é determinada pela ausência e pela separação. Que se nos dê de comer quando temos fome é uma coisa, e esse desejo é uma necessidade que precisa da presença de objetos que nutram, e não apenas suas imagens ou signos que ali tenham lugar. Ao contrário, o desejo que anima a circulação de signos só se sustenta com a separação entre os sujeitos que trocam esses signos na ausência das coisas em si.

Figura 2 – *Jesus regado a vinagre – os iconoclastas recobrem de cal a imagem de Cristo*
Saltério Chludov, metade do século IX

No livro *Le souci traverse le fleuve* (1990), Hans Blumenberg evoca um artigo de jornal de 1985 mencionando que, em Papua-Nova Guiné, quatro pescadores[1] naufragaram e haviam sobrevivido porque todos os dias liam a Bíblia e comiam as páginas do livro, uma após a outra. Blumenberg conclui que a consciência de si é o órgão que permite não engolir o mundo sem, contudo, renunciar ao seu gozo e à sua possessão. Não engolir é também a condição para não ser engolido. O que está em jogo, portanto, na produção das operações imaginantes é a capacidade de produzir signos que nunca virão preencher uma necessidade, mas que, ao contrário, se encarregarão de tecer as distâncias e as ligações entre aqueles que os trocam, quer dizer, os signos, marcados pelo selo do desligamento, de tal forma que o que está agora ligado, o está pela primeira vez. As imagens são, por excelência, os signos que, sobre o lugar mesmo do desejo, se encarregam de produzir o desligamento com a presença das coisas e a presença dos corpos, e da ligação entre os sujeitos que se endereçam a esses signos com a intenção de fazer um tecido frágil e temporalmente significante. Assim, as imagens vêm se colocar entre os sujeitos que não se definem como tal se não pela graça desses signos que vêm, poderia eu dizer, dançar entre eles. Para melhor compreender, retomo mais uma vez a história das operações imaginantes na cultura ocidental, em que a questão de seu poder foi posta à prova da legitimidade teológica e metafísica. Sendo reconhecidas como produções libidinais, as imagens não têm sido de fato imediatamente o objeto de uma meditação sobre o tratamento político do desejo nem sobre o destino das pulsões no coração da cidade. Muito pelo contrário, o monoteísmo e a metafísica partilharam, ainda que com argumentos diferentes, uma mesma suspeita desqualificante sobre o olhar nas produções visuais.

O interessante nesse conflito da imagem diante do poder da transcendência, do poder da verdade e do ser é primeiro constatar que a fragilidade das operações imaginantes é detectada como uma ameaça por instâncias que tendem a unificar seu monopólio e seu autoritarismo opressor de um despotismo que quer vencer toda

---

[1] No original, *pêcheurs*. Na língua francesa há uma sinonímia entre pescadores e pecadores impossível de ser reproduzida, por isso optei por pescadores, mas considerei importante observar a relação entre as duas palavras. (N.T.)

turbulência desejante. O poder se quer mestre do tempo sobre o duplo registro de sua aceleração sem limite e da negação de sua mobilidade. A relação com o tempo é inversamente proporcional à potência da propriedade assim como ao desejo de apropriação. Ora, a imagem é questão de tempo e não de espaço, e por isso seu regime é aquele da espoliação e da depreciação. Pode-se falar de um verdadeiro recalcamento do desejo e de uma potência ditatorial que tende a concentrar toda energia desejante e toda temporalidade para colocá-los a serviço do poder e de uma concepção substancialista da propriedade. É esse contrato soberano insustentável que a Igreja cristã virou de cabeça para baixo, redistribuindo a relação de poder das potências do visível. Foi a Igreja que retomou de Aristóteles a ideia de que existiria um destino político do pulsional e uma chance de simbolização das paixões, do *páthos*. Repensar a perlaboração catártica que Aristóteles confiava inteiramente à palavra ou quase, e remeter à imagem e à organização especular para regular a energia desejante segundo uma visada de ligação, tal é o sentido da palavra religião, quer dizer, ligação.

A operação sem precedentes realizada pelos teóricos da imagem durante os oito primeiros séculos do cristianismo consistiu em fazer das operações imaginantes uma dupla questão: uma aposta de humanidade e uma aposta de poder, uma aposta emancipadora para o sujeito do desejo e uma operação de submissão à ordem da comunhão. A Igreja põe em crise, por ocasião de uma crise (iconoclasma), a disjunção entre uma verdade antropológica e uma realidade política. Dito de outra forma, a destinação das imagens a partir dessa época no ocidente foi dupla e, portanto, em situação ininterrupta de crise. Se as imagens que fazemos e damos a ver são fiéis à proveniência indeterminada que as fez nascer, a saber, elas são encarregadas de trabalhar com a ausência das coisas na tessitura aleatória de um endereçamento, portanto, a indeterminação de sua destinação é a medida da liberdade que elas nos legam, na determinação inapreensível do sentido. O homem é o sujeito de uma depreciação constituinte. De que maneira os pensadores cristãos colocaram o problema para lhe dar essa forma eminentemente moderna e política? Fizeram-no constatando que a imagem não dá nada a conhecer, mas somente a sentir, sua mola propulsora era seu regime de crença. Constatando no mesmo movimento que a legitimidade de um poder sempre visível se revela pela força ou pelo saber, eles fundaram sua autoridade invisível em nome da qual se exigirá que aquele que crê se submeta. O sujeito do autorretrato em forma de mão que descrevemos com Chauvet encontra-se no cruzamento mais vivo daquilo que o cristianismo tentou conceber ao inventar "imagens não feitas pela mão do homem", porque elas eram impressões puras (Fig. 3). Em seu desejo de se apropriar da gênese do homem, tanto de sua origem quanto de sua destinação, a doutrina cristã não encontrou nada mais pertinente do que propor ao olhar coletivo uma imagem do homem não feita pela mão do homem, a fim de atribuí-la à mão de Deus. Entre a eficácia de um poder e a legitimidade de uma autoridade, a imagem se mantém sobre um solo tão instável quanto frágil.

Figura 3 – Hans Memling, *Verônica*, c. 1483
Washington, Galeria Nacional

Entre o autor e o espectador

Aqui se abre de fato a problemática que é consequência desta primeira meditação, a saber, aquela que faz da dupla aposta da imagem uma questão de poder e de autoridade. Isso volta a pôr em questão a proveniência de uma forma renovada ao perguntar: o que é um autor? Quem é o autor da imagem? Sente-se bem a que ponto a questão é perigosa atualmente, já que não pode haver aí um autor e, consequentemente, autoridade, se o gesto produtivo é reconhecido como gesto criativo e, portanto, inaugural. A produção é condicionada, e o conjunto de protocolos de produção e de difusão pode ser visto apenas do ponto de vista das condições. O inventário dos meios necessários para a realização e a difusão de uma obra tanto quanto de um objeto não dão nenhuma indicação nem nenhum critério, permitindo dizer que se trata propriamente de falar de uma obra. Sobre essa versão da realização, tudo pode ser analisado em termos de poder e de finalidade. Nesse domínio, a indeterminação é desqualificada, assim como foi desqualificado o estatuto de indeterminação desde a crise dos intermitentes.[2] O que qualifica uma obra, quer dizer, o que permite reconhecê-la como tal e, consequentemente, reconhecer naquele ou naquela que a produziu a qualidade de autor, responde a outros critérios que reunirei sob o nome de autoridade. Qual é, então, a proveniência da autoridade? Contrariamente ao poder e aos meios que tornam uma realização possível, quer dizer, aos constrangimentos e às determinações que condicionam a produção, contrariamente à *potestas* que repousa sobre a possessão (o monopólio) da força, a autoridade – *auctoritas* – repousa sobre o reconhecimento.

Como compreender a natureza do reconhecimento que funda a autoridade? Do lado daquele que produz a obra, é um duplo movimento: aquele que consiste em reconhecer o que ele fez, seguramente, mas também aquele que consiste em reconhecer, naquele a quem ele

---

[2] Existe na França a categoria do artista intermitente, que vive sob um regime assalariado instituído em 1936 e vem sendo sistematicamente reduzido nas últimas duas décadas. Trata-se de uma forma de complementação de renda mensal destinada aos que desempenham um tempo mínimo de horas mensais de trabalho e descontam imposto sobre essas horas, contribuindo para um regime específico de securidade. (N.T.)

se endereça, uma instância de dignidade na liberdade. O reconhecimento indica, desde então, ao mesmo tempo a proveniência e o endereçamento, quer dizer, a destinação tanto daquele que responde quanto do que ele faz em resposta diante de um outro. É, portanto, uma relação de alteridade que o reconhecimento permite construir, isso que se chama a autoridade e até mesmo a autoridade do autor. Disso resulta que a indeterminação da obra que se tem entre o criador e o espectador não é nada além que sua abertura aleatória, a atenção na qual ela se mantém de receber seu reconhecimento da parte daquele a quem ela se endereça. Reconhecer a obra como obra é reconhecer a potência que ela tem de colocar em obra uma relação constituinte entre dois lugares da depreciação. Essa relação não é nunca garantida antes, nunca é dada definitivamente, é frágil porque não tem sua validade na consistência do objeto, mas na existência de sujeitos que a fazem circular e operar entre eles. Mas essa relação circulante não constitui mais os lugares da depreciação como das entidades substanciais. Nesse sentido, o termo intersubjetividade pode tornar-se uma verdadeira armadilha, uma ilusão. A economia da partilha dos olhares é aquela do tempo, quer dizer, de uma irredutibilidade do sujeito a toda captura? A relação de um autor com um espectador não é nem a de quem possui nem a de quem é possuído. Eles só se constituem na partilha paradoxal de sua despossessão em comum. Tal me parece ser a potência da arte. É assim que é preciso entender o pensamento de Duchamp, quando ele instaura ou convoca a autoridade do espectador. É, portanto, no coração de uma operação paradoxal que se constrói a questão da proveniência e da destinação.

A imagem como gesto separador é constitutiva do sujeito desejante e falante, ao mesmo tempo que é constitutiva da estrutura "intersubjetiva" na qual se joga o reconhecimento de si no reconhecimento do outro, sob condição de que nele não se jogue nem conhecimento nem identificação. Suspendo ainda "intersubjetiva" entre aspas porque é uma forma insatisfatória, quer dizer, falaciosa, de designar a dinâmica que opera entre os lugares que não têm eles mesmos nenhuma determinação substancial nem existência natural e consistente. Nessa perspectiva, a indeterminação da imagem conduz a qualificá-la como não objeto, como um lugar frágil onde o cruzamento de olhares que partilham a visibilidade do mundo instala o campo político desta partilha temporal. Mas a imagem é também um objeto determinado por aquilo que o condiciona e propõe ao desejo de um sujeito que se torna, por sua vez, o objeto da imagem.

É a qualificação determinada ou indeterminada da imagem que a situa nessa zona indecidível na qual ela atende à decisão política que lhe conferirá seu sentido. Concluiria lembrando a brincadeira de Groucho Marx. A uma mulher que lhe perguntou "How do you do?", Groucho responde: "How do I do what?". Em francês – traduzindo a brincadeira segundo meus propósitos – "Você vai bem?" se transforma em "Vou aonde?". Acredito que se diz aqui, com humor, que àquele que se inquieta com o nosso estado, quer dizer, com o nosso ser, só podemos responder interrogando, ao nosso modo, sobre nosso destino comum ou, mais precisamente ainda, sobre nossa destinação como única questão do comum.

Referência

CHAUVET, Lean-Marie; DESCHAMPS; Eliette Brunel; HILLAIRE, Christian. *La grotte Chauvet à Vallon-Pont-d'Arc Relié*. Paris: Seuil: 1996.

Imagem, *mímesis* & *méthexis*

Abri os olhos, que excesso de sensações! A luz, a abóbada celeste, o verde da terra, o cristal das águas, tudo me ocupava, me animava e me dava um sentimento inexplicável de prazer: acreditei primeiro que todos esses objetos estavam em mim e faziam parte de mim mesmo.

Buffon, *Histoire naturelle. De l'homme*

A experiência midiática que fazemos com as imagens (a experiência em que as imagens utilizam um medium) é fundada na consciência que utilizamos nosso próprio corpo como medium para engendrar imagens interiores ou para receber as imagens exteriores: imagens que nascem em nosso corpo, a exemplo das imagens do sonho, mas que percebemos como se elas não usassem nosso corpo senão a título de medium-hóspede.

Hans Belting, *Bild-Antropologie*

Quando se diz de um retrato que ele só falta falar, se evoca sua privação da expressão verbal. Essa privação se manifesta como a única falta que separaria a representação da vida, e nos transporta já a um sentimento ou a uma sensação da fala do retrato. A falta que o afeta é designada ao mesmo tempo como considerável e imponderável, na medida em que sua anulação parece acessível e mesmo iminente. De fato, o retrato fala, ele já está prestes a falar, e ele nos fala a partir da sua privação de fala. O retrato nos faz ouvir um falar antes ou depois da fala, o falar da falta de fala. E nós o compreendemos, ele nos comunica esse dizer, seu sentido e sua verdade. De maneira simétrica, desejamos entender a voz da ausência ou a ausência. Podemos carregar conosco seu aspecto em uma fotografia, ver em um filme, no qual, aliás, pode estar associado o registro da voz. Mas a escuta disso resta sempre de outra ordem que não é da ordem da visão. A ressonância nos afina a uma ordem do sentido e da verdade, cuja essência difere da ordem visual do reconhecimento. O amor e o ódio sempre revelam a indigência do reconhecimento. Há na voz um ultrapassamento da identificação: uma participação no que a aparência apresenta, mas cujo som cruza a presença, a afasta dela mesma, e o envio repercute a uma distância muito íntima na qual se perdem as linhas de fuga de todas as presenças. No entanto, essa deiscência incisiva do visual e do sonoro não divide a imagem. Não separa a pintura e a música, para empregar essas categorias cômodas, mas precisamente suspeitas de se dobrar à divisão que se trata de embaralhar. Na imagem, o visual e o sonoro partilham um com o outro suas valências,[1] comunicam seus acentos. À voz, só falta a imagem. Todavia, e isso é decisivo, as modulações do sentido e da verdade só podem se anunciar graças a uma tal falta a cada vez crucial e imponderável desses acentos. É porque as artes se empenham em cultivar suas diferenças: não por faltar completude, mas, ao contrário, pelo excesso de profusão de uma partilha originária do sentido e da verdade. Cada uma das artes constitui a invenção ou a intensificação de um registro de sentido por exclusão dos outros registros: o registro privilegiado desencadeia, em sua ordem, uma evocação dos outros, segundo o que se poderia nomear uma proximidade contrastada: a imagem faz ressoar nela uma sonoridade do mutismo (a qual, quando ela é música, refletir nela uma visualidade do invisível). Essa axiomática geral das artes justifica e desqualifica em um mesmo gesto todas as tentativas de "correspondências", assim como frustra por antecedência todas as armadilhas de uma "arte total". Se há alguma coisa como um princípio da arte, é a sua não totalidade irredutível: um princípio corolário abre entre as artes uma interminável ressonância mútua.

*

Mímesis e *méthexis* da imagem, está aí portanto o tema (que por hoje limitarei à "imagem" no sentido mais conhecido do termo, quer

---

[1] No original, *valences*. Optei por valência para tentar manter o duplo sentido presente na palavra francesa, que tanto se refere a equivalências quanto a valentia. (N.T.)

dizer, no sentido visual). *Mímesis* e *méthexis*: não no sentido de uma justaposição de conceitos a confrontar ou dialetizar, mas no sentido de uma implicação de uma na outra. Quer dizer uma implicação – no sentido mais próprio da palavra, um envolvimento por dobradura interna – da *méthexis* na *mímesis*, uma implicação necessária, fundamental e, de alguma forma, geradora. Que nenhuma *mímesis* não advenha sem *méthexis* – sob pena de não ser nada além de cópia, reprodução, aqui está o princípio. Reciprocamente, sem dúvida, não há *methexis* que não implique *mímesis*, quer dizer precisamente a produção (não reprodução) em uma forma de força comunicada na participação. Tratamos sempre da imagem sob o esquema transcendental da *mímesis*. Como se sabe pelos consideráveis trabalhos que acompanharam, nas últimas décadas, o deslocamento geral das práticas e das problemáticas da representação (artística, literária, conceitual e política), a *mímesis* não designa a imitação, no sentido da reprodução de ou em uma forma, e não designa tampouco a representação no sentido da constituição de um objeto diante de um sujeito – representação que responde à imitação no que o objeto deixa para trás de si, inimitável, o fundo obscuro da coisa em si, assim como sua "forma" se divide, se separando do fundo da matéria, ela mesma tanto restrita quanto expandida na sua compacidade impenetrável. A imitação pressupõe o abandono de um inimitável, a *mímesis*, ao contrário, exprime esse desejo. Em torno da *mímesis*, Platão inaugurou o interminável debate e mesmo o combate da filosofia com seu outro polimorfo, o mito, a poesia, o entusiasmo e também, no coração da intimidade da filosofia, um dos aspectos ou um dos sentidos de que é capaz o furor erótico. Platão não quer banir a *mímesis*, mas quer que ela seja regulada sobre o verdadeiro, sobre a Ideia e sobre o bem, quer dizer, sempre sobre isso que se mostra e que brilha de si, como o sol acima e fora da caverna. O inimitável deve se imitar a ele mesmo: ele deve, de si mesmo, de novo produzir o mesmo, o que forma a lei do mesmo se ele deve ser "mesmo". Ele deve engendrar ou deixar se engendrar a partir de si, de novo, isso que de si se coloca e se conforma a si – quer dizer precisamente a Ideia, a Forma mesma, na medida da conformidade à si e em si. Ainda é preciso para isso o desejo – o desejo de abraçar a Ideia, como tão bem dirá Mallarmé. O desejo é requisito e é impossível porque o engendramento da conformidade implica a alteridade. A alteridade constitui a diferença interna da Ideia, o fato de que a forma deva ser a forma *de* (do verdadeiro, do bem, do que quer que seja). A forma do fundo ou disso que está no fundo, se alguma coisa ao menos *está* nesse lugar, ou mesmo se é um *lugar*. Não é, em todo caso, um lugar dado, e de fato, como de resto se sabe, o *agathón* se situa ou se perde *epékêina tès ousías*. O desejo forma a diferença mobilizada (*différante*)[2] tanto como formação do fundo quanto como a forma em que o fundo pode fundar e vir a se fundar na forma.

Introduzo aqui uma marca necessária. Temos o hábito de separar com um ar desdenhoso as oposições da forma e do fundo. É um bom hábito, sob a condição, todavia, de sempre se pensar que a oposição não deve ser separada em benefício de uma indiferença dos dois, mas para melhor manifestar a incessante tensão que faz diferir um do outro, que sucessivamente dissipa o fundo na forma e dissolve a forma no fundo. O elemento dessa dissipação e dissolução se encontra nomeado em Platão como a *beleza*. A partir de então e até nós, a beleza é o nome da abertura que percorre um desejo. (Não a distingo aqui do sublime, se isso não designa nada além da necessidade da beleza

---

[2] Referência ao termo *différance*, proposto pelo filósofo franco-argelino Jacques Derrida. A letra *a*, aqui grifada por Nancy, distingue *différance* de *différence* (palavra francesa que designa diferença, só pode ser compreendida pela escrita). Essa impossibilidade de distinguir *différence* de *différance* pela linguagem oral, já que as duas palavras têm exatamente a mesma sonoridade, faz com que apenas pela escrita seja possível determiná-las. A noção de *différance* está ligada a um dos objetivos do pensamento de Derrida: questionar a superioridade da fala sobre a escrita. Ele mobiliza ainda outras quatro características da *différance*. A primeira seria a qualidade de diferir, adiar, prorrogar. Pela análise semântica do verbo *diferir* (do latim *differre*, em francês *différer*), Derrida chega à ideia de *différance* como temporalização, adiamento. Ou seja, *différance* pode ser atrasar, adiar, pode ser ação de remeter para mais tarde. Portanto, a *différance* pode ser entendida como algo que nunca acontece, como aquilo que sempre posterga, empurra para depois, desloca para o porvir. Nesse deslocamento se poderia afirmar que a *différance* supõe um constante processo de diferenciação. A *différance* está no jogo de remetimentos com o outro, jogo a partir do qual as referências são constituídas, num devir permanente em que a identidade fixa é substituída pelos efeitos de um processo contínuo de deslocamento. Derrida trata da *différance* como um enigma, como "relação com a presença impossível". Por fim, Derrida também trabalha na *différance* a ideia de um movimento que produz diferentes, que diferencia – um movimento que seria parte integrante de todas as oposições de conceitos. Aqui, a *différance* adquire a característica de ser a raiz comum de todas as diferenças. Ou seja, a *différance* nada é em si mesma, mas aquilo que permite que tudo exista num (infinito) processo de diferenciação. (N.T.)

de ser mais do que a beleza, ser propriamente isso que se excede de fundo em forma e reciprocamente.)

★

A imagem dá forma a algum fundo, a alguma presença limitada no fundo em que nada está presente a menos que tudo aí esteja presente igual a si, sem diferença. A imagem destaca, difere, deseja uma presença dessa precedência do fundo segundo o qual, ao fundo, toda forma pode ser limitada ou enterrada, originariamente e escatologicamente informe tanto quanto informulável. Assim, a *imago* romana é o aparecimento da morte, seu comparecimento entre nós: não a cópia de seus traços, mas sua presença como morte. (Se a *imago* se forma pela primeira vez, em princípio, uma máscara mortuária, é porque desde o momento da modelagem a *mímesis* modula a *méthexis* pela qual os viventes partilham a morte do morto. É a partilha da morte – sua força atroz e alucinante –, é a *méthexis* do desaparecimento que faz propriamente o modelo para a *mímesis*. A imagem é o efeito do desejo [do desejo que reúne o outro], ou melhor: ela abre espaço para isso, abre o escancarado. Toda imagem é a Ideia de um desejo. Ela é conformidade a si na medida em que "si" é um desejo, não um ente-posto. Aqui se anima verdadeiramente a *méthexis* da *mímesis*. Com a imagem, e apesar de não se reportar a ela como a um objeto, entra-se em um desejo. Participa-se – *meta* – da *héxis*, da tônica (*ékô*, *ékomais*, ter e se manter, se dispor, se juntar a...) e da tônica desejante, quer dizer, da tensão, do *tónos* da imagem. A disposição não é a de uma intencionalidade fenomenológica, mas a de uma tensão ontológica. A menos que isso não constitua, em definitivo, a verdade da primeira. Uma tensão, um tom, vibração entre a imagem e nós, uma ressonância e o pôr em marcha de uma dança. Voltaremos a isso.

Mas o desejo pressupõe seu prazer, e é assim que é preciso passar de Platão a Aristóteles. Esse último declara, como sabemos, que é natural ao homem ter prazer nas produções da *mímesis*. Para que se possa tratar de prazer, é preciso que esteja em jogo outra coisa além de um objeto de representação. Não temos prazer na percepção ordinária das coisas, não mais que na constituição e na identificação de suas representações. Mas tomamos a imagem, ou seria melhor dizer por um caminho contrário: isso que nomeamos "imagem" é aquilo com a qual entramos na relação de prazer. Primeiro, a imagem agrada, quer dizer, nos atrai na atração de onde ela sai. (Nada poderá excluir de nenhuma estética nem de nenhuma ética da estética esse princípio do prazer que reina sobre os classicismos e que os romantismos e os simbolismos acreditam poder negligenciar. Nessa medida, as estéticas sem princípio de prazer estão também sempre ameaçadas de se pretender *mímesis* de Ideias puras, conformidade às noções sem tocar as emoções, mesmo quando querem agitar as almas...) Se digo que o desejo pressupõe seu prazer, não é ao olhar de uma satisfação a qual o desejo deveria conduzir. A pressuposição não é final ou teleológica. No desejo, o prazer se precede. Ele é prazer antecipador, *Vorlust*, para retomar a palavra de Freud, prazer antecipador do prazer final. Prazer de tensão, Freud também diz, antes do prazer do relaxamento por fim ao prazer. É conveniente notar, nesse ponto, que em Freud a questão do prazer se joga em paralelo e em quiasma, simultaneamente, sobre o registro sexual e sobre o registro estético. De uma parte e de outra, trata-se das formas (belas) ou das zonas (sedutoras) nisso que elas carregam no fundo (sexual) no qual, ou melhor, com o qual estas descarregam sua tensão. De uma parte e de outra, trata-se da "beleza", aqui qualificada de estética e lá de erógena, sem que seja possível separá-las sem resto de uma na outra. (Para ser preciso, digamos que Freud também se embarace.) Deixando, todavia, Freud de lado por hoje, proponho somente considerar, se não a sexualidade, ao menos o motivo de uma erótica da imagem. Esse motivo resta sem surpresa. Ainda é preciso saber o que ele recobre.

★

O prazer da imagem não é aquele do reconhecimento, como se diz por vezes, ao menos não é o de ir procurar no conhecimento o efeito de um movimento mimético e *metéxico* do mesmo tipo daquele que analiso. Isso não é impossível (Freud nos ajudaria aqui, e mesmo Kant, assim como Platão). Por enquanto, fico com a distinção que coloca o conhecimento ao lado do objeto, da representação, ou mesmo, para usar um outro termo discriminatório, a *figura* antes da *imagem*. A figura modela uma identidade, a imagem deseja uma alteridade. O prazer da imagem é aquele que carrega o desejo pelo qual a forma e o fundo entram em tensão mútua, o fundo se elevando na forma, a forma se afundando no fundo. Ou melhor, esse prazer carrega o desejo pelo qual há a forma e o fundo, aquilo que abre sua distância ou essa força em que, eu diria, ela faz *distinguir o fundo das coisas*. Por essa fórmula, tento reunir ao menos os seguintes valores: 1) que o fundo das coisas advém como tal – como fundo, "fundamentalmente" ou "ao fundo", se ouso dizer – distinto, se destacando atrás ou para além todos os objetos, representações e figuras; 2) que esse fundo se separa, portanto, por sua distinção, das formas que se levantam sobre ele e se destacam dele, não se tornando nem tomando ele mesmo nunca propriamente uma forma, restando sempre ao fundo; 3) que esse fundo se apresenta, no entanto, ao mesmo tempo, como o fundo das formas que são tensionadas fora dele no seu *status nascendi*, assim como elas vibram imediatamente na iminência correlativa de um *status moriendi*, pelo qual elas deslizam de novo nele. Aqui, copio Blanchot (1955, p. 346): "A imagem, presente atrás de cada coisa e como a dissolução desta coisa e de sua substância em sua dissolução, tem também, por trás dela, esse sonho pesado de morte do qual viriam os sonhos. Ela pode muito bem, quando acorda ou quando a acordamos, nos representar o objeto em uma auréola luminosa *formal*; é com o fundo que ela está em parte ligada, com a materialidade elementar, a ausência ainda indeterminada da forma". Continuo dizendo que há uma relação de ressonância entre a coisa que se dissolve e o elemento no qual ela se dissolveu: indefinidamente a "auréola formal" propaga no fundo as ondas concêntricas e evanescentes que ela faz levantar em sua formação. O fundo das coisas, ou a ressonância das formas: o tom, a vibração, a relação de vir e de se retirar que o sonoro parece isolar se reúne ou repercute no silêncio que a imagem reivindica. Assim fala o retrato que só falta falar (de maneira simétrica, o som suscita suas próprias imagens, já o indiquei, mas será preciso falar disso em algum outro lugar). Igual ressonância pode ainda ser compreendida assim: a vista nos apresenta suas visões diante e fora de nós sem que experimentemos o movimento pelo qual nosso olho vai procurá-las ou produzi-las (ou mesmo as duas coisas juntas), como também o movimento pelo qual, nos termos de Lucrécio, os *simulacra* das coisas se deslocam até nós. Para nós, a velocidade da luz é infinita, e o movimento do visível é instantâneo, assim como eram aos olhos de Descartes. O ouvido, ao contrário, desde o início nos aportou duas impressões específicas: de um lado, a distância a partir da fonte do som é mais sensível, assim como a propagação da ressonância; de outro lado, ele se apresenta entre alguns dos sons que podemos experimentar a emissão por nós mesmos. Nos ouvimos ressoar, não nos vemos olhar. Aliás, é uma das propriedades ou uma das coincidências críticas do nascimento que faz surgir ao mesmo tempo a visão de fora e o ouvido do próprio grito. Por diferença na visão de um objeto, a tomada da imagem – ou bem a imaginação entendida como faculdade de tomar ou de produzir imagens – representaria uma visão operante à maneira de um ouvido: uma visão que experimentaria na *vista* (a *veduta*, o *Bild*, o *quadro*) o movimento de se elevar de mim e de retornar em direção a mim. Experimentando assim sua ressonância, a imagem formaria a sonoridade de uma visão, a arte da imagem uma música da visão. Ou ainda uma dança, se a dança constitui na ordem do corpo um movimento semelhante ao de colocar em ressonância. Para articular ainda de uma outra forma, proporia o seguinte: quando, segundo a fórmula de Kant, o "eu penso" pontual e vazio "acompanha as minhas representações", trata-se da relação em que a visão é o paradigma (e quem pode valorar sob esse paradigma todos os regimes sensíveis e inteligíveis), relação da representação ou da figura ligada a um *punctum caecum*; mas, quando ressoa a ressonância – ela mesma partilhada segundo a escuta ou segundo a imagem ou segundo o passo de dança (para não falar aqui do gosto, do odor nem do tato) –, o "eu penso" agora está misturado ao que não é mais sua representação, mas sua ressonância. Ele não resta mais fixado sobre seu ponto, mas está exposto, pousado fora e voltando em direção a si, é literalmente *é-mu* não diante, mas na repercussão: não mais *punctum caecum* mas *corpus sensitivus*.

*

O que repercute e emociona é a *méthexis* da *mímesis*, quer dizer, o desejo de ir ao fundo das coisas, ou melhor, dito de outro modo, o desejo de deixar esse fundo subir à superfície. Desde que grava e pinta nas cavernas – no lugar de se contentar de olhar figuras e objetos, como queria Platão –, o homem não exerce outra coisa, ou não é ele mesmo exercido por outra coisa senão por esse seu desejo e prazer de ir ao fundo. Aí está toda a questão da arte. Não é, portanto, exato dizer, como Nietzsche, que a arte nos preserva de ir ao fundo ou à verdade; a arte nos faz sempre ir ao fundo, e o naufrágio, nesse sentido, é garantido. Mas ir para o fundo ou ainda ao fundo permanece uma fórmula enganosa se se supõe que o fundo é alguma coisa, uma coisa única e uma por trás das outras. Ele não é fundo, em realidade, senão na medida em que as formas se estendem dele e sobre ele, se destacando dele mesmo, de sua inconsistente consistência. Assim como o corpo erótico não é um e não é "um corpo", mas uma gama de intensidades em que cada zona torna-se um todo descontínuo dos outros, sem ser nenhuma parte da totalidade, como a imagem, o corpo imaginário, se poderia dizer (imaginal, se quisermos), ou o fundo das imagens não é um e não é "um fundo". Ele também é descontínuo e se partilha indefinidamente – remodelando ou reunindo sem cessar a partilha – em zonas erógenas ou *eidógenas*. Cada *eîdos*, aqui, é um *éros*: cada forma se junta a uma força que a mata. Não sendo nem fundo nem fundamento, isso que aqui nomeio o fundo forma para cada imagem seu surgimento, onde ela está só e inteiramente a si, embora sem outra unidade que não seja a da multiplicidade de sua superfície exposta. Mas é assim, no evento único da exposição múltipla, que ela é imagem e é bela. Mais ela bela, mais ela é forte, mais ela é súbita e total – e mais esse lançamento projeta sua unidade em explosões múltiplas, nunca inteiramente redutíveis a um fundamento nem de sentido nem de sensação. Nosso prazer é de gozar deste sobressalto pelo qual o fundo surge e se perde em formas e zonas. No mesmo presente – no sentido do instante e no sentido de dom – da imagem se expõe a condição de gozo e de verdade: uma abertura desmesurada, escapando a toda medida dada, não se medindo senão nela mesma. Quem gostaria de dizer, de fato, que tal tela, digamos *O toureiro morto*, de Manet (Fig. 1) é muito larga ou não tão clara?...; mas, sobretudo, quem gostaria de medir a pintura em relação a outra coisa que ela mesma, e à medida em que ela ressoa sobre si? Mas nesse ponto devemos dizer que cada regime de arte constitui precisamente a seu modo uma zona ou uma região deste prazer que surge dissolvendo a unidade de um fundo substancial ou de um princípio de razão em uma ressonância das formas estendidas sobre o vazio do fundo. A imagem representa, então, o regime próprio da superfície distinta do fundo, lá onde a sonoridade musical representa melhor um regime do fora e do dentro, enquanto que o corpo dançante teria o regime da tração, contração e atração. De um regime ao outro, há uma distinção inapelável, tanto quanto há ressonância entre múltiplas ressonâncias. Isso que se nomeia "arte", um termo muito indistinto, é essa ressonância das ressonâncias, essa refração das refrações entre zonas de emoção.

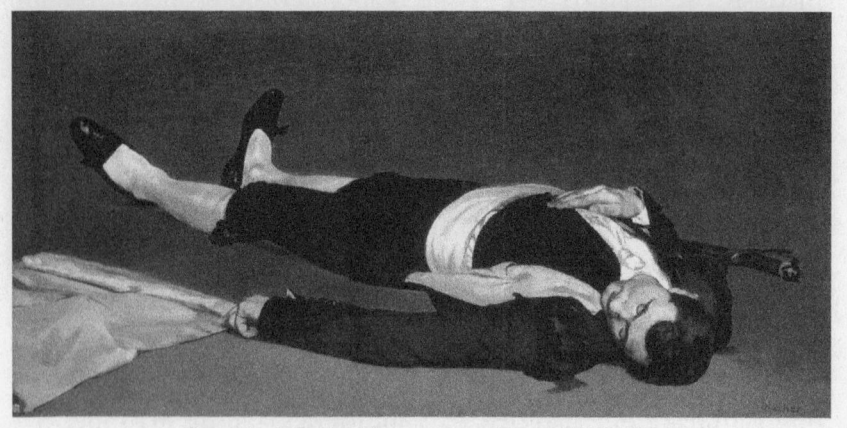

Figura 1 – Edouard Manet, *O toureiro morto*, 1864-1865.
Washington, Galeria Nacional.

★

Acontece aqui a mesma coisa que no sonho, considerando não ser por acaso que o sonho é um dos lugares eleitos pelo *éros*: não porque ele permitiria apaziguar os fantasmas, mas porque o *éros* tem ao menos certas propriedades do sonho. Assim, o fundo não se distingue da superfície – a saber, as visões discerníveis no sonho – e não cessa de agir como a presença e como a pressão de um fundo que não é visão, mas impressão no sentido mais dinâmico da palavra, ou mesmo *sentimento*, se é possível reunir sob essa palavra todos os sentidos de "sentido", eles mesmos reunidos na potência da emoção. (Para tentar, numa provocação fugaz, outra palavra, eu diria que o sonho é o reino do *sensacional*... unicamente para sugerir que, ao contrário do que se acredita, nunca é tão fácil decidir entre o "impressionante" e o "espetacular", entre o emocionante e o perturbador, entre o toque e a carícia...) Ora, esse fundo assim completo que faz superfície para o sonho dissipa sua unidade de fundamento (que só aconteceu como subtração, retirada) no mosaico das imagens que se pressentem contíguas e distintivas, esvaziando tanto as relações perceptivas quanto as lógicas, a favor de uma "substituição do 'mesmo que' em todas as relações" (MERLEAU-PONTY, 2003, p. 209). Isso é *também* aquele *mesmo que* essa outra coisa e ainda essa outra. O *continuum* que se estaria tentando supor ao fundo se descontinua sem descanso nessa equivalência a cada vez substitutiva e contraída, permutativa e aglomerante. A polivalência da impressão – se poderia dizer: da impressão expressiva – que borra as figuras e que a distância da consciência desperta (essa distância que lhe permite uma profundidade de campo da qual o sonho é desprovido como imagem), interdita que haja "um fundo" e responde, ao contrário, a uma fórmula como a de Blanchot: "A profundidade não é senão a aparência que escapa". Poder-se-ia dizer igualmente que a consciência desperta dispõe de uma profundidade de campo, enquanto a consciência ou a impressão do sonho, e da imagem, consiste ela mesma na superfície sobre a qual a profundidade vem flutuar em reflexos movediços. (Daí, uma vez mais, que só se possa soçobrar – sem ir a pique, senão à flor da imagem.) A aparência que escapa designa a impossibilidade de parar em uma figura, uma presença de significação (isso é aquilo, isso quer dizer aquilo). Para Freud, o sonho escapa da possibilidade de uma significação última, ou primeira, nesse "umbigo do sonho" cuja metáfora induz o tema de um corte com um fundo matricial ou ainda com um enraizamento a favor disso que Freud designa como o *mycelium*, em que o desejo do sonho surge como um cogumelo. O *mycelium* é o tecido infracelular, filamentoso, no qual se forma o caule do cogumelo. A imagem do sonho se forma à maneira desse cruzamento imprevisto, errático e parasitário, e não por um processo orgânico autônomo e completo. O surgimento das imagens duplica seu deslocamento em um fundo incerto, onde não se fixam as sementes, mas onde reagem as proximidades, onde se produzem os contágios, onde repercutem os ecos. Quanto mais uma imagem se abre e se eleva, mais se (a)funda. O que está em jogo não constitui nem uma presença para adiante, nem uma ausência por trás. É uma ausência interminável que vem e volta à presença, na inconstância com a qual a imagem nos toca, nos golpeia e, como se diz, nos fascina, quer dizer na onda de sua profundidade que produz superfície. A *méthexis* acontece na fascinação. Não é uma espécie de hipnotismo, que, por sua vez, suspenderia o mundo da percepção e do sonho a favor de uma seca injunção significante (como acontece a uma figura dominante na identificação alucinada). É, ao contrário, a participação em um mundo diante do qual não sou mais o sujeito de um objeto, nem me abandono como objeto a um sujeito fantasmático:

mas me torno eu mesmo em um momento da moção geral do mundo, eu mesmo em um momento de economia geral dos sentidos, dos sentimentos, dos significantes. Essa economia, essa comunicação, essa partilha, é isso que faz a imagem. É o que me conduz a ela ao mesmo tempo que ela penetra em mim. Neste arrombamento, afastamento e aproximação ao mesmo tempo, estranhamento na intimidade – ressoa o *tónos* da imagem, seu timbre, seu murmúrio, seu barulho de fundo, sua atração para uma linguagem que seria destinada a permanecer um sonho de linguagem: no qual o sentido seria dado como a contiguidade e o substituível indefinido das formas e das zonas da imagem, pelo jogo nos quais ela entra em ressonância com si mesma. O "barulho de fundo" constitui em definitivo a tônica, a estrutura e a matéria mesma do fundo: já que ele não é nem suporte, nem fundação, nem fundamento, o fundo das formas é feito do sussurro de sua tessitura. Ainda não uma fala, portanto ainda não propriamente um "outro", e no entanto não eu sozinho comigo mesmo. Mas um fora a que a imagem me expõe como vindo do mais profundo em mim que eu mesmo. E esse fora suspende até o contínuo da linguagem: o ritma, o escande. Calo-me, à maneira e sob a pressão da imagem. Ela me atira no ritmo que imprime no sentido ao cortá-lo e ao abri-lo ao novo. À sua maneira, ela fala: fala sobre um único plano, na sua superfície, sem remeter em direção a um fundo de significado. Mas, sobre esse plano único, ela reverbera seu próprio fraseado – faz explodir essa forma de *ékphrasis* que pulsa o som na superfície em vez de vir repousar sobre ela.

★

Falemos então agora de uma imagem. Considere-se este quadro de Cézanne, *Jovem diante da morte*, que data em torno de 1895 (Fig. 2). É uma imagem silenciosa, já que ao mesmo tempo é uma imagem do silêncio: tanto a do crânio quanto aquele sobre o qual se fecha com tédio e melancolia a boca do jovem. Por essas marcas, a imagem exala ou exsude o silêncio, assim como ela o faz ainda pela presença de livros e de papéis – palavras fixadas, fechadas – e pela clausura geral do lugar, sem saída, em um espaço confinado pelo tecido que corta as linhas de fuga do ângulo da peça, que se adivinha na posição da mesa e no pedaço de rodapé visível abaixo, à direita. A exemplo de todas as *vaidades*, esse quadro parece expor a imagem de um silêncio último como uma destinação privilegiada da pintura, que ela assume para intensificar o silêncio da imagem, em vez de contorná-lo. Poder-se-ia dizer aqui não "a ele só falta falar", mas "ele dá a entender sua falta de fala".

Figura 2 – Paul Cézanne, *Jovem diante da morte*, c. 1895-1896
Meryon, Fundação Barnes

A imagem mostra que não há nada a dizer, que tudo já foi dito e apagado, assim como se pode ver na folha pousada sobre a mesa e na página do livro dobrada sob o crânio: nem um nem outro mostram nada escrito. Menos que nunca, seguramente, há necessidade de escrever, já que conhecemos isso que pode ser traçado: as palavras como *vanitas* e *memento mori*, ou outras ainda que já lemos sobre tantas pinturas antigas de *vaidades*. As palavras já estão lá, silenciosamente loquazes por toda uma tradição que Cézanne cita e recita. (Indico essa passagem: em Cézanne, a citação e a recitação do crânio é frequente, embora seja mais frequente sem a conjunção de um personagem, o que faz desse quadro uma exceção. Mas não é uma questão para mim estudar o tema da *vanitas* de Cézanne.) Só por sua natureza de citação, a imagem já dá a entender alguma coisa. Faz ressoar, já que a palavra eclesiástica, *vanitas vanitatum*, só pode ressoar porque é mais pronunciada que escrita, pronunciada em sua escrita, endereçada e lançada como uma advertência, uma munição, um aviso e um apelo, como uma convocação a meditar sobre a inconsistência do mundo. Mas, ao mesmo tempo, essa ressonância – que sublinha a duplicação da palavra em genitivo de si mesmo, "vaidade das vaidades" – repercutindo como um eco e, portanto, como uma voz prestes a se perder se repetindo, já que ela é sim, manifestamente, a recitação tardia de uma citação já muito frequentemente presente na história da pintura. A tela faz, portanto, também ecoar essas palavras com o sentido de "pintura das pinturas da vaidade"... Ao menos ele não precisa também discernir a conhecida frase de Pascal, "que vaidade da pintura"... Essa recitação é manifesta, é o que estabelece o terno moderno do jovem. Ele produz um contraste sublinhado com o arcaísmo da instalação do crânio e dos livros. Sobretudo, esse jovem não é somente moderno, ele não é também um desses jovens aristocratas que se encontra nas cenas arquetípicas do gênero. Antes um camponês, um homem do povo, como sempre em Cézanne. (A hipótese segundo a qual se trataria de Paul, o filho de Cézanne, permanece sem indício comprobatório.) É preciso compreender que ele foi instalado, ele também, com o crânio, pelo pintor. Esse último assinala seu estar em cena e nos faz saber que evoca a história da pintura. Essa *evocação* é um novo elemento de ressonância: a ela só falta a voz do pintor, dizendo, aqui a pintura, isso que ela faz, isso que ela não é mais, como ela é eco dela mesma, como ela repercute para nós. É também porque ele pendurou uma cortina que cita e recita o véu ou o drapeado cuja queda ornamenta tão frequentemente o fundo do quadro clássico. (Mais precisamente, talvez seja permitido evocar Vermeer. As formas e as cores de muitas de suas cortinas podem ser sugeridas aqui.) Essa cortina abre e fecha ao mesmo tempo o quadro com sua própria tela ornamental. Fecha seu espaço em direção ao fundo – elimina o fundo para colocar na frente esse fundo drapeado pelo qual delimita como o espaço da apresentação, e, no mesmo movimento, o tecido se desdobra e se redobra, empresta seu volume ao fundo do quadro, suspende esse fundo e o carrega para frente, tornando-o tão sensível quanto o fundo. Tornar o fundo sensível vem a ser afundá-lo e levantá-lo ao mesmo tempo, aproximá-lo de nós ao recolhê-lo ou ao dobrá-lo, de maneira que sua proximidade se afaste, fazendo superfície, e que dessa maneira a tela entre em ressonância com ela mesma. Ora, esse drapeado constitui assim também, com seus motivos florais, o recordar da pintura – considerada como arte das imagens – sobre a qual contrastam os lisos azul, branco e bege do primeiro plano. As flores do drapeado simultaneamente recordam a pintura e a remetem ao fundo, fazendo repercutir na flor da imagem essa questão muda: onde está a pintura? Onde estou eu com a pintura?

*

Aqui a imagem ressoa ao mesmo tempo como citação de uma cena clássica e como imagem que se forma por si. A primeira ressonância se dá expressamente em eco, ela deixa murmurar um propósito simultaneamente distinto e indistinto segundo o qual uma época da pintura passou, uma outra se inventa, sem que, no entanto, seja permitido decidir se é com alegria ou com arrependimento que se tem esse propósito. A segunda ressonância por ela também afastada, não no tempo, mas no espaço: as tintas pastéis da parede, visíveis de uma parte e de outra do drapeado, até fazer voltar essas mesmas tintas ao primeiro plano, sobre o joelho esquerdo da calça comprida. Essa segunda ressonância repete a primeira e a anula ao mesmo tempo: na história da pintura ela substitui – ou ainda, supõe, como um fundo sempre mais antigo

– a repetição de um gesto único, mais velho, mais jovem que toda pintura definida, para tirar o fundo dele mesmo, guardando-o, se se pode dizer, sua força e sua fuga do fundo. A imagem coloca o fundo em ressonância, incansavelmente, e para isso se coloca ela mesma em ressonância com sua história, aí está o que é dito. Mas, precisamente, não é dito. Isso passa pelo silêncio da morte, o silêncio dos livros e o silêncio daquele que interpreta diante nós ao mesmo tempo a cena da *vaidade* e a cena do pintor que pinta sua própria cena. Homem silencioso, o olhar perdido em uma distância que ele encontra, divergindo dele, aquele no qual se afundam as órbitas vazias. Mas, se escutamos esse silêncio, como nos convida a orelha bastante visível, desenhada e colorida de um jovem, essa orelha voltada em direção aonde frequentemente, nos clássicos, é um olhar que nos é lançado, então podemos perceber o que ressoa. Então nosso olho começa a entender. Não somente a palavra ou o grunhido expresso pela mandíbula ossuda que morde e mastiga o papel. Sem nenhuma dúvida, a palavra moribunda se repete em Cézanne, cujo pensamento sobre a morte se acentua nesses anos. Mas ao mesmo tempo repercute uma outra ressonância ainda, que dá à primeira seu próprio timbre, os harmônicos ou as modalidades da ressonância. Isso que ressoa assim não é outra coisa senão a pintura ela mesma. As formas da cor e do desenho mobilizam o desejo, o prazer desejante de um fundo cuja consistência não é, em definitivo, o contorno da figura, mas o murmúrio da imagem. A propósito de outro quadro da mesma época, outro jovem triste de colete vermelho, Meyer Shapiro evoca "a sonoridade das cores". Aqui a sonoridade é mais surda, mas nem por isso menos audível. É um ferimento na pintura, em suas dobras pesadas e em suas fendas, suas fissuras, sobre suas rachaduras desfraldadas até o chão, sob a mesa, enquanto outras dobras e quedas respondem ao redor do crânio, tanto quanto a rigidez do pescoço pensativo. A tela se ordena em um murmúrio do tecido frisado. É esse ferimento que Breton (1987, p. 240) entendia quando escreveu, a propósito desse quadro: "A inquietude metafísica cai sobre o quadro pelas dobras do drapeado".[3]

---

[3] Agradeço a Claire Margat, que me indicou essa passagem. (N.A.)

A palavra "ferimento" se partilha aqui com exatidão entre seu valor sonoro e seu valor têxtil e tátil. O silêncio da tela aflora nessa fricção de tecido que faz contraponto ao esboço ainda mais discreto, impreciso, desbotado da malva e dos verdes pálidos do fundo e da calça comprida. Entre os dois, e como religados pelas trilhas brancas, as linhas duras do *caput mortuum* e o azul noturno de uma roupa de tecido rígido.

*

A ressonância dessa imagem é tão sonora quanto visual e ressoa tanto na ordem do sentimento quanto na ordem da ideia. Mas esse ferimento da alma e da cor juntos é fricção de um sentido contra o outro, uma mistura do sonoro no visível. Essa fricção mistura e trança os fios, os filamentos como o *mycelium* do desejo do sonho (desejo do sonho, é preciso tomar esse genitivo por seu duplo valor). A consumação do desejo não é uma descarga final, mas ainda mais desejo, na ascensão da imagem em seu próprio elemento e sua própria ressonância. O elemento próprio – o "imaginal" – é da ordem do visível pelo tanto que esse visível se fricciona e se fere contra ele mesmo, entra em relação e em reflexo com ele mesmo. Não se pode parar no visual mais que no auditivo: se está suspenso lá onde um é tocado pelo outro, sem nunca se transportar. Dever-se-ia somente dizer: um ritma o outro. Ou ainda: o ritmo é sempre isso, uma ordem sensível que se interrompe e ressoa de um outro (ou do outro, em todos os sentidos). Segundo Freud, o umbigo no qual se perde a articulação significante é igualmente aquele por onde passa o fio de Ariane, que forma o cordão umbilical (Freud, 1999, v. XV, p. 26), a visão de um nascimento tortuoso através dos meandros do labirinto. Condensando, de minha parte, as imagens, misturarei esse fio aos filamentos do *mycelium*, em direção ao qual conduz e no qual vai se perder o fio de Ariadne (para Freud, o fantasma de um nascimento anal, intestinal). Esse é o monstro no fundo obscuro do labirinto. O *monstrum* constitui um signo prodigioso. O monstro do labirinto é a besta nascida de um desejo prodigioso pelo animal, quer dizer, pelo fundo tenebroso do desejo ele mesmo. Nem sequer do desejo, para dizer a verdade, mas da possessão, do *conatus* potente pelo qual, bem antes de Pasífae, um primeiro pintor fazia surgir, fazia brotar um touro no fundo de uma grota, à luz de filamentos oleosos. O mugido silencioso que ressoa então se repercute desde os séculos e desde as salas mais escondidas do labirinto até aquele que desenrola o fio, a meia-irmã do Minotauro. O nome de Ariadne pode ter, entre outros, o sentido de "muito claro". E como se sabe, o nome próprio de seu irmão não é seu sobrenome de monstro, mas *Astérion*. Se lembrarmos que Ariadne carrega a luz da coroa boreal, torna-se compreensível que tudo aqui repercute de astro em astro, como esse "desastre obscuro que carrega a luz", sobre o qual Blanchot (1980, p. 17 e 27) diz ainda que "recoloca o silêncio ordinário, aquele no qual falta a palavra" (como se diz banalmente do retrato) "por um silêncio à parte, à distância, no qual é o outro que se anuncia em se calando". Ariadne e o Minotauro compartilham a obscuridade, o fundo da luz, o dentro como fora absoluto, a mãe, o ventre sem fundo que, contendo sempre um outro à maneira da vaca-simulacro no ventre em que Pasífae dissimulou a si. Esse ventre ressoa do irmão à irmã, do monstro à luz. A presença do mais profundo vem repercutir no mais perto, e o mais surdo vem bater no mais luminoso. *Fort-da*, tal é o batimento sonoro no qual Freud reconhece o jogo disso que ele chama de *Vorstellungsreprä-sentanz*, o lugar-tenente da apresentação da ideia ou da imagem da mãe. A batida vocal tem lugar nisso que não tem lugar e que propriamente não tem lugar. O-*a*, Minotauro-Ariadne, *memento-vanitas*, o monstro e a imagem, o monstro na imagem. O rosto de um repercute o mugido do outro, e a *mímesis* tem seu ventre ou sua garganta na *méthexis*.

Referências

BLANCHOT, M. *L'Ecriture du désastre*. Paris: Gallimard, 1980.

BLANCHOT, M. *L'Entretien infini*. Paris: Gallimard, 1969. [*A conversa infinita*. 3 vol. São Paulo: Escuta, 2001.]

BLANCHOT, M. *L'Espace littéraire*. Paris: Gallimard, 1955. [*O espaço literário*. Trad. Álvaro Cabral. Rio de Janeiro: Rocco, 2001.]

BRETON, A. *L'Amour fou*. Paris: Gallimard, 1976. [*O amor louco*. Lisboa: Estampa, 2006.]

FREUD, S. *Gesammelte Werke*. Frankfurt: Fischer Taschenbuch, 1999. [*Obras Completas*. Rio de Janeiro: Imago, 2009.]

MERLEAU-PONTY, M. Notes de cours sur le rêve. In: *L'Institution: la passivité*. Paris: Belin, 2003.

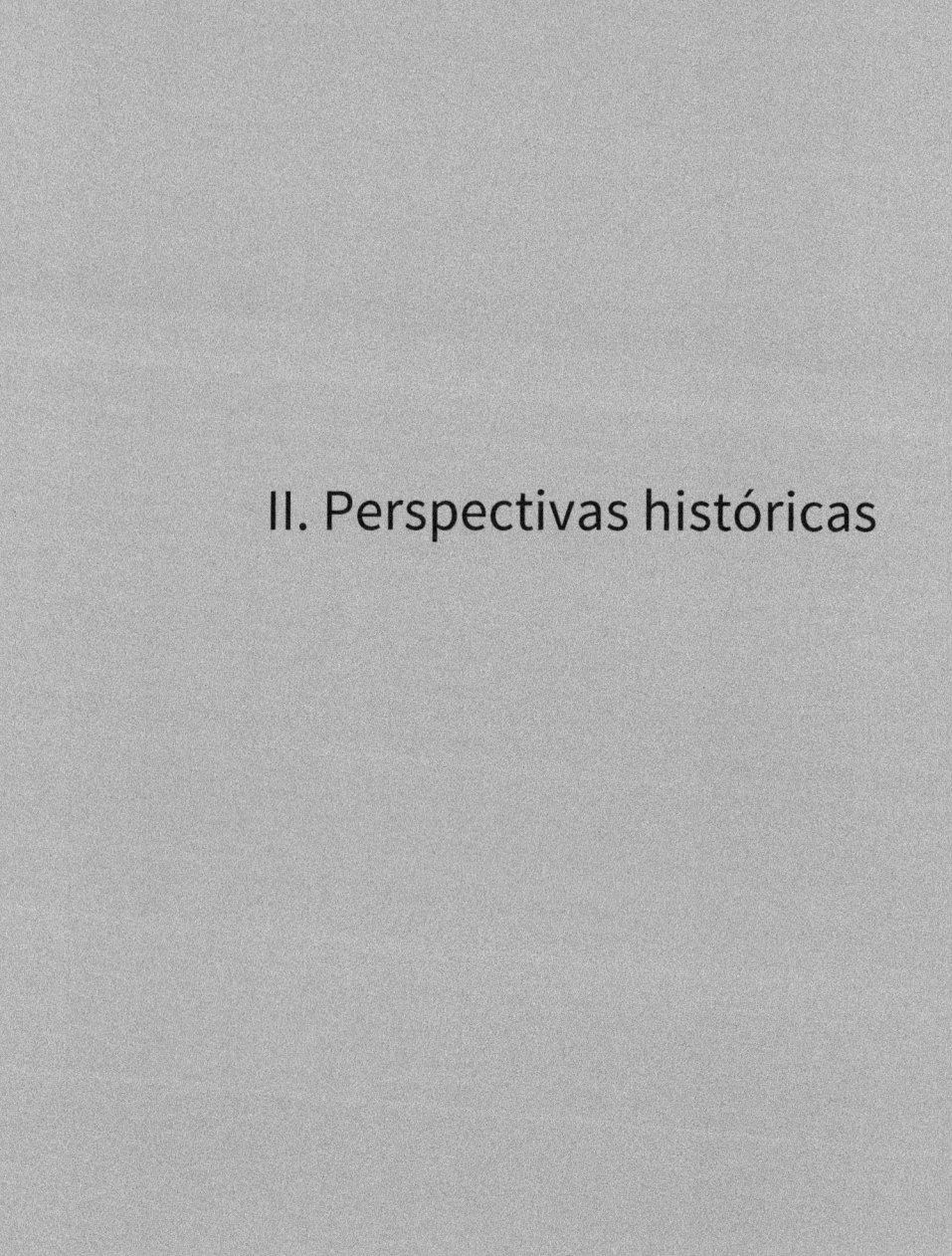

II. Perspectivas históricas

Física do sensível – pensar a imagem na Idade Média

Emanuele Coccia

1. Se abrirmos uma das mais belas enciclopédias de saber compostas na Idade Média, o *Speculum divinorum et quorundam naturalium*, de Henri Bate, misterioso personagem que viveu entre o fim do século XIII e o início do XIV, nos espantaremos ao observar que a obra começa por uma longa parte consagrada ao estudo do estatuto ontológico disso que se chamava, na linguagem da época, as "espécies intencionais". Nesse preâmbulo (que ocupa mais de 200 páginas na edição impressa – na edição completa do texto, ainda não acessível, ocupará mais de 20 volumes), Henri recompõe de maneira polêmica uma nova ciência da imagem, misturando dados provenientes da psicologia, da ótica e da ciência natural.

O interesse dessa obra reside primeiramente no seu ponto de partida: diferente de toda abordagem moderna, a imagem aparece nesse texto não como o acidente de uma consciência humana ou animal, mas como um ente, algumas vezes uma modalidade particular de ser. A ciência das imagens é, portanto, uma forma de ontologia *regional*. Um primeiro princípio importante que se pode tirar do estudo desses textos é, portanto, que há uma *ontologia* das imagens. A imagem é o ser do sensível, sua existência mesma. Isso que se chama teoria do conhecimento é, portanto, uma forma de ontologia regional. Uma ontologia das imagens pressupõe, então, uma tese fundamental: há imagens, quer dizer, há o sensível no universo. O sensível, a imagem, não é uma propriedade das coisas, mas antes um ser especial, uma esfera do real diferente de outras esferas, alguma coisa que existe em si mesma e que, de uma maneira muito particular, os termos necessitam ser precisamente definidos.

Ora, a imagem tem um ser *inferior* em relação ao qual ele é imagem. No início de sua obra sobre ótica, Roger Bacon escreveu: "As pessoas falam de intenção por causa da fragilidade de seu ser em relação ao modo de ser da coisa. Diz-se frequentemente a propósito de alguma coisa que não se trata verdadeiramente da coisa, mas de sua *intentio*, quer dizer, de sua semelhança". E Avicenne, na sua *Metafísica*, escreve: "A intenção tem um ser menor do que se pensa [...] graças a ela". As imagens têm um ser menor, mas elas representam um gênero de ser particular do qual é preciso esboçar as propriedades. Estudar as imagens é, portanto, a tarefa de uma forma especial de ontologia, capaz de colocar, para além do ser das coisas, um outro gênero de ser, o ser do sensível. Falar das imagens é fazer uma micro-ontologia, é falar do ser das coisas mais frágeis e menores do mundo, quer dizer, do grau de ser mais frágil do mundo. A questão importante que se coloca, o grande problema para essa nova ciência das imagens, será, portanto, precisamente o da diferença entre o gênero de ser das coisas, os objetos, e o das imagens. "A diferença entre o ser que chamamos real ou corporal e o ser que chamamos espiritual e intencional é muito obscura", queixou-se Jean Buridan no seu comentário sobre o *De anima*, de Aristóteles.

A oposição com o ser objetivo das coisas não alcançou a classificação do ser das imagens nisso que se chamaria hoje o imaginário: as imagens não são uma forma de psiquismo e não testemunham nenhuma vida do espírito. O ser das imagens, dirá Averroès em um de seus comentários sobre Aristóteles, é alguma coisa intermediária entre o ser das coisas e o das almas, entre os corpos e o espírito: as formas que existem fora da alma têm um ser puramente corporal, enquanto as formas que existem dentro da alma têm um ser puramente espiritual. O ser das imagens é necessário precisamente aí, continua Averroès, onde ele constitui o único elemento que permite à natureza passar do domínio do espiritual ao corporal e vice-versa: para que o espiritual possa entender o corporal, ele precisa de um meio-termo.

Por que e em que sentido as imagens podem constituir, no interior desse quadro ontológico, um terceiro elemento entre corpo e espírito, entre sujeito e objeto?

Para compreendê-lo, é preciso voltar ao estatuto epistemológico particular do saber que se concentra sobre as imagens. A ciência das imagens é uma parte da física. Por física, não se deve entender a ciência que tem por objeto a forma ou o corpo das coisas, mas aquela que é capaz de entender a forma na qual todas as coisas se engendram. Em grego, a força que torna possível o nascimento das coisas se chama *phýsis*, natureza. Uma frase de Vico, desse ponto de vista, diz muito: "Natura è nascimento di cosa", a natureza é o nascimento das coisas. As imagens existem graças a uma gênese que é preciso saber descrever. É apenas observando como as imagens se engendram que se chegará a definir sua natureza. Entender a gênese da alguma coisa não quer dizer se interrogar imediatamente sobre sua essência ou sua forma. Trata-se, antes, de se perguntar de onde, através de que, a partir de que as imagens podem se engendrar nesse mundo. Ora, se se pode colocar a questão da gênese do sensível como tal, da imagem como tal, é porque a gênese das imagens (a gênese do sensível) não coincide nem com a gênese das coisas nem com a gênese do psiquismo como tal. O sensível (quer dizer, o ser das imagens) é geneticamente diferente dos objetos conhecidos e também dos sujeitos do conhecimento.

2. O sensível, o ser da imagem, não é alguma coisa de simplesmente física: se fosse, seria suficiente fechar os olhos para ver e observar o mundo. A existência do sensível não coincide com o real, já que a realidade como tal e o mundo não são eles mesmos sensíveis, eles devem *devir*. "Se colocarmos o objeto colorido sobre o próprio órgão da visão, não será possível vê-lo" (ARISTÓTELES, *De anima*, 419a, p. 12). Não é suficiente fazer a interação entre um sujeito e um objeto para produzir a percepção. Não é o objeto que, atuando sobre o sujeito, deslancha o processo da sensação. E isso não é somente válido para a visão, "a mesma explicação vale igualmente para o som e o cheiro. De fato, nem um nem outro produz a sensação mediante o contato com o órgão sensorial, mas é sob a ação do cheiro e do som que aquilo que é intermediário é movido, movendo, por seu turno,

os órgãos correspondentes. Se, em contrapartida, instala-se o objeto audível ou odoro sobre o próprio órgão sensorial, nenhuma sensação será produzida" (ARISTÓTELES, *De anima*, 419a).

É necessário que o objeto se transforme em fenômeno e que o fenômeno encontre nossos órgãos perceptivos. As coisas, as que realmente existem, são geneticamente diferentes das coisas como fenômenos. E o lugar onde as coisas se tornam coisas não é nem a alma nem sua existência mundana. A fim de que haja o sensível, a fim de que haja a sensação, "alguma coisa de intermediária é necessária" (*hóst'anagkaión ti eînai metaxý, De anima*, 419a). Entre nós e os objetos, há um meio-termo, um lugar intermediário, um espaço onde o objeto torna-se sensível, se faz *phainoménon*. É nesse espaço intermediário que as coisas tornam-se sensíveis, é nesse espaço que os viventes extraem as imagens de que eles necessitam para alimentar suas almas. É sempre esse *metaxý* (e não diretamente as coisas mesmas) que oferece nossas experiências e que nutre nossos sonhos. A experiência e a percepção tornam-se possíveis não pelo contato imediato com o mundo, mas graças à relação de continuidade (*synekhoús óntos, per continuationem suam cum videntem*) com o lugar intermediário, esse *medium*.

A experiência não se faz a todo momento. É suficiente olhar o reflexo do sol no vidro ou ainda pensar na experiência que fazemos cada vez que passamos diante de um espelho. Se o espelho forneceu durante séculos a experiência fundamental de toda teoria do conhecimento, não é certamente porque ele reproduz o desdobramento narcísico da consciência entre o eu-sujeito e eu-objeto. Antes, isso tem a ver com o fato de que, no espelho, o sujeito não se torna objeto de si mesmo, mas ele se transforma em alguma coisa de puramente sensível, alguma coisa cuja única propriedade será a de ser sensível, uma pura imagem sem corpo e sem consciência. No espelho, nos tornamos alguma coisa que não conhece e não vê, mas é perfeitamente sensível, ou ainda, o sensível por excelência. Longe de encontrar o cerne da percepção, gozamos de um estado em que devimos do sensível sem carne e sem pensamento, ser puro do percepto sem órgãos e sem consciência. Nesse estado, no fundo, cedemos a vez de ser os sujeitos pensantes, assim como de ser os objetos que ocupam e vivem na matéria. Perdemos nossos corpos que permanecem diante do espelho, mas os distanciamos também de nossa alma e de nossa consciência, incapaz de não mais existir através do espelho.

A experiência do espelho é, portanto, a experiência de um desdobramento de duas esferas: de um lado, a esfera do sujeito e do objeto – em perfeita coincidência –, de outro lado, a esfera das imagens, separada, exilada das duas outras ao mesmo tempo e com a mesma intensidade. De um lado, há o sujeito que vê e é visto (que é corpo e alma) e de outra, há nós, tanto simples visibilidade em ato quanto puro ser do sensível. No espelho, assim, a imagem, o sensível, se dá a conhecer como isso que se opõe frontalmente aos corpos e aos sujeitos, isso que é ao mesmo tempo exterior ao corpo do qual ela é imagem e ao sujeito ao qual ela permite pensar. O espelho demonstra, portanto, que a visibilidade de uma coisa é *realmente* separável da coisa mesma e do sujeito do conhecimento. Está-se diante de sua própria visibilidade, de sua própria imagem, de si mesmo como ser puramente sensível, mas essa imagem existe em *outro lugar* que não é aquele onde se encontra o sujeito que conhece e o objeto do qual ele é a visibilidade.

3. A experiência do espelho nos permite também definir com mais precisão o que é uma imagem e, portanto, o que é o sensível. O que se passa quando nos olhamos no espelho? Esse ato muito simples nos ensina também alguma coisa de muito profundo. Não é por acaso, aliás, que se vem evocar o exílio. Se é verdade que nos encontramos no espelho como imagem pura, como puro ser sensível, nossa forma existe, no entanto, fora de nós, fora de nosso corpo e de nossa alma. Podemos, portanto, concluir que a imagem (o sensível) não é nada além da existência de uma coisa fora do seu lugar próprio. Toda forma e toda coisa vindo a existir fora de seu próprio lugar e tornando-se imagem.

Nossa forma torna-se imagem quando ela torna-se capaz de viver para além de nós, para além de nossa alma e para além de nosso corpo, mas sem se tornar um outro corpo, quando ela se torna capaz de viver sobre a superfície das outras coisas. A imagem é a astúcia que toma as formas para fugir da dialética entre almas e corpos, entre espírito e matéria: como sair das almas e dos corpos sem Devir um outro corpo, e antes de entrar em uma consciência ou nas almas (e de se transformar em percepções atuais). É como se houvesse para toda forma uma vida depois do corpo, uma vida que não é ainda uma vida espiritual porque ela acontecerá antes de entrar no reino dos espíritos. A imagem vive sempre depois dos corpos de que ela foi forma, mas antes do momento de ser percebida. É nesse ponto preciso do lugar e do tempo que as formas são sensíveis. Em sua obra sobre a perspectiva, John Peckham se pergunta: "O que é uma imagem? Ela é a simples aparência da coisa fora do seu lugar, porque toda coisa pode aparecer não apenas no seu lugar mas fora de seu lugar (*extra locum suum*)". O ser das imagens é o ser das formas em uma matéria estranha em relação ao sujeito natural. Nossa imagem não é outra senão a existência de nossa forma fora de nossa matéria, o substrato permitindo que essa mesma forma exista: "Em uma matéria totalmente estranha [*extranea materia*] àquela na qual se existe e à qual nada se mistura".

Se isso é verdade, se poderia dizer, então, que toda imagem nasce na separação entre a forma da coisa e o lugar de sua existência: lá onde a forma está fora de lugar, uma imagem tem lugar. A possibilidade de devir imagem é aquela de não mais estar em seu lugar próprio, de chegar a existir *fora de si*. Ser imagem torna-se, então, o ser o estranho de si mesmo, fora de seu próprio corpo e de sua alma. Nossa forma adquire um ser diferente do ser natural, um ser que os escolásticos chamam *esse extraneum*, ser estranho. As imagens não têm um ser natural, mas um *esse extraneum*; entre o corpo e o espírito que, juntos, dão lugar ao ser natural, há um *esse extraneum*. Dito de outra maneira, as formas são capazes de transitar em um estado que não corresponde nem ao estado natural que elas têm na sua existência corporal, nem ao estado espiritual no qual elas se encontram quando são percebidas por qualquer um. Devir imagem é de toda forma fazer a experiência desse exílio indolor do seu lugar próprio, em um espaço suplementar, que não é nem o espaço do objeto, nem o espaço do sujeito. Todo sensível resulta, portanto, do corte entre a forma de alguma coisa e o lugar de sua existência e de sua consciência. O cogito do espelho volta, no fundo, à seguinte afirmação: *não estou mais lá onde eu existo, nem lá onde eu penso.* Ou ainda: *não sou sensível senão lá onde isso não vive mais e não pensa mais.*

O sensível é, portanto, definido por uma dupla exterioridade: uma exterioridade aos corpos, porque ele se engendra fora do corpo, e uma exterioridade das almas, porque as imagens existem antes mesmo de penetrar o olho de um sujeito que olha o espelho. Todo sensível é, portanto, ao mesmo tempo não somente extramental, mas ainda extraobjetivo. Ele define um regime de existência diferente tanto daquele dos corpos quanto daquele dos espíritos e das almas. Na medida em que as imagens pertencem a um regime de existência diferente daquele da objetividade, elas fundam isso que se chama ficção, de um lado, e erro, de outro, o erro sendo possível porque o sensível (o ser do conhecimento) é ao mesmo tempo exterior à alma e aos objetos, e pertence a uma outra esfera.

A imagem define, portanto, primeiro uma forma de exterioridade. Para toda forma, a imagem constitui a experiência de uma exterioridade absoluta. Uma longa tradição opôs o corpo como forma de exterioridade, enquanto a alma era concebida como interioridade. De Agostinho a Kant, o espaço, o mundo dos corpos, é o da forma da exterioridade. "É a forma sob a qual nos chega tudo que é exterior a nós, e [...] é também a forma sob a qual chega tudo isso que é exterior a si mesmo." O espaço tem então sido definido como o mundo das *partes extra partes*, onde tudo existe fora das outras coisas e fora de si mesmo. Poder-se-ia dizer que a imagem é agora o fora absoluto, isso que é fora também dos corpos, do mundo dos corpos, do espaço como exterioridade. O fora não é mais o mundo, as coisas, os corpos: o verdadeiro fora são as imagens (é a lição que Lewis Carroll soube retirar dos espelhos: a imagem é o verdadeiro fora de todo corpo). A imagem é a exterioridade absoluta de uma coisa a si mesma.

4. O sensível é o ser das formas quando elas se situam fora, no exílio em relação a seu próprio lugar. Mas que forma toma esse fora? É uma vez mais a experiência do espelho que nos mostra como pensar esse espaço suplementar que é o fora absoluto em relação às almas e aos corpos. É preciso estudar quais são as propriedades dessa *materia extranea* na qual as imagens surgem e ganham nascimento. De fato, o que é um espelho para uma imagem? Dito de outro modo, qual é o modo de existência de uma forma em uma matéria estranha a si? Qual é o modo de existência de uma forma quando ela se exila de seu próprio lugar? Como existe a nossa forma no espelho? E em geral, qual é o ser-no-mundo definido por um espelho? Ora, a imagem, o sensível, é

imaterial, o que é por demais evidente: recebendo uma imagem, um espelho não aumenta de peso nem de volume (*"speculum propter ipsam non occupat maiorem locum"*, diz Alberto, o Grande). Se todo corpo tem uma profundidade, a imagem existe dentro ou sobre o espelho sem se elevar de sua superfície. O ser do sensível, o ser imaginal, não é uma forma de existência espacial. Isso quer dizer também que a inerência ou a imanência de uma imagem em um espelho não é determinada pela quantidade. A prova é que, quando se quebra um espelho em duas partes, se encontrará em cada um desses fragmentos a imagem inteira, não dilacerada (*"si speculum frangatur in decem partes, in qualibet illarum partium erit forma tota"*), e, em cada uma das partes do espelho quebrado, a imagem não será menor do que no espelho inteiro. A imagem, o sensível, tem, portanto, a capacidade de se apoiar sobre a matéria, sobre o *medium*, mas não de forma extensiva: sua inerência não depende da extensão dele. É por isso, por essa capacidade de se colocar por toda parte e não seguindo o modo de extensão, que as imagens estão em toda parte: no ar, sobre a superfície da água, sobre o vidro, sobre a madeira. E elas vivem sobre os corpos, mas não se confundem com os corpos. Tudo se passa como se a existência do sensível não fosse determinada pela capacidade de um material específico, mas pela capacidade das formas de existir fora de seu próprio espaço. Isso apresenta outro paradoxo do ser imaginal: o fato de que tudo está em seu próprio sujeito *ut in puncto*, como se não ocupasse senão um ponto de seu *medium*, a imagem guarda a forma ou a aparência das dimensões de um corpo natural. Ela não é longa, larga, profunda, mas guarda justamente as imagens dessas dimensões, e ela é a *ratio cognoscendi* dessas dimensões. É por isso também que um espelho pode concentrar em si a forma das coisas maiores que ele: o sensível é sempre intensivo.

Em segundo lugar: o sensível não tem nenhuma substância, já que um espelho, desde que ele recebe as imagens, não muda de identidade, de natureza, de substância. Precisamente, ele não se transforma. Seu ser permanece imutável, estável, idêntico. Porém, a forma refletida que existe no espelho permanece alguma coisa cujo ser é preciso saber definir. Se não é uma substância, isso não quer dizer de fato tratar-se de um simples nada.

Alguns, nos explica Nicolas d'Argentine em um capítulo muito bonito de sua *Summa*, gostariam que uma imagem fosse o nada (*nihil est absolute*) e que se pudesse reduzir uma imagem à simples relação daquele que olha o espelho ao espelho ele mesmo. Ora, o ser do sensível, o ser imaginal não é um simples nada: a imagem continua a subsistir no espelho, mesmo se ninguém olha para ela. A gênese de uma imagem no espelho não é uma transformação do espelho, mas há todavia alguma coisa que se junta ao espelho, alguma coisa cuja subtração não muda sua natureza. A imagem é um ser puramente suplementar, acidental, mas permanece alguma coisa de mais substancial que um simples efeito do olhar dos homens.

5. A partir dessa descrição fenomenológica do *Dasein* das imagens (dessa analítica existencial das imagens), pode-se começar a esboçar a sua forma no mundo. Que forma tem o mundo no qual as imagens comandam suas vidas? Havíamos descrito inicialmente o mundo das imagens como lugar de surgimento das imagens. Havíamos dito que o ponto de vista genético permitia concluir que existe *um lugar onde as imagens nascem* e que esse lugar não deve ser confundido nem com a matéria onde as coisas mesmas nascem e tomam sua forma, nem com o homem ou a vida humana – o psiquismo. O mundo das imagens não pode, portanto, ser nem o espaço dos objetos – o mundo físico – nem o espaço do sujeito do conhecimento, quer dizer a alma e o psiquismo. Seria preciso colocar, como já foi dito, a existência de um terceiro espaço, de um terceiro lugar metafísico que é seu espaço próprio. O nome que a física dá a esse lugar é meio ou espaço médio. Se um espelho é um *medium*, um meio, não o é evidentemente graças à sua natureza material. Já foi dito: as imagens não entram na matéria do espelho, elas vivem e se colocam sobre sua superfície. O sensível não existe *dentro* da matéria, mas sobre ela. Ora, se as imagens não existem materialmente no espaço do espelho, não é materialmente que os espelhos (e os outros lugares onde elas são capazes de viver) as acolhem.

Um meio não se define, portanto, por sua natureza nem por sua matéria, mas por uma potência específica e irredutível. Um meio se define, de fato, por sua capacidade de hospedar, de dar lugar às imagens, de recebê-las, ainda que de forma imaterial. Pensemos no espelho para as imagens, mas também na água ou no ar para a luz, ou em uma tela para a cor. Todo meio se define a partir dessa potência de recepção puramente imaterial. Mas o que quer dizer receber? Recebendo as imagens, o espelho não acrescenta nem seu volume nem seu peso, ele não as recebe, portanto, como matéria ou corpo em ato: ele não se transforma, nem no ato de recepção nem no momento em que a imagem desaparece. É como se o espaço capaz de acolher esses pequenos seres suplementares que são as imagens fosse ele também alguma coisa como um suplemento de ser. Um meio é, portanto, um ser que tem em si mesmo um suplemento de lugar, diferente daquele produzido por sua natureza e sua matéria. Esse lugar é a recepção em si mesma. Todo meio é um receptor. A existência do sensível só é possível graças a essa potência suplementar de certos entes, potência que não se apoia sobre a natureza das coisas, nem sobre sua matéria, nem sobre sua forma. A potência de um meio é a recepção, e, por consequência, toda teoria da mediação é uma teoria da recepção.

É a genialidade de Averroès que produziu a teoria da recepção – e, portanto, do *medium* – mais desenvolvida. A recepção – nos diz Averroès em uma fórmula difícil e muito profunda ao mesmo tempo – é uma forma particular de paixão que não implica transformação. Quando uma forma entra na espessura da matéria de seu receptor, ela o modifica e se transforma: nesse caso, trata-se justamente de uma transformação. Em termos técnicos, portanto, chama-se recepção toda paixão não transformadora: é muito simples, um espelho é afetado por alguma coisa sem se transformar e sem transformar a coisa que nos afeta. Poder-se-ia dizer: uma paixão sem sofrimento e sem resistência. Se há o sensível, se há as imagens, é porque as coisas têm essa potência suplementar e escondida, a faculdade da recepção. E essa faculdade é absolutamente sem órgãos, já que ela não é definida por uma matéria, por uma forma, por alguma coisa positiva. Ao contrário – e aí está a segunda propriedade de todo *medium*, segundo Averroès –, isso que recebe alguma coisa não deve ser da mesma natureza que o recebido: o receptor deve ser isento da natureza da forma que ele recebe. Todo meio, todo receptor é, portanto, receptor somente no seu vazio ontológico, na capacidade de não ser aquilo que ele é capaz de receber. É evidente para o meio por excelência, aquele que é capaz de acolher em si mesmo a luz: a transparência, o diáfano. É somente como espessura invisível e não colorida que a transparência chega a receber a luz e as cores. Isso quer dizer que não se pode jamais deduzir a faculdade de receber da natureza ou da matéria do receptor. Um receptor recebe apesar de sua própria forma e de sua própria matéria, ele não é definido por nenhuma natureza específica. Nas palavras de Averroès, a transparência existe no corpo independentemente do que é o corpo. Mas é exatamente pela mesma razão que não importa qual corpo, não importa qual ente, pode tornar-se um meio: o ar, a água, o espelho ou mesmo a pedra de uma estátua, todos os corpos podem acolher o sensível. A transparência não é um corpo específico: ela não é simplesmente da água, do ar ou do éter, mas uma "natureza comum sem nome" (*natura commune sine nomine*) que está em todos esses corpos. O meio não define um ser específico, um ente particular, mas todos os entes na medida em que sejam dotados dessa potência, dessa capacidade de recepção, dessa natureza comum sem nome e sem definição, já que sua diferença específica reside na capacidade de não ser aquilo que é capaz de receber. Todo corpo pode tornar-se meio para uma outra forma que existe fora dele, uma vez que pode receber essa forma sem lhe opor muita resistência. O mundo das imagens é, portanto, um mundo construído sobre os limites de uma potência, a potência da recepção.

Estando dado que o meio não é um corpo em si mesmo, mas uma natureza comum a todos os corpos, não existe como objeto separado: essa natureza sem nome é a cada vez ativada, atualizada pelas imagens. O sensível (a imagem) é aquele que ativa a potência receptiva do meio, o que atualiza.

Assim, a substância da cor ativa e atualiza a transparência, que não pode jamais ser em ato por ela mesma. O mundo das imagens não pode nunca ser vazio. Todo meio é povoado pelas imagens, como toda transparência é sempre assombrada pela luz e pelas cores que a atualizam.

Um meio não é somente aquilo que recebe a imagem: o meio é também aquilo que, a partir do corpo, produz as imagens. A produção do sensível comporta ao mesmo tempo um deslocamento da imagem e uma separação do substrato de sua existência natural. Acolhendo-os, todo meio separa e divide as formas de seu estado natural. É por isso que os filósofos medievais falavam dos meios, dos *media* como instrumentos de separação, de abstração, no sentido literal do termo. A separação já é a função essencial do lugar: dar lugar a alguma coisa, marcá-la com um *hic*, é sempre separá-la das outras, deslocá-la imaterialmente da continuidade e da mistura com o resto dos corpos. Mas essa separação não produz uma ausência, porque coincide com uma estranha multiplicação sobre a qual não se pode ainda refletir o suficiente. Quando olhamos no espelho e nos vemos ser transformados em uma imagem, nossa forma não deixa de existir sob o espelho. O espelho não subtraiu nossa forma, ela a *multiplicou*. Devir sensível é sobretudo fazer a experiência da *multiplicação* de sua própria forma e da *multiplicação* de seu próprio lugar de existência.

Volta-se uma vez mais ao espelho. Seria ainda inexato reduzir o *cogito* do espelho à fórmula *não estou mais lá onde existo*. Na verdade, estou ao mesmo tempo aqui e lá, aqui como corpo e alma, e no espelho como forma sensível. Devir imagem é, em primeiro lugar, um exercício de deslocamento, mas que implica uma multiplicação de si: não se faz somente a experiência de ser em um outro lugar diferente daquele onde se vive ou se pensa, mas de ser ao mesmo tempo em muitos lugares diferentes. A forma não é simplesmente redobrada, ela é quadruplicada. Existimos ao mesmo tempo em quatro formas diferentes: somos de fato o corpo–objeto que vai se refletir no espelho (é a forma que enforma nosso corpo), o sujeito que pensa em nossa alma, o sensível que existe no espelho, e enfim o sensível que é percebido pelo sujeito que pensa. Pareceria que a existência do sensível prova a ineficácia de todo aborrecimento da ontologia: o sensível é a multiplicação do ser.

Não é uma questão saber se o mundo é único ou múltiplo, ou se há apenas um mundo ou muitos mundos possíveis, não se trata tampouco de uma questão de possibilidade. Toda a questão reside, ao contrário, na existência do sensível. A existência do sensível – a existência das imagens – multiplica o mundo sem cessar. Os meios são os agentes da multiplicação das formas, e não é por acaso que a maior parte dos tratados de onde tiramos nossa nova ciência das imagens tem como título: *de multiplicatione specierum*, sobre a multiplicação das espécies. É por isso que a imagem é sempre sobrenumérica, sempre um sobrenome. Todo ato de pensar e de reflexão (na consciência) é, a princípio, a multiplicação de uma forma. Pensar, falar, mas também perceber, sentir, é multiplicar o ser das formas.

6. Imaginar-se-ia com pena uma posição mais distante dos lugares-comuns nos quais a fenomenologia nos habituou. Em um magnífico texto de juventude, Merleau-Ponty sugeriu que "é preciso se recolocar em um 'há' prévio [...] no solo do mundo sensível". Essa base primordial, esse lugar originário do sensível (o solo do sensível) permanece para ele e para toda a fenomenologia (é a continuação do texto), "nosso corpo, [...] esse corpo atual que chamo meu, a sentinela que se mantém silenciosamente sob as minhas palavras e sob meus atos". Se a fenomenologia pôde chegar à afirmação do primado da percepção sobre a consciência, ela parece ainda não ser capaz de entender o ser do sensível independentemente do ser de um sujeito, de uma alma que ele percebe. "A percepção", admite mais adiante Merleau-Ponty, "só existe na medida em que alguém pode percebê-la". É como dizer que toda imagem existe enquanto tenha uma alma por trás dela que a perceba ou que está prestes a imaginar através dela. Isso significa dizer, ainda, que há o sensível somente porque há a sensibilidade do vivente no universo (homem ou animal, já que aqui a distinção não desempenha nenhum papel). A fenomenologia sempre tentou fundar a possibilidade da percepção (e, portanto, da imagem) de um sujeito. Ora, se é verdade que as coisas tornam-se perceptos fora dos objetos, elas não atenderam a um sujeito para tornarem-se perceptos e imagens: aí está um dos segredos que os textos que acabamos de ler esconderam durante séculos. Numa passagem muito profunda sobre a natureza da transparência que não teremos tempo de ler, Averroès afirma exatamente isso: *visio est posterius visibili*, a visão é alguma coisa de posterior ao sensível. Parafraseando Merleau-Ponty, se poderia falar de um primado do sensível sobre a sensação, e do percepto sobre a percepção. Mas não se trata de uma simples inversão dialética. A experiência do espelho coincide com a percepção de uma dimensão de exterioridade irredutível da imagem em relação ao lugar da percepção: a imagem, o sensível, existe em outro lugar que não é o lugar onde ele é percebido. Ele existe no espelho *antes* de chegar ao órgão de percepção. O primado da imagem sobre a imaginação, a primazia do sensível sobre a sensação, é tanto de ordem cronológica como ontológica.

A afirmação de que há o sensível no sentido forte do termo, que o sensível é um gênero de ser, uma forma de existência, leva à conclusão de que é preciso observar a gênese da percepção do ponto de vista da imagem ela mesma, e não do sujeito que percebe: o verdadeiro *centro* da percepção é a *imagem*. Observar desse ponto de vista toda forma de conhecimento sensível é uma aceitação passiva de uma imagem perceptiva que já foi produzida fora de nós. Não há uma ação específica do sujeito no ato da percepção: perceber não quer dizer produzir a imagem de alguma coisa, mas *receber*.

Do ponto de vista da imagem, do sensível como tal, o espelho ou o fundo de um olho são exatamente a mesma coisa. Não passam de superfície capazes de acolher, de não lhe opor resistência. De fato, a questão não é somente topológica: as imagens se engendram já fora do órgão do sentido, mas sobretudo *sem* o aporte do órgão do sentido. De um ponto de vista estritamente ontológico, o sujeito não é o lugar de nascimento da imagem como *o ser do sensível*, mas ele não é mais a causa de seu nascimento. O *sensível* é sensível antes de ser percebido e indiferentemente do fato de ser percebido. O sujeito não desempenha nenhum papel na gênese do sensível. Colocar uma causalidade direta do órgão do sentido na produção do sensível, fazer do órgão do sentido (e, portanto, do homem, do sujeito) aquele que opera a transformação do invisível em visível é voltar a pensar um raio de luz que vai do olho até os objetos, e sustentar, portanto, a posição de Platão. Segundo as palavras de Averroès, tudo que tem lugar na alma tem também lugar no espaço intermediário que se chama *medium* ("Et hoc non tantum invenitur in anima sed in mediis"). No fundo, não há grande diferença entre um *medium* e um órgão de percepção: um órgão é justo uma forma orgânica de *medium*. Mas, sobretudo, é o *medium* que permite compreender o que é um órgão de sentido e não o inverso, na medida em que o espelho é o arquétipo de toda percepção. A prova é que, se se aproxima o objeto visual muito perto de um olho, a visão não melhora, mas, ao contrário, torna-se impossível.

O sensível deve se constituir fora dos sentidos. Propor que as imagens existem, afirmar que há o sensível, nos permite imediatamente ir para além das falsas dialéticas entre materialismo e idealismo, entre subjetivismo e realismo. Se há o sensível no universo, não é porque há um olho vendo as coisas. Não é um olho que abre o mundo, é o sensível ele mesmo que abre o mundo diante dos corpos e diante dos sujeitos que os pensam. As coisas não são nem sensível nelas mesmas – elas não são elas mesmas fenômenos, como pensa a fenomenologia

– nem advêm por causa dos órgãos de sentido do homem. Elas se constituem como imagens no exterior delas mesmas e ao exterior do sujeito do conhecimento, no espaço sobrenumerado do meio. Não é preciso encarar um meio como uma realidade puramente cognitiva ou noética. Trata-se de um espaço *ontológico*, de um suplemento de ser. O meio é isso que faz existir e o que sustenta toda imagem. É um espaço de vida para as imagens, é seu ser no mundo. No mundo, as formas têm uma vida suplementar que começa depois, para além das coisas, e por assim dizer diante das almas, diante dos sujeitos. Um meio é exatamente esse mundo suplementar que vem depois da natureza dos objetos e das coisas, mas que permanece, apesar de tudo, anterior a toda alma – ele chega ao limiar entre a história e a cultura, depois de sair do reino da natureza. A existência do sensível, a vida das imagens, tem vantagem sobre a natureza e sobre a identidade de uma coisa, já que ela representa a saída das formas de sua existência material, sem, no entanto, ter acesso à história. A existência mediada (no *medium*) da imagem é, portanto, uma forma de sobreviver que não implica a morte, não implica ainda nenhuma verdade, porque não faz parte ainda do espírito, das consciências dos viventes, de seus engajamentos.

Mas esse espaço sobrenumerado permanece como condição de possibilidade do conhecimento de todas as formas. A psicologia parece aqui ser invertida. Não se trata de negar que a imagem entra em todas as experiências psicológicas, a partir do momento em que ela pode existir *in anima*, no interior da alma. Mas, porque sua gênese tem lugar no exterior da alma, a origem de qualquer fenômeno psicológico não é de natureza psicológica. No fundo de toda experiência imaginativa, psicológica ou cognitiva em geral, há um elemento que não tem uma natureza psíquica ou mental: a imagem. É somente reconhecendo a origem não psicológica da imagem que se chega a entender a potência do sensível sobre a vida humana. Toda imagem é a existência do ser do conhecimento em ato, mas fora do sujeito. A imagem é, assim, um tipo de inconsciente objetivo. Por que se fala em inconsciente objetivo? Primeiro, ela é inconsciente no duplo sentido de que ela não conhece outra coisa nem se conhece ela mesma, ela não é nem consciência de alguma coisa de consciência de si mesma. Todavia, ela permanece uma forma de conhecimento, porque ela é o ser do conhecimento, ao mesmo tempo a possibilidade de todo conhecimento psíquico: ela não é percepção em ato nem coisa percebida, mas a forma do objeto percebido como pura perceptibilidade e percepção em potência que permanece ainda fora da alma. Ela é objetiva, porque não representa um modo do sujeito. Ela não é senão uma sensação em ato no exterior do órgão de percepção. Mas ela permanece a *potência ativa* de toda percepção subjetiva.

As imagens não têm nada de psicológico, na medida em que existem primeiro fora de nós, fora da nossa consciência, nos céus, no ar, na superfície dos espelhos e somente depois nos homens. No fundo de nossas almas, em todo ato psíquico, há alguma coisa que não tem a mesma natureza de nossas almas, que se engendrou em algum lugar, mas que é, no entanto, capaz de dar forma e de enformar todo ato intencional, da vontade ao desejo, da intelecção às paixões. No fundo de todo ato psíquico, há alguma coisa que não tem nem consistência física nem objetiva. Esse reino intermediário, esse inconsciente não objetivo ou esse conhecimento não psíquico, não tem nada de antropológico ou cultural, como não tem nada de especificamente natural. O sensível está deste lado da oposição entre natureza e cultura, entre vida e história. Sobrematerial e pré-cultural, o mundo das imagens constitui, portanto, também o lugar em que natureza e cultura, vida e história se exilam em um terceiro espaço. Há o conhecimento, há o sensível para além do meio: do lado do sujeito, um conhecimento que circula e que existe independentemente dele. Ele transforma a cada instante nosso mundo em um mundo mágico.

Da idolologia. Heidegger e a arqueologia de uma ciência esquecida

Emmanuel Alloa

> *Camatevi, idol mio*
> Mozart, *Don Giovanni*

Ao longo dos séculos, certas palavras se usam, se deterioram e perdem seu impacto. Tendo sido depreciadas, comprometem seu valor, como tantas outras contramarcas cuja referência se tornará incerta. O tempo, então, as retira de circulação. No registro das expressões que respondem a essa classificação, há o "ídolo". Palavra antiga e arcaica, que tanto fez sucesso quanto serviu a inúmeras causas ao longo dos séculos precedentes, ela parece ter declinado definitiva e irreversivelmente no século XVIII, quando entra em cena um novo termo, aparentemente mais científico e rigoroso, o "fetiche". Diferente de "ídolo", cuja significação parece tão múltipla quanto a ocorrência de suas figuras, esse novo termo — cuja fortuna começa com a publicação, em 1760, do tratado *Le Culte des dieux fétiches*, de Charles de Brosses (1989 [1760]) — apresenta a inegável vantagem de expor, na sua etimologia, seu sentido intrínseco. O fetiche é literalmente um deus "fabricado".[1] Quando, no século XIX, Friedrich Nietzsche o evoca em *Crepúsculo dos ídolos*, ele usa um termo que, em plena época

---

[1] Do português, feitiço, palavra que apareceu no oeste da África quando os marins portugueses descobriram as religiões autóctones de Benin e de Angola. Para uma história do fetiche, ver a excelente reconstituição de Wilhelm Pietz (2005), publicado em três edições na revista americana RES entre 1985 e 1988, disponível em um único volume francês. (N.A.)

do objetivismo psicológico, havia se tornado, a seu modo, anacrônico ou ao menos intempestivo.

O que fazer, então, do ídolo? O que fazer da idolatria, acusação que dificilmente poderá produzir hoje o mesmo efeito que na época de Tertullien ou de Calvino? É preciso verdadeiramente arrumar, doravante, os ídolos nas gavetas de curiosidades do Ocidente, sob a mesma rubrica que "o clister, a ampulheta e a aríete"? Aí está a reivindicação do teólogo François Boespflug (2005), para quem ídolo é um termo vazio e desprovido de significação do qual é preciso se desembaraçar de uma vez por todas.

A idolologia: uma ciência esquecida

Esta disciplina permaneceu (assim como a ciência das imagens, de Warburg) muito tempo "sem nome" e se verá definida – tardiamente – no século XIX. Reivindicando a "idolologia" como método, Charles Renouvier a define em seus *Essais de critique générale*, de 1854, como ciência que se ocupa de todos os falsos-semblantes, simulacros e reificações presentes em todas as formas de crença, e não apenas religiosas. Só há o coração, escreve Renouvier (1875, p. 96), que reifica as sombras; o espírito não cessa de solidificar isso que não tem mais consistência. Os ídolos estão presentes sob inúmeras faces, como ídolos do pensamento, da matéria, do tempo, da substância e assim por diante. Para Renouvier (1875, p. 15), eles constituem todos, sem exceção, "ídolos metafísicos". A filosofia também tem suas divindades e parece tomar para si o desprezo pela idolatria, se não tivesse tomado o cuidado, ela também, de tornar seus ídolos ainda mais imateriais e abstratos (RENOUVIER, 1875, p. 97).

Pode-se apenas constatar a proximidade perturbadora entre o *incipit* dos *Essais* de Charles Renouvier (que, aliás, pouco tempo depois, renunciará ao termo "idolologia"),[2] e o início de *De idolatria*, de Tertullien. Nesse panfleto incisivo, o cartaginês se questiona sobre a relação entre o interdito da representação (que, afinal, olha o forte

---

[2] "Hoje, evitarei de bom grado os neologismos, chamando simplesmente de mitologia isso que antes nomeei idolologia, e acredito que não será menos claro" (RENOUVIER, 1896, p. 303). (N.A.)

domínio de restrição da fabricação material das imagens do divino) e o primeiro mandamento sobre a unidade de Deus. Tertullien (1987, p. 26) chega à espantosa conclusão de que o interdito da representação ameaça de alguma forma o estatuto do primeiro mandamento, a fabricação dos ídolos não estando em nada circunscrito à formação das imagens materiais: "Outrora, não havia ídolos [...] No entanto, a idolatria já estava em obra". Se é verdade que Deus está em todas as coisas, por mais ínfimas que elas sejam, toda representação material ou mental vem redobrá-lo, transgredindo inevitavelmente o primeiro mandamento. Tal consequência, vertiginosa, conduz a aceitar que "tudo se reencontra na idolatria e que a idolatria se reencontra em tudo" ("omnia in idololatria e in omnibus idololatria deprehendatur") (Tertullien, 1987, p. 5).

A posição de *De idolatria* explica bem por que o ídolo não poderá jamais se tornar o objeto de uma ciência regional: a título de sua universalidade (fundada no fato de que, para Tertullien, a idolatria assume o primeiro lugar entre todos os pecados), a idolatria exigirá igualmente uma elucidação universal. Séculos mais tarde, o anglicano John Ruskin (1867, p. 386-388) se deixará guiar por isso que se torna, substancialmente, o mesmo argumento, quando afirma, em *The Stones of Venice*, que "o verdadeiro sentido da idolatria" ("the proper sense of idolatry") não é definido no segundo mandamento, mas no primeiro. A todo momento exposto ao risco fundamentalmente católico de hipostasiar o que não passa – no sentido quase winnicotiano – de um objeto transicional (Ruskin, 1867, p. 386), ninguém poderá jamais se afirmar definitivamente liberado do risco da idolatria.

Para delimitar a proliferação dos ídolos e circunscrever as inúmeras metamorfoses, a patrística desenvolverá um impressionante frenesi classificatório. Do ponto de vista de uma ontologia das espécies, se considerará segundo quais gêneros e espécies os ídolos se subdividem; do ponto de vista de uma psicologia, se questionará seus efeitos sobre certos espíritos frágeis; e do ponto de vista de uma terapêutica, se procurará combatê-los o mais eficazmente possível. Se a célebre definição de ídolo proposta por Santo Agostinho em *De vera religione*, segundo a qual o ídolo não é outra coisa senão uma sinédoque na qual a parte vale pelo todo, corresponde melhor à definição moderna de fetichismo,[3] inúmeros outros textos patrísticos atendem perfeitamente o cânone da ciência "idolológica" sobre a qual tentamos aqui indicar os contornos. Nesse *corpus*, será preciso integrar escritos como os dois capítulos sobre a lógica dos ídolos em *Sapientia Salomonis* (que, ainda que apócrifo, destaca uma tradição deutérocanônica), o inventário dos ídolos pagãos proposto por Clemente de Alexandria (s/d, p. 50-246) no quadro de sua doutrina da economia da salvação, a doutrina da inania ontológica dos ídolos em São Paulo, Teodoreto de Ciro, Procópio de Gaza e ainda de tantos outros,[4] a idolologia como teoria de marionetes, como sugere Lactâncio,[5] até a caracterização de "latria" em Tomás de Aquino (1950), sem esquecer, claro, toda a tradição judaica, do *Mishah Avodah Zarah* até *De idolatria*, de Maimônides,[6] com o qual se adentra já com os dois pés em um projeto emancipador moderno.

A Renascença dificilmente anuncia o fim das elucubrações idolológicas; ela fornece novos e melhores argumentos, graças aos escritos como o panfleto anticlerical de Paracelse (1986 [1530]), o *Liber de imaginibus idolatriae*,[7] ou ainda o catálogo de falsas divindades que Francis Bacon expõe em *Novum organum*. Acredita-se quase em um tipo de naturalismo das espécies no sistema botânico de Linné,[8] quando Bacon (2000 [1620], p. 33-101) distingue cuidadosamente as derivações genealógicas dos *idola tribos*, *idola specus*, *idola fori* e *idola teatri*. A colonização das Américas justificará, enfim – como Serge Gruzinski (1990) e Kenneth Mills (1997) mostraram –, a renovação de

---

[3] Não é por acaso que a definição agostiniana, segundo a qual o idólatra toma "uma pedra qualquer como parte do Mais Alto" ("lapis tanquan summi Dei partícula jure coleretur") (AGOSTINHO, v. 34, p. 121), foi repetida quase como tal por Edward B. Taylor na elaboração de sua teoria do fetiche. (N.A.)

[4] Essa doutrina foi estabelecida na carta aos Coríntios (1, Cor 8,4), mas ela envia certamente a Isaías e a outras passagens do Antigo Testamento. (N.A.)

[5] Os ídolos não são nada além que "grandes bonecas" (*grandes pupas*), diz Lactâncio. Mas não são as moças que jogam com eles, mas "adultos barbudos" (*barbatis hominibus*) (LACTÂNCIO, livro II, 4). (N.A.)

[6] Moisés Maimônides, filósofo judeu que nasceu na Espanha no século XI e se estabeleceu no Egito. É tido como introdutor da filosofia no judaísmo. (N.T.)

[7] Data-se essa obra, geralmente, em torno de 1530, ela é precedida pelo panfleto *De septem punctis idolatriae christianae*. (N.A.)

[8] Sistema de classificação das espécies vegetais criado pelo naturalista sueco Carl von Linné (1707-1778). (N.T.)

intensidade no esforço idolológico, quando se considera, por exemplo, que em sua *Extirpación de la Idolatría del Piru*, o jesuíta Pablo José de Arriaga (1621) precede seu método prático de eliminação dos ídolos por uma exaustiva casuística.

E mesmo quando o "ídolo" cairá, nos séculos XVIII e XIX, ao nível de uma categoria pré-científica, e quando o sistema de saberes se diferenciará em teorias sociais da ideologia, de um lado, e das ciências concretas dos objetos-fetiches, do outro, o antigo projeto de uma idolologia geral ainda não estará morto. O protestantismo inglês discute assim a questão de saber se as imagens mentais caem ou não igualmente sob o golpe da proibição da idolatria (por exemplo, no *Treatise on Mental Imagens*, de Ralph Erskine [1745]). Mesmo na época do positivismo triunfante, uma crítica da metafísica, como a que Charles Renouvier persegue, se apresenta explicitamente – como já foi dito – como "idolologia", e mesmo um teórico da anarquia, como Proudhon, usará, em 1860, "idolologia" como conceito de união para sabotar os fundamentos de toda metafísica que permanece, segundo ele, sempre subordinada ao princípio de possessão. Ao lado de uma crítica da metafísica que não é diferente da feita por Renouvier, Proudhon fustiga o direito de propriedade da sociedade burguesa, invertendo as proposições do salmista: enquanto, segundo a tradição do Antigo Testamento, os ídolos têm mãos mas não podem tocar, Proudhon (1867, p. 123) dirá, dos ídolos do capital: "manus habent et palpabunt". A reflexão idolológica continuará até o coração do século XX, quando Jean-Luc Marion (1977) atualiza – com efeito – a distinção originária entre ídolo e ícone na fenomenologia do invisível, ou quando Paul Ricœur (1965) define o ídolo como uma reificação do horizonte em coisa, o que vem a reformular uma distinção que João Damasceno já havia sugerido no século VIII da nossa era.[9]

Poder-se-ia demonstrar que, de um ponto de vista histórico, a estratégia de defesa das imagens no Ocidente, operando por invocação

---

[9] Nos seus três *Tratados Apologéticos contra a Condenação das Imagens Sagradas* [*Discours contre les ennemis des images*], João Damasceno concede aos iconoclastas que a natureza divina não pode ser circunscrita (*aperigraptos*). Pelo acontecimento da encarnação, todavia, o Cristo não será submetido ao horizonte do finito, sem para tanto limitar o divino a um objeto carnal. Para esse argumento, sobre o qual se baseará igualmente Teodoro Studita, ver Damasceno (I, 15; II, 5; III, 8 e 26). (N.A.)

de uma "diferença icônica" no coração de toda a imagem, não foi nunca nada além de uma reação à uma idolologia muito antiga. Em resumo: toda ciência das imagens é tributária de uma ciência dos ídolos. A evolução histórica da querela bizantina das imagens prova, aliás, a que ponto a ortodoxia desenvolve uma doutrina das imagens em resposta a uma argumentação iconoclasta, repousando ela mesma sobre uma idolologia que está longe de ser ingênua. Já Hegel (1971, p. 434) marca que a argumentação idolológica desenvolvida pelos inimigos das imagens apela à noção cristológica de *homooúsios*: para os iconoclastas, a imagem não é, na realidade, nada além de um ídolo, porque ela pretende uma coincidência sem resto com aquilo que ela representa. É nessa pretensão que reside a *hýbris* profunda de toda imagem: a imagem é sempre *muito* ou *muito pouco*, mas jamais coincidente.

A condenação do patriarca Germanos pelo concílio iconoclasta de Hieria (754) tem, nesse sentido, uma força instrutiva: por ocasião das sessões do concílio, certos bispos iconoclastas reprovaram o patriarca iconofílico por adorar um simples pedaço de madeira (Germanos foi tachado de *xylolatron*), outros, ao contrário, o condenaram por ter atribuído às imagens o que jamais poderia encontrar lugar ali (o patriarca estaria, então, preso à dignomia ou a equivocidade[10]). Uma reabilitação dessa idolologia, ciência ignorada (e ela mesma ignorante), parece tão necessária quanto impossível. Mesmo nessas aporias, ela, aliás, reúne o projeto geral de uma "gramatologia como ciência positiva" (DERRIDA, 1967).[11] Suspendamos, então, por um instante sua problematização histórica e não continuemos muito longe dessas considerações de método. No entanto, isso que se destaca já nos prolegômenos a toda idolologia por vir é que a ciência do ídolo destaca fundamentalmente uma ciência econômica. Esse aspecto nunca foi posto tão claramente em evidência quanto por Nietzsche em seu *Crepúsculo dos ídolos*, onde o ídolo não é mais que um "valor" e o "crepúsculo" é o nome de uma desvalorização generalizada. Se Heidegger pôde realçar esse aspecto, vendo aí a abertura em direção ao niilismo moderno, ele, contudo, se recusou – diferente de Nietzsche – a aceitar a contrapartida, a

---

[10] Conforme as atas em *Sacrorum Conciliorum nova et amplíssima collectio*. (N.A.)

[11] Ver o capítulo "Da gramatologia como ciência positiva", particularmente p. 142 [p. 118 ed. brasileira]. (N.A.)

saber, que toda desvalorização implica a possibilidade de gerar novos valores. Essa economia generalizada dos valores, criando novos ídolos sobre os escombros dos antigos, permanecerá tomada, na perspectiva heideggeriana, por uma metafísica ontoteológica.

Suspendemos aqui as reflexões sobre uma hipotética *Summa idologica* para nos limitar a redigir por ora apenas um simples capítulo. Circunscrevendo o lugar teórico do ídolo em Heidegger – e em particular o "ídolo verbal" (*Wortgötze*) –, trata-se de mostrar por que a crítica heideggeriana da economia do valor constitui efetivamente um dos aportes essenciais a uma idologia do século XX. Por outro lado, trata-se de indicar como, não obstante a oposição frontal posta em cena por Heidegger entre as teorias do valor e um pensamento do ser, há ainda, apesar de tudo, um ponto de convergência comum constituído pela unidade do *sentido*. Recentemente tentou-se adiantar que o projeto da modernidade está constantemente assombrado por sua pulsão recalcada: o espectro fetichista (BÖHME, 2006). No que se segue, argumentaremos a fim de mostrar que uma teoria da cultura, se questiona o recalque do *lógos*, apesar de tudo, torna a conservar a unidade do sentido, esse sentido que constitui não somente o ponto de convergência de todas as teorias modernas, mas representa ainda o horizonte último do pensamento do ser em Heidegger. Para já antecipar aqui o resultado de nossa análise: *se tratará de mostrar como o ídolo, em seu caráter irredutivelmente econômico, coloca em crise o projeto de uma ciência do ser como ciência do sentido.*

O grau zero da denotação

As análises freudianas do fetiche revelam o mecanismo fundamental da transferência: toda fetichização repousa sobre uma operação de parcialização. Ou, para dizê-lo de modo mais técnico: a fetichização opera uma catacrese que desloca a atenção do conjunto, inalcançável, em direção a uma parte que doravante fará papel de representante, em direção a uma *pars pro toto,* remetendo em direção ao conjunto faltante. A diferença entre o ídolo e o fetiche se jogará, então, sobre esse ponto preciso. A essa função de transferir, garantindo ao fetiche seu papel na economia do significante, o ídolo se subtrai; não referindo a nada além de uma pura presença do deus, imanente a ele mesmo, o ídolo coloca em crise a circulação do sentido.

Certos teólogos foram, aliás, sensíveis a essa diferença quando propuseram distinguir isso que substitui a catacrese (e, portanto, o feti-che-símbolo) e isso que substitui, ao contrário, uma fé cega na presença (e, portanto, na idolatria). Thomas More já havia feito alusão a isso, quando sustentou que aquele que reverencia as imagens não é ainda necessariamente idólatra: é suficiente compreender que a intencionalidade da imagem não se reduz a simples visada da imagem-objeto, mas que a imagem sempre se excede. Aquele que reverencia as imagens deveria assim justamente tomar cuidado em não parar sua intenção na imagem-objeto ("the worshiper should not fix his final intention in the image" [MORE, 1927, p. 106]).

Uma longa tradição, sabe-se, identifica o ídolo com a sua pretensão – *hýbris* – de tornar plenamente visível isso que só pode permanecer invisível. Ora, a apologia cristã da representação – que sobrevive à época moderna graças à transformação do valor de culto em valor de exposição – constitui uma forma tardia, na medida em que a querela em torno da visibilidade divina não se resume em nada a um simples problema do novo testamento. Dispõe-se hoje de um bom número de estudos sugerindo que a crítica da idolatria não nasce tanto do problema da *representação*, mas da *fabricação* do divino (por outro lado, a maior parte dos conceitos hebreus tais como *pessel, elil, shikuts*, foram traduzidos na Bíblia indiferentemente por *eîdolon*, e raramente acentuam um léxico visual). O que escandaliza não é tanto o fato de que Deus seja *mostrado*, mas antes o fato de que ele seja *criado*.[12] Que o *vera icon*, a *Veronique* e outros *Santos Sudários* sejam expressamente definidos como "não-feito-pela-mão-do-homem" só faz confirmar, pelo caminho contrário, a eficácia desse topos.

Em *Au fond des images*, Jean-Luc Nancy propõe a esse olhar uma reflexão preciosa: o ídolo, diz Nancy (2006, p. 63), é "uma imagem que se presume valer por ela mesma, e não por aquilo que ela representaria, uma imagem que é ela mesma uma presença divina". A transformação

---

[12] Sobre o tema, ver o colóquio *Idoles. Donnés et debates*: actes do XXIV Colloque des intelectueles juifs de langue française, estudos reunidos por Jean Halpérin e Georges Levitte, Paris, 1985. Ver ainda o clássico ensaio de Jose Faur (1978), assim como, mais especificamente sobre o papel da escultura no interdito da representação, Reinhard Hoeps (1999). (N.A).

do artefato tangível das Escrituras hebraicas em simulacro visível na Bíblia – reiterada pela Vulgata, que traduz indiferentemente por *idolum* – termina, contudo, por mascarar isso que constitui realmente uma pedra no caminho: longe de ser uma simples imagem, o ídolo (não temos outra palavra) subverte categoricamente toda "imagicidade",[13] na medida em que se resume a não ser aquilo que é. Nancy (2006, p. 64) se faz entender claramente quando sublinha que a crítica aos ídolos não condena "aquilo que é 'imagem de', isso que forma por si mesmo presença afirmada, presença pura de algum tipo, presença massiva resumida a seu ser-aí".

Isso que se apresenta aqui como um prolongamento coerente de uma certa leitura heideggeriana encontra, no entanto, suas premissas já em *Ser e tempo*. É impressionante que as observações de Heidegger sobre o ídolo, no §17, e que precisamente não estão em *Zeuganalyse*, tenham suscitado poucos comentários (salvo exceção).[14] Nessas observações sobre "o uso dos signos na existência primordial" – Heidegger fala aqui de "fetiche e de magia" – haveria, contudo, o esboço de uma teoria situada para além da partilha entre *Vorhandenheit* (subsistência, ser-simplesmente-dado, segundo as traduções brasileiras) e *Zuhandenheit* (disponibilidade, manualidade, utilizabilidade).

A distinção é bem conhecida: *Zuhandenheit* descreve o estado de inaparência no qual se encontram as coisas quando elas estão inteiramente absorvidas em uma "relação de uso" (*Verwendungszusammenhang*) própria à existência cotidiana. As coisas não se fazem ver se não pelo modo *Vorhandenheit*, quando a utilidade se esconde e ele se expõe em sua materialidade nua e inutilizável. Na "perturbação de uma referência" (*Störung der Verweisung*), a função dêitica se vê neutralizada, e isso que até lá remete a outras finalidades se dá a ver na sua realidade imediata e difícil.

A relação instrumental constitui assim duplamente uma relação de "procuração": o objeto representa um meio para se procurar

---

[13] No original, *imagéité*, neologismo usado por Jacques Rancière em *Le destin des images*, aqui publicado como *O destino das imagens* (Contraponto, 2012, p. 20). A tradutora Mônica Costa Netto optou por manter o termo no original. (N.T.).

[14] A exceção é o belo ensaio de Werner Hamacher, "Peut-être la question", (1981). (N.A.)

aquilo que é visado, mas tanto depende constitutivamente dessa visada quanto é intermediário, não pode existir se não "por procuração". Sob essa relação por procuração encontra-se, mais originariamente, uma relação primordial. Tal relação primordial, caracterizando, segundo Heidegger (1933, p. 80), a existência "primitiva" (*primitives Dasein*), permanece originariamente próximo das coisas em uma relação de imediatidade (*unmittelbar*). Ora, esse detalhe é essencial, a imediatidade não é senão uma aparência, já que esse estado primordial é ele também já caracterizado por um excedente do sentido. Mesmo permanecendo próximo das coisas mesmas: irremediavelmente, as tomamos por alguma coisa e tanto as tomamos por alguma coisa, quanto as tomamos por outra coisa que elas são na sua imanência pura. Contrariamente à reificação que acontece na "perturbação da referência", a idolatria revela situações nas quais o *Dasein* "toma por signo um ente já ao-alcance-da-mão" ("Zum-Zeichen-Nehmen eines schon Zuhandenen") (HEIDEGGER, 1933, p. 82).

Usando a distinção introduzida por Santo Agostinho em *De doctrina christiana*, Heidegger discerne dois aspectos do fenômeno do "cuidado" (*cura*): aquele do "uso" instrumental (*usus*) e o da simples contemplação atenta (*fruitio*), tirando sua satisfação disso que deixa a coisa ser tal como ela é. Ao olhar dessas duas relações, o ídolo ocupa uma posição híbrida. De um lado, revela inegavelmente o domínio do uso, sendo subordinado a uma finalidade (a coisa-ídolo fornecendo uma morada à divindade que ali pode se manifestar). Por outro lado, o ídolo se subtrai ao domínio da significação e da referência. O ídolo não se deixa reduzir a nenhuma função suplementar, não constituindo um significante *in absentia rei*, mas uma presença em que os limites coincidem perfeitamente com os limites da coisa a qual ele é imanente. Nesse sentido, "para o homem primitivo", concluirá Heidegger (1933, p. 82), "o signo coincide com o mostrado".

Heidegger acrescenta, todavia, que tal descrição já é sempre falsificada, na medida em que é operada do ponto de vista de uma lógica dos signos. Falar de um significante material que retornaria a um significado ausente é ainda perder a especificidade do fenômeno idolológico: o ídolo reúne em si o significante e o significado, indiferentemente. O ídolo nos coloca aqui sobre um plano em que "um signo como tal não pode ainda absolutamente se liberar" (HEIDEGGER, 1933, p. 82). Consequentemente, querer pretender uma semiótica da significação seria tão inapropriado quanto querer tratar o ídolo sob o aspecto de uma "ontologia da coisidade" (*Ontologie der Dinglichkeit*) (HEIDEGGER, 1933, p. 80). Resta saber como descrever a modalidade do fenômeno do ídolo. Porque, obviamente, não se saberá tratar o estatuto da madeira como simples signo ou símbolo de deus, assim como não se pode afirmar que ela se resume a ser apenas madeira.

Para estar à altura do fenômeno do ídolo, será preciso se limitar a dizer que o ídolo não se torna o que ele é porque ele *vale* tanto quanto a divindade, que seu ser se resume, portanto, ao seu *valor*. A *Geltung*, esse valor ou validade "anexado" a um ente ("der and diesem Seienden, haftende Wert"), como observa Heidegger (1933, p. 80) um pouco antes, não é um "suplemento anexado a um ente já em si sob-a-mão": ele subtrai imediatamente toda lógica surda da imanência.

Ser e valor

No coração de *Ser e tempo* – os estudos heideggerianos ainda não atribuíram a esse detalhe a importância que ele tem –, encontra-se, portanto, a presença desse termo singular que, introduzido no século XIX por Hermann Lotze, desempenhará papel estratégico na obra do primeiro Heidegger. Na sua influente *Lógica*, cujo primeiro volume aparece em 1874, Lotze distingue três domínios do conhecimento: o sensível, o transcendente metafísico e a validade lógica. Em essência, a operação fundamental de Lotze consiste em separar a esfera lógica da esfera metafísica, a qual estava habitualmente subordinada. À diferença dos entes sensíveis e dos entes suprassensíveis, as regras lógicas são indiferentes à questão do ser. Concretamente: não se pergunta se um princípio válido *existe*, mas se ele é válido. Enquanto uma coisa "existe", um acontecimento "se produz" e uma relação "subsiste"; de uma frase verdadeira será preciso dizer que ela é "válida" (LOTZE, 1989, p. 511). A validade – isso que Lotze nomeia *Geltung* – tem a força da facticidade subtraindo-se das leis ônticas.

Tudo leva a crer que Heidegger descobre os instrumentos conceituais que servirão à sua crítica posterior da ontologia do objeto e do pensamento da presença na conceitualização de *Geltung* por Lotze. Seja lá como for, *Geltung* serve inegavelmente de conceito operador tanto para sua tese de doutorado quanto para sua tese de habilitação, nas quais a marca neokantiana resta ainda indelével. Mas *Geltung* serve também como fio condutor para capturar o sentido da revolução husserliana e, desde 1916, graças à mediação de Emil Lask (1993 [1911]), o aluno de Husserl que tentou estabelecer, em sua *Logik der Philoshophie*, uma coligação entre a lógica de Lotze e a fenomenologia husserliana.[15]

Nos seus cursos sobre lógica, em Friburgo, Heidegger (1976, p. 62-88) sublinha a importância da recepção husserliana de Lotze, atestada na repetição do termo "validade". Ao passo que essas passagens podem dar a entender que, sobre esse ponto, na sua herança comum de Lotze, a fenomenologia e o neokantismo se reúnem, Heidegger mostrou, no entanto, desde o semestre do verão de 1919, como o uso de *Geltung*, numa e na outra tradição, constituía, ao contrário, seu *schibboleth* recíproco.

O esforço de diferenciação toma a forma de um debate com Rickert, o antigo mestre de Marbourg que havia seguido Lotze na distinção de uma terceira ordem, a ordem das validades lógicas. Resta provar, diz Heidegger (1987, p. 119-203), que tal posição suspensa existe, e a partir da qual se poderia estabelecer uma tal linha de partilha entre as três ordens. Heidegger (1987, p. 202) ironiza: definir a validade como isso que, não tento existência, apesar de tudo deve, de uma forma ou de outra, *ser* é voltar ao esoterismo obscuro – "O que permite a Rickert saber que tal coisa existe?".

Nessa querela com Rickert, observa-se, como consequência, um retorno subliminar da questão do ser que a lógica de Lotze havia precisamente tomado o cuidado de suspender. Segundo Heidegger, a linha de partilha entre a esfera do ser e a esfera da validade repousa, em Rickert, sobre a assumpção de um critério arbitrário: a negação. De um ente, se pode afirmar a existência ou bem negá-la; as validades escamoteiam essa alternativa (HEIDEGGER, 1987, p. 200). Ora, mesmo uma filosofia do valor, como a de Rickert, não pode se fazer passar por uma ontologia implícita. Os valores não têm precisamente validade e não são constrangidos senão pelas facticidades, eles criam as normas. Todo dever (*Sollen*) repousa sobre um dever-ser (*Seinsollen*).

---

[15] Para uma contextualização mais completa, remeto a Françoise Dastur (1994). (N.A.)

No seu curso do verão de 1935, Heidegger lamenta que na "bolsa" das cotações filosóficas, a noção de ser tenha sido ultrapassada por outras categorias, como a de "valor". Só há o valor do "ser" que se vê subestimado, mas se viria mesmo a postular um "ser dos valores", continuando a conceber esse ser ao modo dos objetos imanentes, por exemplo, aquele da presença de uma mesa ou de uma cadeira (HEIDEGGER, 1983, p. 151). A filosofia dos valores, que Heidegger tenta desmascarar na medida em que ela exclui a questão do ser, é justamente uma restrição para trazer o sentido dos valores ao polo subjetivo. É precisamente ao querer retomar o estatuto dos valores ao nível de uma totalidade dos fatos culturais que essas pretendidas totalidades que não são senão meias-verdades aparecem, e que "no domínio do essencial, as meias-verdades são sempre mais funestas que o tão temido nada" (HEIDEGGER, 1983, p. 151). Um pensamento que não considere colocar a questão do ser – Heidegger aqui mira em toda teoria antropológica-culturalista – só pode voltar a se tornar uma metafísica da presença.

O fio dessa ideia é retomado, anos mais tarde, em "A época das imagens de mundo" (*Zeit des Weltbildes*), em que os argumentos de Heidegger são espantosamente próximos aos de Marx, que nem vale a pena ler.[16] Lá onde o ente torna-se objeto de uma representação (*Vorstellung*), não se esquece apenas a relação com o Ser: tal separação supõe um dispositivo a produzir valores puros porque abstratos. Longe do ser preso a tal economia de valores, o mundo da cultura será a ele solidário, tão obnubilado que está pela má compreensão da ideia de autonomia. Querer a todo custo pensar a economia do valor como um objeto em si mesmo acaba por reificá-lo. "Daí a fazer dos valores os objetos em si", conclui Heidegger (1994, p. 75-113), "é apenas um passo".

---

[16] Parece que Heidegger leu os *Jugendschriften* [*Ecrits de jeunesse*] na edição de seu aluno Siegfried Landshut, publicada em 1932. No curso sobre Platão, no mesmo ano, Heidegger (1997, p. 325) cita uma passagem de *Misère de la philosophie*. A indicação de Kittsteiner de que Heidegger jamais leu uma única linha de Marx (*Mit Marx für Heidegger – mit Heidegger für Marx*, Munique: Fink, 2004, p. 84) é, portanto, inexata. (Agradeço a Christiam Sommer por algumas indicações preciosas sobre essa questão.) Para uma outra leitura sobre a ontologia heideggeriana e o pensamento do capital, remeto à proposição de Catherine Malabou (2004), que articula precisamente os dois graças à noção de imagem. (N.A.)

A filosofia dos valores, tal qual proposta pela *Kulturphilosophie* contemporânea, consiste em uma economia funesta: a reificação a que ela induz é correlativa de uma alienação (Heidegger não usa aqui o termo *Entfremdung*, mas outro termo – também hegeliano – *Entäußerung*). O valor deve ser considerado como:

> [...] a objetivação dos fins atribuídos pelos desejos de autoinstalação representativa no mundo advém da imagem concebida. Os valores parecem expressar que, na referência a eles, pratica-se precisamente aquilo que mais tem valor: e, no entanto, é justamente o valor que não é nada além da impotente e falsa folha de ouro com a qual se protege a objetividade do ser, de mais a mais, tornada plana por sua falta de pano de fundo. (Heidegger, 1994, p. 101).

O está na mira aqui é ainda sempre a filosofia dos valores do Sul-Oeste (*südbadische Wertephilosophie*) assim como a filosofia das formas simbólicas de Hamburgo (Cassirer e a Biblioteca de Warburg, onde Heidegger estava inicialmente previsto como conferencista)[17] tanto que agentes provadores de uma filosofia relativista, em seu devir-cultural, vêm corroborar o destino ocidental do esquecimento do ser. Em resumo: a filosofia das culturas como decadência ontológica histórica.

A condenação sem apelo dos "valores", todavia, alcança seu auge em *Ser e tempo*. A palavra *Geltung,* se pode ler, é moeda de troca de uma interferência tão hábil quanto sistemática. Ela visa nos fazer crer que não nos reportamos mais que a simples "validades", cujo valor não cessa de oscilar. Ora, como bem diz Heidegger, trata-se de compreender que a palavra *Geltung* reúne indistintamente em seu sentido, três coisas, no entanto, muito diferentes entre elas. *Geltung* como:

- Forma das idealidades lógicas no sentido de Lotze.
- Objetividade do julgamento, e por consequência, como valor de verdade.
- Aquilo que está em curso de forma geral e que é, portanto, normativo e constrangedor (HEIDEGGER, 1933, p. 156).

---

[17] Os documentos de Thomas Meyer testemunham que, bem antes dos encontros em Davos, uma troca cordial aconteceu entre Heidegger e Cassirer, em Hamburgo, em 1923. Cassier sugeriu convidar Heidegger para o quadro de conferencistas da *Kulturwissenschafliche Bibliothek* de Aby Warburg. Ver Meyer (2006, p. 45). (N.A.)

Essa palavra, forjada a partir de dimensões muito diferentes, não será uma "palavra mágica" em que a invocação não tem outro objetivo senão velar sua ausência de fundamento.[18] Para compreender o sentido desse julgamento tão peremptório quanto definitivo, é preciso voltar um pouco atrás e prestar atenção aos deslizamentos semânticos do *corpus* heideggeriano.

O ídolo ao risco de uma ciência do sentido

Agora que *Geltung* está qualificado, na tese de habilitação, de "expressão feliz" (*ein glücklicher Ausdruck*) (HEIDEGGER, 1972, p. 133-353), permitindo amarrar o nó górdio da lógica clássica, Heidegger, em *Ser e tempo*, vai justo designar esse termo (e é preciso acreditar que essa designação não é gratuita) de "palavra-fetiche" ou, mais exatamente, de "ídolo verbal" (*Wortgötze*) (HEIDEGGER, 1933, p. 156). O que caracteriza esse "ídolo verbal" é que seu sentido escapa ao seu uso pragmático. Em resumo, ele não é nada além de seu uso e do que se projeta nele. Contra uma tal flutuação do sentido, contra essa economia das relações que não se dá sem evocar a "economia do pensamento" (*Denkökonomie*) propagada pelo positivismo de Ernst March, Heidegger introduziu, muito cedo, o conceito de "facticidade" como ponto de resistência permitindo conter a dissolução culturalista do pensamento em puras relações de relatividade.

Muito perspicazmente, Giorgio Agamben (1998, p. 247-272) lembrou que a origem do conceito de facticidade não está – contrariamente ao que se poderia acreditar – na "volta às coisas mesmas" de Husserl e no seu conceito de facticidade. Isso que Husserl (1976, p. 12) nomeia na sua análise de variações eidéticas pelo termo facticidade (*Tatsächlichkeit*) remete a tudo aquilo que, ainda que sendo atual, poderia também ser de outra forma. A "facticidade" heideggeriana (*Faktizität*) nomeia um ser-aí intransponível, um estar-lançado em uma determinação factual. Longe de prolongar o husserlianismo, lembra ainda Agamben (1998, p. 253), esse "estar-lançado" (*Geworfenheit*) é inspirado pela doutrina da salvação de Santo Agostinho.

---

[18] Aí está em síntese a reconstrução proposta por Alejandro G. Vigo (2004). (N.A.)

A situação hermenêutica não começa em uma abstração da contingência factual, sua necessidade é, ao contrário, derivada de uma irredutível facticidade da determinação; dito de outro modo: a contemplação não nasce de uma situação de ócio, mas de uma incontornável necessidade da criatura em dar sentido à sua própria finitude. Da ideia – pretensamente – cartesiana-husserliana de uma autonomia do sujeito, a ideia augustiniana da *factitia anima* (HEIDEGGER, 1995, p. 198-201) se afasta portanto imediatamente, colocando uma criatura cuja existência "factual" já é, na medida em que deriva de um ato de criação divina, profundamente heterônoma.[19] Aquilo que Santo Agostinho nomeia como o caráter heterônomo da alma criada, Heidegger (1933, p. 284) o traduz por um "estar-lançado" originário, um *Geworfnheit* existencial: "Ser, o *Dasein* é lançado – ele *não* é posto Aí por ele mesmo" (*nicht von ihm selbst in sein Da gebracht*).

Para além da economia augustiniana da salvação, Heidegger se reconecta, assim, à tradição semântica do *facticius* presente desde a antiguidade romana: em Plínio, o Antigo (livro X, 57 [1949]), por exemplo, o *facticius* se opõe – enquanto faz de "cultura" o primeiro sentido da palavra, quer dizer, como ação humana de cultivação do solo – ao que brota de si mesmo (*nativus*) e que substitui, portanto, naturalmente a terra (*terrenus*). Considerada como melhoria induzida disso que é naturalmente dado à criatura, a "cultura" é combatida por várias razões por Tertuliano (1986), notadamente considerada como "cultura dos corpos": os lutadores e os pugilistas que submetem seus corpos ao treinamento produzem um *facticii corporii*, um corpo falso porque não mais natural.

A oposição entre natureza e cultura à qual a modernidade nos habituou se revela, entretanto, vista de perto, imprópria, a seu modo, desde que se meça o paradoxo desse *facticius* cristão do qual Heidegger herda a ambiguidade. Porque a "facticidade" – ou talvez valesse melhor dizer, para evitar qualquer equívoco, a "facticialidade" – não revela a simples cultura humana, ela está inscrita na natureza da criatura. Tertuliano (1986) evoca esse paradoxo quando destaca que a ordem

---

[19] Ver o debate posto em *Contra Fortunatum* entre o "criador" e o "criado/criatura", em que a posição de Santo Agostinho é resumida assim por seu adversário, Fortunatus: *dixisti facticiam esse animam* (AGOSTINHO, 2000, p. 111-130, p. 117). (N.A.)

natural é também fruto de uma operação manual, assim como a "plástica" humana se distingue da criação originária pelo fato de que visa transgredir a "plástica divina" (*plasticam dei supergressa*).

Santo Agostinho dará ao *facticius* ainda uma outra forma, destinada a embaralhar ainda um pouco mais a distinção natureza/cultura. Tomando o exemplo extremo da imposição da castração, Santo Agostinho quer mostrar que o *nativum* e o *facticium* não se opõem mais, estando dado que o ato instaura uma nova condição natural, inédita. Doravante, a demarcação não segue mais a partilha entre natureza e cultura, mas entre uma condição imposta e a escolha deliberada (*voluntarium*) (AGOSTINHO, s/d. p. 493). Só o homem que escolherá voluntariamente renunciar à vida carnal poderá reverter a decadência adâmica. Só aquele que, em certo sentido, faz de si mesmo um eunuco voltará à heteronomia da queda. Sabe-se que tais motivos influenciaram fortemente a elaboração, por Heidegger, de todo o léxico do "estar-lançado" (*Geworfenheit*), do "decaimento" (*Verfallenheit*) e da "resolução" (*Entschlossenheit*).[20] A determinação constituirá o espaço próprio do *Dasein*, lhe permitindo levar em consideração o que o determina, a saber, a situação de decadência primordial e de culpa expiatória, da qual Heidegger não hesita em falar nos seus primeiros cursos, resumindo: a irredutível facticidade da condição pós-lapsar é o que constitui, no entanto, também a possibilidade de se projetar a partir dessa facticidade. Da consciência de estar-lançado (*Geworfenheit*) virá a condição do projeto existencial (*Entwurf*) (HEIDEGGER, 1933, §62), transformando o anonimato inautêntico em uma projetualidade do "cuidado" (*Sorge*). Tal "liberação interpretativa do *Dasein* por sua possibilidade extrema de existência" (HEIDEGGER, 1933, p. 236), termos que definem o *Entschlossenheit* ou determinação, assegura o "desvelamento do sentido do ser do cuidado a transparência que lhe é necessária" (p. 237). A existência se subtrai à intuição de seu ser próprio, cada vez que a facticidade e o sentido se indistinguem em um puro e simples *ser-aí*. A crítica heideggeriana visa, portanto, todo

---

[20] Ver a este respeito Theodor Kisiel (1986-1987) assim como o ensaio de William J. Richardson (1995). Acrescente-se com igual importância Lutero e a repetição luteriana do pecado em Santo Agostinho, cuja importância Christian Sommer sublinhou (Heidegger [1924]). (N.A.)

pensamento da imanência pura: o sentido só será possível lá onde um ente se excede a ele mesmo, onde as coisas se transcendem em direção a uma validade que ultrapassa o ôntico.

Opera-se aqui pura e simplesmente uma inversão na concepção de ídolo: se até então, o ídolo havia sido combatido porque ele pretendia ser alguma coisa que não é, o novo cenário desenha a visão – enlouquecedora – de um ente resistente a toda significação, de uma *Vorhandenheit* pura que não pode ser transcendida em direção a nenhum domínio significante. A palavra *facticius* reúne ao mesmo tempo o solo e o abismo de toda a ontologia existencial: como artifício–imitação-fetiche,[21] invoca o pesadelo de um mundo constituído por artefatos fechados neles mesmos, fechados a todo dar sentido. Não é, portanto, o fetiche que ameaça aqui o projeto de uma analítica existencial, mas o ídolo, infinitamente mais inquietante. Porque na sua catacrese, o fetiche continua, apesar de tudo, a enviar a uma totalidade de sentido, confirmando, assim, a aliança solidária entre o ser e o sentido. O ídolo, ao contrário, se resume a um ser-aí puro e simples, ele é literalmente *factum brutum*, essa pura *Vorhandenheit* imanente a ela mesma (HEIDEGGER, 1933, p. 135). O estabelecimento de uma ciência geral do ídolo constitui, portanto, uma impossibilidade lógica, por muito tempo ainda permanecerá em vigor o antigo princípio segundo o qual "*scientia non est de singularibus*".

Referências

AGAMBEN, G. *La Puissance de la pensée*. Trad. J. Gayraud et M. Rueff. Paris: Rivages, 2006. [*A potência do pensamento*. Trad. António Guerreiro. Belo Horizonte: Autêntica, 2015.]

AGOSTINHO. Acta contra Fortunatum Manichaeum. In: *Patrologia Latina*. Paris: Jean-Paul Migne, 2000. p. 111-130.

AGOSTINHO. *Coleção Patrística*. São Paulo: Paulus, 2002.

AGOSTINHO. Contra Faustum Manichaeum. In: *Patrologia Latina*. Paris: Jean-Paul Migne, 2000. p. 207-518.

AGOSTINHO. De vera religione. In: *Patrologia Latina*. Paris: Jean-Paul Migne, 2000. v. 34.

ALEXANDRIA, C. *Exortação aos gregos*. São Paulo: Realizações, 2013.

---

[21] No original, jogo com as palavras *factice-faîtisse-fétiche*.

ALEXANDRIA, C. Protreptikos. In: *Patrologia Graeca*. Paris: Jean-Paul Migne, 2002.

AQUINO, T. *Summa theologiae*. Roma-Turin: Marietti, 1950. [*Suma teológica*. Rio de Janeiro: Loyola, 2009.]

ARRIAGA, P J. *Extirpación de la Idolatría del Piru*. Lima, 1621.

BACON, F. *The New Organon*. London: Cambridge University Press, 2000. [Novum Organum. In: *Coleção Os Pensadores*. São Paulo: Abril Cultural, 1973.]

BOESPFLUG, F. Faut-il bannir la notion d'idole?. In: DEKONINCK, R.; WATTHEE-DELMOTTE, M. (Org.). *L'Idole dans l'imaginaire occidental*. Paris: L'Harmattan, 2005. p. 23-34.

BÖHME, H. *Fetischismus und Kultur: Eine andere Theorie der Moderne*. Hambourg: Rowohlt, 2006.

BROSSES, C. *Du culte des Dieux Fétiches ou Parallèle de l'ancienne Religion de l'Egypte avec la Religion actuelle de Nigritie*. Paris: Fayard, 1989.

DAMASCENO, J. *Contra imaginum calumniatores orationes três*. B. Kotter (Ed.). v. 3. Berlin: De Gruyter, 1975.

DASTUR, F. Husserl. Lotze et la logique de la "validité". *Kairos*, n. 5, p. 31-48, 1994.

DASTUR, F. *La Phénoménologie en question: language, alterité, temporalité, finitude*. Paris: Vrin, 2004.

DERRIDA, J. *De la grammatologie*. Paris: Minuit, 1967. [*Gramatologia*. São Paulo: Perspectiva, 2008.]

ERSKIN, R. *Faith no Fancy: Or a Treatise of Mental Images*. Edinbourg: Ruddimans, 1745.

FAUR, J. The Biblical Idea of Idolatry. *Jewish Quarterly Review*, Pennsylvania, n. 69, p. 1-15, 1978.

GRUZINSKI, S. *La Guerre des images. De Christophe Colomb à Blade Runner 1492-2019*. Paris: Fayard, 1990. [*A Guerra das imagens*. Trad. Rosa Freire D'Aguiar, São Paulo: Martins Fontes, 2006.]

HALPERIN, J.; LEVITTE G (Org.). Idoles: Données et débats. *Actes Du XXIVe Colloque des intellectuels juifs de langue française*. Paris: Denöel, 1985.

HAMACHER, W. Peut-être la question. In.: LACOUE-LABARTHE, P.; NANCY, J-L. (Org.). *Les Fins de l'homme. A partir du trabail de Jacques Derrida*. Paris: Galilée, 1981. p. 353-354.

HEGEL, G. W. F. Vorlesungen über die Philosophie der Geschichte. In: *Sämtliche Werke in zwanzig Bänden*. v. 11. Stuttgart: Suhrkamp Verlag, 1971. [*Filosofia da História*. Brasília: UNB, 1999.]

HEIDEGGER, M. *Chemins qui ne mènent nulle part*. Trad. W. Brokmeier. Paris: Gallimard, 1962.

HEIDEGGER, M. *Gesamtausgabe*. Frankfurt: Klostermann, 1972-1995. v. 1, 5, 7, 21, 34, 40, 56, 57, 60.

HEIDEGGER, M. *Introduction à la métaphysique*. Trad. G. Kahn. Paris: Gallimard, 1967. [*Introdução à metafísica*. Rio de Janeiro: Tempo Brasileiro, 1997.]

HEIDEGGER, M. Le problème du péché chez Luther. Trad. Christian Sommer. *Alter: Revue de phénoménologie*, Paris, v. 12, p. 249-288, 2004.

HEIDEGGER, M. *Sein und Zeit*. Tübingen: Niemeyer, 1993. [*Ser e tempo*. Petrópolis: Vozes, 2006.]

HEIDEGGER, M.; HOEPS, R. *Aus dem Schatten des goldenen Kalbes. Skulptur in theologischer Perspektive*. Paderborn: Schöning, 1999.

HUSSERL, E. Ideen zu einer reinen Phänomenologie und phänomenologischen Phänomenologie. In: *Husserliana*, v. III. Haia: Nijhoff, 1976. [*Ideias para uma Fenomenologia Pura e para uma Filosofia Fenomenológica*. Trad. Márcio Suzuki. São Paulo: Ideias e Letras, 2002.]

KISIEL, T. Das Entstehen des Begriffsfeldes "Faktizität" im Frühwerk Heideggers. *Dilthey-Jahrbuch*, v. 4, Göttingen, 1986-1987.

KITTSTEINER. *Mit Marx für Heidegger – mit Heidegger für Marx*. Munich: Fink, 2004.

LACOUE-LABARTHE, P.; NANCY, J-L. (Ed.). *Les Fins de l'homme. A partir du travail de Jacques Derrida*. Paris: Galilée, 1981.

LACTÂNCIO. Divinae Institutiones. In: *Patrologia Latina*. Paris: Jean-Paul Migne, 2000. v. 4.

LASK, E. *La Logique de la philosophie et la doctrine des catégories*. Trad. J.-F. Courtine et al. Paris: Vrin, 2002.

LOTZE, H. *Logik: Drittes Buch Vom Erkennen (Methodologie)*. Hambourg: Meiner, 1989.

MALABOU, C. *Le Change Heidegger: Du fantastique en philosophie*. Paris: Léo Scheer, 2004.

MARION, J-L. *L'Idole et la distance*. Paris: Grasset, 1977.

MEYER, T. Am Abgrund wandernd, ins Unbekannte gestoßen : Das Davoser Treffen von Ernst Cassirer und Martin Heidegger hat eine bislang unbekannte Vorgeschichte in Hamburg 1923. *Frankfurter Allgemeine Zeitung*, Frankfurt, p. 45, 21 Feb. 2006.

MILLS, K. *Idolatry and Its Enemies: Colonial Andean Religion and Extirpation, 1640- 1750*. Princeton: Princeton University Press, 1997.

MORE, T. *English Works*. W. E. Campbell (Ed.). Londres: Eyre and Spottiswoode, 1931.

NANCY, J-L. *Au Fond des images*. Paris: Galilée, 2006.

PARACELSO. *Sämtliche Werke*. Stuttgart: Wiesbaden, 1986.

PIETZ, W. *Le Fétiche*. Généalogie d'un problème. Trad. A. Pivin. Paris: Kargo, 2005.

PLÍNIO. *Histoire naturelle*. Paris: Belles Lettres, 1949.

PROUDHON, P-J. *De la justice dans la révolution et dans l'église*. Paris: Lacroix, 1860.

PROUDHON, P-J. *Œuvres complete*. Paris: Lacroix, 1867. v. I.

RENOUVIER, C. *Essais de critique générale*. Paris: Bureau de la critique philosophique, 1875.

RENOUVIER, C. *Introduction à la philosophie analytique de l'histoire*. Paris: Leroux, 1896.

RICHARDSON, W. Heidegger's Fall. In: RICHARDSON; BABICH (Ed.). *From Phenomenology to Thought, Errancy, and Desire*. Dordrecht: Springer, 1995. p. 277-300.

RICŒUR, P. *De l'inteprétation: essai sur Freud*. Paris: Seuil, 1965. [*Da interpretação: ensaio sobre Freud*. Rio de Janeiro: Imago, 1977.]

RUSKIN, J. *The Stones of Venice*. Londres: Smith Elder et Co., 1867. v. II. [*As pedras de Veneza*. São Paulo: Martins Fontes, 1992.]

SACRORUM CONCILIORUM NOVA ET AMPLÍSSIMA COLLECTIO. Ed. Mansi, 31 vol. Florença/Veneza, 1758-1798 (reimp. Graz, 1960), v. 13, c. 356A.

TERTULIANO. *Contre les spectacles*. Paris: Editions du Cerf, 1986.

TERTULIANO. *De idololatria*. J. H. Wasink; J. C. M. Van Winden (Ed.). Leiden-New York: Brill, 1987.

VIGO, A. Sinn, Wahrheit und Geltung. Zu Heideggers Dekonstruktion der intensionalistischen Urteilslehre. *Archiv für Geschichte der Philosophie*, Bonn, 86.2, p. 176-208, 2004.

ZIEGLER, J. *Sapientia Salomonis*. Göttingen: Vandenhoeck et Ruprecht, 1960.

A janela e o muxarabi:
uma história do olhar entre Oriente e Ocidente

Hans Belting
Traduzido do alemão por Alice M. Serra1

A janela como forma simbólica:
transparências da visão

A revolução inaugurada pela perspectiva remete, desde o início, ao conceito de janela. Em diversos textos sobre o tema, a janela atua como metáfora e modelo da perspectiva. Diante de uma janela real, os objetos vistos aparecem *atrás* da abertura da janela; por sua vez, em uma janela pintada, os objetos projetam-se sobre uma vidraça imaginária, a fim de alcançar um efeito similar. Leonardo da Vinci exorta os artistas a desenharem os contornos de uma árvore sobre uma placa de vidro atrás da qual se vê uma árvore real. Ao finalizarem o desenho, os artistas deviam compará-lo com a árvore real atrás do vidro. Para tanto, eles tinham que enxergar com um dos olhos a árvore que se mostra sobre o vidro e, com o outro olho, a árvore atrás do vidro (VINCI, 1990, p. 246). Leonardo compreende a perspectiva, de modo sucinto, como visão do mundo expressa num vidro, "sobre a superfície do qual foi desenhado tudo o que se encontra atrás do vidro". O novo termo latino *perspectiva* foi traduzido por Albrecht Dürer como "*Durchsehung*", como "visão que atravessa" a superfície da imagem; para tanto, Dürer se baseia no antigo verbo *per-spicere*, no sentido de

---

[1] Este texto foi extraído de: Hans Belting, *Florenz und Bagdad. Eine westöstliche Geschichte des Blicks*. München: C. H. Beck, 2008, p. 261-281, p. 305 para as notas. (N.T.)

"perceber".[2] Essa tradução somente faz sentido se pressupomos uma tela através da qual o olhar acontece (ELKINS, 1994, p. 46ss.). Diferentemente, na tradução italiana *prospettiva*, da qual os pintores se apropriaram, ainda ressoa a ideia de "visão sobre" ou "visão de" algo.

Foi Leon Battista Alberti quem transpôs a antiga metáfora do olho como *janela da alma* para o quadro, que ele descreve como uma janela (Heráclito já aludia aos sentidos como janela da alma). O globo ocular, considerado do exterior, é um espelho redondo sobre cuja superfície o mundo circundante se reflete; mas, através da abertura escura da pupila, o olhar se volta para o exterior, como que a partir de uma janela. A assim chamada *perspectiva naturalis* sempre se reportou a esse olhar pela janela, como se fosse algo natural contemplar o mundo através de uma janela. Todavia, somente na cultura ocidental tal concepção pôde se apresentar como natural. Isso também se aplica à "janela de perspectiva", que possibilitava aos pintores um melhor controle da imagem do que a perspectiva matemática (ELKINS, 1994, p. 46ss). Mais tarde, a expressão "perspectiva" generalizou-se para designar a luneta e o telescópio, fechando o círculo entre prospectiva, perspectiva e janela.

Mas à janela corresponde também uma moldura. Como aponta Koschorke (1990, p. 60, 70), esta "complementa a exigência de certeza matemática" e delimita a "zona de imprecisão" situada na periferia do campo visual. Dessa forma, a moldura não é somente uma delimitação estética, mas também um parâmetro de medida. Nesse sentido, não é um acaso que, em seus primórdios, as molduras dos quadros imitassem as molduras de uma janela real (BELTING; KRUSE, 1995).[3]

Na medida em que o quadro torna explícito o olhar sobre o mundo, ele também indica implicitamente a posição do espectador. A oposição entre interior e exterior constitui propriamente uma lei fundamental da história da imagem ocidental. O mundo é um mundo

---

[2] Literalmente: "Ver por" ou "visão que atravessa". Esse significado proveniente do verbo latim *perspicere* e transposto por Dürer em *Durchsehung* não se encontra no verbo alemão *wahrnehmen*, que comumente traduz perceber. (N.T.)

[3] Nesta obra também podem ser vistas reproduções de antigas molduras. Ver ainda uma pintura borgonhesa de Maria, datada aproximadamente de 1400 e conservada no Louvre, cuja moldura é literalmente coberta de letras (inventário Nr. R.F.1942-1929, doação C. de Beisteguy). (N.A.)

a ser visto e se abre ao olhar por detrás de uma janela simbólica. É justamente sob esse pano de fundo que se desvela a significação cultural do conceito de perspectiva. Somente alguém que se encontre à janela ou diante de uma porta é capaz de "ver através" (*durchschauen*). A janela permite ao espectador estar presente "aqui", com seu corpo e, ao mesmo tempo, de modo incorpóreo, entregar-se ao "ali", a lugares que somente o olhar pode alcançar. O oculocentrismo, tão comumente criticado, encontra aqui suas bases. Ao permitir superar o obstáculo da parede, o olho desvincula o observador, que se encontra à janela, de seus limites corpóreos. No motivo da janela apreendemos assim uma pedra angular da "história" do olhar ocidental: é diante da janela que se decide a relação com o mundo. Acerca desse tópico, Gilles Deleuze (1988, p. 38ss.), em seu livro sobre Leibniz, alude à "cisão" ou "divisão" entre interior e exterior, que teria tão profundamente marcado o pensamento ocidental. Desde o início dos tempos modernos, o interior representa o lugar simbólico do sujeito (do eu), enquanto o mundo exterior somente é acessível pelo olhar. A visão à distância (*Fernblick*) – uma ideia que ainda ressoa no termo "televisão" (*Fernsehen*) – volta-se ao mundo que se encontra para além da janela.

Essa disposição da janela pode ser entendida como uma consolidação ontológica do olhar, que se torna sua própria imagem. Nesse sentido, a nova forma do quadro atua como uma janela simbólica. Tal forma pressupõe a presença de um sujeito que, a partir de si, lança ao mundo um olhar direcionado. A janela também distingue o domínio privado do domínio público. O mundo exterior que se encontra diante da janela é um lugar outro, e não aquele em que o sujeito está junto a si mesmo. Descartes o descreve como um mundo "extenso" (*extensa*) de coisas e fenômenos da exterioridade, mas esse filósofo já não mais concebe que o eu seja capaz de alcançá-lo por meio do olhar. Assim, a janela é ao mesmo tempo vidro e abertura, enquadramento e distância. Pode-se abrir e fechar a janela, esconder-se atrás da janela ou refletir-se em sua vidraça. Na modernidade, o vidro protetor herdou tais funções do vidro da janela: o ladrão que, em 1911, roubou a Mona Lisa do museu do Louvre, lá deixou para trás o vidro protetor, sem o quadro.

Por muito tempo, as janelas das casas não eram tão maiores que os quadros, e assim as janelas pintadas remetiam às janelas reais.

Em ambos os casos, o espectador encontrava-se fechado num espaço interno, enquanto o mundo permanecia exterior. O interior era o lugar reservado ao sujeito, enquanto o exterior era o espaço do mundo, do qual o eu se retirava a fim de contemplá-lo. Essa *experiência do habitat*, sem dúvida, exerceu uma influência nada insignificante sobre a *experiência de si* do sujeito na cultura ocidental. Diferentemente, na cultura árabe, encontramos uma compreensão da janela fundamentalmente oposta a esta. Como indica Bryson (1988, p. 96ss.), provavelmente foram também as formas de habitat na cultura asiática, essencialmente diferentes das ocidentais, que impediram que ali se desenvolvesse o conceito de sujeito, no sentido ocidental deste termo. Ali, as portas e paredes corrediças deixam aberta a passagem entre exterior e interior. Nesta cultura, os quadros europeus com seus formatos de janela também permaneceram desconhecidos até o século XIX. Tanto em seu formato quanto na disposição de suas imagens, os rolos suspensos não apresentam analogia alguma com o olhar pela janela, o qual pressupõe uma posição frontal do espectador diante da parede. De modo similar, isso também se observa no caso dos painéis pintados, passíveis de serem dobrados e rearranjados em lugares diversos no espaço de habitação. Em vez de abrir uma janela para o mundo exterior, o painel pintado, por assim dizer, propicia que o exterior adentre no interior (Wu, 1996).

Em sua teoria sobre a arquitetura, Alberti (1912, p. 59) incita o arquiteto a calcular precisamente a posição das janelas de uma construção em relação ao olhar, pois, segundo ele, "não vemos a luz com os pés, mas com o olho". No décimo livro de sua obra consagrada à arquitetura, lê-se: "O olhar permanece ali atado, onde ele encontra um ponto de repouso em que possa permanecer por um tempo" (Alberti, 1912, p. 525). Ora, este é precisamente o lugar em que se situa o espectador atrás da janela. Por sua vez, o jovem Filarete (1965, p. 302 e fol. 177), Antonio di Pietro Averlino, descreve o quadro (*quadro*) como uma "janela fictícia" (*finta finestra*) que delimita as distâncias no espaço visual pintado. Segundo ele, é somente nesta visão pela janela que se realiza uma "semelhança com [o] olho". A nova forma do quadro presta-se assim ao olhar como uma janela simbólica. Mas aqui precisamos diferenciar entre ideia e fato, pois janela e tela não são equivalentes. Uma tela desloca-se diante do olhar, enquanto a janela é aberta. Somente o vidro de uma janela possui essa dupla referência, uma vez que o quadro pintado é apenas um vidro imaginário. A noção de uma membrana semitransparente (*velum*) ou véu, proposta por Alberti (1992, p. 147), apresenta-se como um compromisso entre janela e tela.

Mas será que a metáfora da janela, proposta por Alberti, ainda permanece válida se a aplicamos a imagens narrativas, nas quais não se trata primordialmente do espaço e sim da ação e do movimento? Frequentemente negligencia-se o contexto em que Alberti designa o quadro como "uma janela aberta". Ele alude propriamente a uma janela aberta "pela qual [se] observa a história (*historia*)" (ALBERTI, 1992, p. 115). Detenhamo-nos um instante sobre esse conceito de história. Na versão italiana de sua obra, Alberti menciona, no mesmo lugar, "uma janela aberta pela qual [se] contempla tudo o que deve estar pintado neste lugar". Já na frase seguinte, ele precisa que pessoas aparecem na imagem. Se a perspectiva difundiu-se como forma simbólica, foi também por permitir apresentar uma cena com sua respectiva ação. Os personagens de uma peça passaram, então, a necessitar de um lugar onde se encontrar, bem como de um espaço diferente daquele do espectador. Isso não é sem importância, pois, para Alberti, o conceito de *historia* não significa simplesmente narrativa; em sua concepção se tratava de uma espécie de apresentação cênica de um conteúdo narrativo. Como obra mais nobre de um pintor, a *historia* nem é puramente narrativa épica nem relato histórico, mas uma situação teatral, no modo como esta se constitui entre a cena e os espectadores (BELTING; BELLINI, 2005, p. 27ss.).

A pintura deve de tal modo arrebatar o espectador, como se este visse ali pessoas vivas que sofrem e amam. É justamente essa máxima que abre à arte europeia a via de sua peculiar "teatralidade", como Diderot viria a formular mais tarde (FRIED, 1980). E, segundo Alberti, pelo menos um personagem deve "chamar a atenção do espectador para o que acontece" na imagem, na medida em que, "com um gesto de mão, convida à contemplação" o nosso olhar, ou senão, inversamente, o "alerta face ao acontecimento por meio de um rosto ameaçante e olhares selvagens". Naturalmente permaneceu uma ficção que o espectador devesse "rir ou chorar com os personagens de um quadro". Todavia, nessa ficção também se descrevia a relação entre o espectador e o quadro. Esta é a razão pela qual Alberti apontava a necessidade de se estabelecer uma verdadeira "congruência" com as figuras do quadro, de modo similar àquela que existe entre os atores e o seu público. Segundo Alberti (1992, p. 175), a imagem em perspectiva torna-se aqui cena de teatro, na qual um conteúdo narrativo é pintado, como se ele fosse realidade. Como acontece hoje no cinema, assim também outrora a pintura criava uma cena imaginária ou uma cena em um teatro imaginário, a fim de mobilizar as faculdades miméticas que desenvolvemos como espectadores. Ambas, a cena e a janela, encontram-se a serviço do olhar, embora não o façam do mesmo modo.

Fechando esta breve digressão, o quadro pode ser considerado, pois, tanto como uma janela quanto como uma cena de teatro. Podemos falar aqui de uma dupla representação, na qual os pintores concretizaram o olhar em ambos os casos (como janela e como cena). Essa dupla representação ocasionou uma isometria entre a representação e o olhar que veio a se tornar o ponto fundamental da nova perspectiva.

E é precisamente na metáfora da janela que a perspectiva se afirma de modo marcante como forma simbólica. Mas devemos ainda apresentar uma reflexão complementar acerca da janela. De fato, se a perspectiva representa um olhar através da janela, isso não significa que ela apresente a mesma janela – exceto na moldura do quadro–, pois a janela não é outra coisa senão o lugar do olhar. Em outras palavras, quando se olha através de uma janela, a mesma janela deve desaparecer, para que se esqueça sua presença e para que o olhar possa se voltar ao exterior sem impedimentos. Com efeito, a janela oferece-se apenas para que o olhar possa direcionar-se para o exterior. Não é possível trazer à imagem, ao mesmo tempo, a janela e o olhar através da janela. De modo revelador, as representações de janelas são encontradas quase que exclusivamente nas pinturas murais, que são inadequadas à noção do olhar pela janela, em seu sentido mais próprio. Existem muitos exemplos de pinturas murais em que nos representamos com janelas ilusórias, mas nas quais o espectador de modo algum se sustenta, por se encontrar diante de uma parede pintada com sua vista panorâmica. Por exemplo, na Vila Farnesiana de Roma, Baldassare Peruzzi instaurou uma colunata ilusória que abre o olhar para o exterior. Tem-se a impressão de se estar vendo o bairro vizinho de Trastevere, como se a parede inusitadamente se abrisse. Essa topografia realista apresenta, aliás, uma diferença essencial em relação à pintura ilusionista, encontrada em Pompeia. Em Mântua, aproximadamente em 1530, Giulio Romano pintou, no Palazzo del Te, uma cavalaria fictícia para o Duque de Gonzaga, que o trouxera de Roma, com a promessa de uma incumbência significativa. Os cavalos favoritos do comitente são ali representados em tamanho natural, como se estivessem em um verdadeiro estábulo, de pé diante da parede interior (Fig. 1). Eles se mostram ainda mais vivos ao se destacarem face às janelas pintadas que deixam entrever o exterior. Assim como os cavalos, as janelas não passam de ilusão, e isso também vale para o que se vê através da janela. A obra, em seu conjunto, é também um comentário irônico sobre a obsessão por janelas que então perpassa a pintura, num momento em que um parmigianino zomba da mania de espelhos que se difundiu entre seus colegas.

Figura 1 – Giulio Romano, *Afresco mural*, 1526-1534 (detalhe)
Mântua, Palácio del Te, Sala de Cavalos

Somente no século XVII ocorre um distanciamento em relação ao motivo da janela, e o olhar pela janela começa a ser seriamente questionado. A pintura da época substitui, então, a vista pela janela direcionada ao exterior pelo motivo do habitat interior com janela. O interior exclui o mundo exterior, uma vez que ali os moradores permanecem em casa e junto a si. Samuel van Hoogstraten, um virtuoso da ilusão pintada, deu um passo adiante. Ao pintar uma janela como tal e direcionar essa janela fictícia para o espectador, em vez de oferecer-lhe uma janela para olhar para fora, ele inverte a ordem habitual das coisas. Para compreender plenamente essa inversão do olhar pela janela, deve-se observar o quadro vienense em questão, pintado em 1653 (Fig. 2). Vemos, do exterior, uma janela fechada,

Figura 2 – Samuel van Hoogstraten, *Quadro de uma janela*, 1653
Viena, Museu Kunsthistorisches

gradeada com fundos de garrafa; num esforço obstinado, um homem barbudo tenta passar o pescoço entre um batente da janela, como se quisesse forçosamente trazer seu corpo para o lado de fora, onde ele, no entanto, não pode jamais estar (BRUSATI, 2002, p. 85). Sua cabeça inclina-se assim para um espaço que, na realidade, apenas seu olhar pode alcançar. Enquanto o resto de seu corpo permanece invisível por detrás da janela, o homem de gorro de pelo nos olha com um ar tão suplicante como se nos implorasse – nós que estamos no exterior – a vir em seu socorro. Com essa encenação, cujo efeito é ainda mais intensificado pelas bordas de pedra da janela, marcadas com rachaduras e fissuras, o homem perde toda distância em relação ao mundo e assim também toda orientação que o olhar pela janela normalmente oferece. Quanto ao pequeno frasco que se encontra sobre o parapeito da janela, ele parece mais acessível a nós do que ao morador dessa casa imaginária. Hoogstraten havia se especializado nesse tipo de efeitos. Neste trabalho, ele contrasta de modo brilhante o sentido tradicional do olhar pela janela ao seu oposto. Enquanto perdemos nosso lugar à janela, um espectador enclausurado por trás da mesma janela tenta estabelecer conosco um contato impossível.

Em outras obras, o mesmo Hoogstraten falsificou imagens da *camera obscura*. Em um quadro que hoje se encontra no Louvre e no qual se figura um corredor, o olhar se conduz, através de uma porta aberta, desde o corredor até um outro quarto, onde o trabalho de um contemporâneo está pendurado na parede (Fig. 3). Ao espectador compete assim um lugar no corredor, em frente a uma porta aberta. Mas nem o corredor nem o quarto que o delimita são espaços visíveis na íntegra. No interior, perdemos a janela como ponto de localização do sujeito. Enquanto olhamos pela janela, não somos capazes de representar o interior. O olhar está agora afastado da janela. Se o olhar que atravessa a janela está "lá fora", a consciência o está igualmente. Entretanto, se o olhar permanece no espaço interior, ele precisa desviar-se da janela. A opção pelo interior deixa-se vincular a uma crise do olhar pela janela, dirigido para o exterior, crise que igualmente aflige o conceito de sujeito. Num espaço interior, não existe uma localização privilegiada, nem também um enquadramento que delimite o olhar. O sujeito permanece junto a si, sem que possa, através do olhar, sair de si em direção ao mundo externo.

Figura 3 – Samuel van Hoogstraten, *Interior*, 1658
Museu do Louvre, Paris

Na pintura de Jan Vermeer, o interior é um tema privilegiado. As janelas deixam a luz adentrar o espaço interior, porém não permitem que o olhar se dirija para o exterior. Essa contradição é intencional e, de modo geral, caracteriza a arte de Vermeer. Assim, a jovem mulher do quadro de Vermeer, exposto na *Gemäldegalerie* de Berlim, olha para um espelho pendurado próximo a uma janela, sem se dar conta da janela ou do mundo que está lá fora. Ela permanece duplamente consigo mesma, pois é a si mesma que ela contempla no espelho. Em outras pinturas de Vermeer, figuram pessoas lendo uma carta diante de uma janela aberta, mas sem olhar para fora (BELTING, 1983, p. 115).

A distância em relação ao mundo exterior foi teorizada por Descartes. Uma vez que os sentidos se perdem em um mundo de ilusões, como ele descreve na *Dióptrica*, nossa percepção nada mais é do que engano, "pois é a alma que vê, e não o olho" (DESCARTES, 1963, p. 710). No *Discurso do método*, Descartes (1963b, p. 579) descreve como ele "permanecia o dia inteiro num quarto aquecido, onde dispunha de todo o lazer para se deixar entreter com seus pensamentos", antes de partir em viagem para a descoberta do mundo. Quanto às *Meditações metafísicas*, elas propriamente evidenciam a ideia do olhar pela janela. "Se, por acaso, eu via da janela pessoas passarem pela rua, acreditava ver pessoas ali, mas, na realidade, o que via através dessa janela não eram senão chapéus e casacos. Que eu as apreenda como pessoas verdadeiras, isso compete tão somente ao meu espírito, com o qual percebo o que meus olhos não podem ver" (DESCARTES, 1979, p. 87ss.). O que, então, se poderia apreender do mundo, quando se estava à janela? Descartes, que via no processo óptico um automatismo cego, desconfiava do conhecimento e da certeza de si por intermédio do olho.

Em sua *Monadologia*, Leibniz levou ao auge a crise barroca da janela. As mônadas "não possuem nenhuma janela pela qual algo possa nelas entrar ou delas sair". Elas são organizadas unicamente de acordo com um "princípio interno" e sua percepção reproduz apenas o seu "estado interior, que imagina as coisas externas". Nessa condição, o que, então, o olhar ainda poderia efetivar? Os "diferentes universos, em última instância, nada mais são do que a perspectiva de um único e mesmo universo, pois eles são tão somente diferentes pontos de vista de cada mônada" (LEIBNIZ, 2001; 2001b). Como expressa Gilles Deleuze (1988, p. 39s.), a mônada é "a autonomia do interior, de um mundo interior sem mundo exterior". Entre as tentativas visando destituir a metáfora da janela, o barroco distingue-se por uma verdadeira fuga em relação à janela, o que, a seu modo e retrospectivamente, sublinha mais uma vez a conjuntura singular da janela ocidental.

O olhar pela janela, então, se autonomizara e separara-se do corpo. A partir de agora, ele apaga tanto a própria janela quanto o corpo de quem olha através da janela. Se assim não fosse, o espectador deveria poder ver-se e representar a si mesmo de costas. Foi somente mais tarde que esse desdobramento teve lugar, quando o romantismo alemão propôs uma completa inversão da ideia de olhar pela janela. Quando Caspar David Friedrich reintroduziu o motivo da janela na pintura, ele acrescentou, de modo bastante consequente, a figura que é vista de costas diante da janela. Nessa figura, um olhar outro, diferente, cinde-se do nosso. O que contemplamos é o verso de uma figura que olha através da janela. Wolfgang Kemp (1995, p. 60ss.) ressalta aí a intenção de "colocar a visão interior acima da visão exterior". Entretanto, o olhar está cindido. Como espectadores, encontramo-nos vendo no espaço interior, enquanto a "visão externa" compete a uma outra pessoa. Se, a partir disso, consideramos a longa história da imagem da janela, então discernimos, com uma evidência maior, a que ponto ela se tornou símbolo do sujeito cujo olhar ela inseriu na imagem. Como forma simbólica, a perspectiva concentrara-se propriamente na ideia de representar o sujeito em seu olhar.

O muxarabi como forma simbólica: permeabilidade da luz e opacidade do olhar

A ideia de uma janela pela qual o olhar atravessa, tal como se apresenta no conceito de perspectiva, é fundamentalmente oposta à interpretação da janela na cultura árabe-islâmica. A mudança de ponto de vista que vamos realizar no que se segue pode parecer ao leitor particularmente abrupta, mesmo que a vinculemos à ideia de janela que conquistou uma posição tão primordial na cultura visual da era moderna: Na cultura ocidental, a janela e o olhar pela janela são indissociáveis. Todavia, este não é mais o caso quando nos voltamos à cultura árabe. Não é suficiente constatar puramente que, nessa cultura, o olhar pela janela "seja ausente", assim como a perspectiva, na acepção florentiniana do termo. Importa, antes, interrogar-se acerca dos motivos que ocasionaram essa diferença, bem como acerca das premissas que regeram a organização e o controle social do olhar na cultura oriental. Obviamente, tal como em outras culturas, há janelas também no mundo árabe, mas é necessário examinar em que consiste a especificidade da janela oriental em relação a outras. Mas, neste contexto, poderemos tão somente diferenciar alguns aspectos. Teremos que nos contentar em identificar sintomas que nos permitam formular, acerca do olho, da janela e do horizonte, questões semelhantes àquelas que se colocam para a modernidade ocidental. Contudo, a tarefa de apresentar respostas para tais perguntas deverá ser deixada ao cuidado de especialistas, que conheçam tanto mais a cultura islâmica quanto é necessário para se poder desdobrar o espectro semântico das interpretações simbólicas da janela e suas encenações de luz. A mudança de perspectiva que propomos, contanto que ela faça sentido, tem assim a tarefa de tentar compreender ambas as culturas, como cada uma se apresenta para si, a fim de desenvolver um diálogo até então pouco habitual.

Partamos mais uma vez do olhar através da janela do início dos tempos modernos, para melhor demarcar o ponto de partida da reflexão que se segue. O olhar ocidental dirige-se às imagens que ele busca para além da janela. Esse princípio conduziu a um mal-entendido revelador quando, por volta de 1500, um pintor alemão representou dois árabes (ou dois turcos) contemplando o mundo através de uma janela (Fig. 4). Eles encarnam, no *Pfullendorfer Altar* da Staatsgalerie de Stuttgart, dois profetas do Antigo Testamento que, adornados com turbantes orientais, mostram-se diante de uma janela aberta, como era típico na cultura ocidental. A visibilidade do mundo origina-se aqui de um olhar que se lança do interior para o exterior. O vínculo entre o interior e o exterior é direto e aberto, pois se aplica apenas ao olhar e não ao corpo daquele que olha; este permanece "no interior", enquanto o olhar contempla o mundo como um "mundo exterior", do qual o mesmo olhar se apropria.

No mundo islâmico, uma *tela* é construída neste limite, tela de janela que se torna suporte para a criação artística. Se essa tela é transparente, não o é para o *olhar* – pelo menos não em princípio –, mas sim para a *luz*, por meio da qual também se inverte a direção entre interior e exterior. As janelas certamente estão sempre presentes para permitir que a luz adentre no espaço interior, mas aqui acontece algo diferente. Pois, no espaço da habitação árabe, deparamo-nos com uma verdadeira encenação da luz, que resguarda em si uma simbologia própria. A luz sempre se origina do lado de fora, mas se introduz de modo muito singular no espaço interior, onde atrai para si o olhar dos habitantes, sem que estes avistem o exterior. É a *reflexão* da luz que, na cintilação e no reflexo, entra em cena por meio de seu ângulo de incidência e da geometria da tela da janela.

Figura 4 – Mestre do altar de Pfullendorf, *Profetas* (fim do século XV)
Staatsgalerie, Stuttgart

Em geral, a janela é grelhada a fim de operar uma separação entre o interior e o exterior, separação que delimita também a fronteira entre a esfera privada e a pública. Os moradores permanecem invisíveis para a rua, enquanto estes são capazes de observar de casa, sem serem vistos, o que se passa lá fora. A luz penetra no espaço interno através da janela, como que através de um filtro denso. No interior, a tela da janela produz um motivo em reflexo, que se desloca lentamente no ambiente com a luz do dia e sua alteração. Segundo Alhazen, a luz somente circula pelo mundo por intermédio dos raios que ela mesma emite; a tela geométrica submete a essa luz uma ordenação secundária que a torna mensurável e atrai o olhar em sua direção. O olhar vislumbra um motivo geométrico, formado tanto pela tela da janela quanto pela luz, que interagem estreitamente para esse efeito. Falar de perspectiva aqui somente seria possível no sentido da ótica árabe: uma perspectiva da luz transpondo a fronteira da janela para passar ao interior, onde então a luz deixa-se regular pela geometria da decoração da janela, mas sem com isso suscitar "imagens", no sentido que habitualmente atribuímos a esse termo. A luz atua, assim, de modo ainda mais puro e mais abstrato do que no mundo exterior, onde está misturada a cores e submetida às formas das coisas. A delimitação da luz pela tela desfaz a união entre os "raios de luz" e os "raios do olhar". Tal delimitação da luz a libera na cintilação do reflexo, restituindo-lhe sua essência própria.

Se entendemos a perspectiva como uma forma simbólica, então a ausência de perspectiva deve ser igualmente considerada uma forma simbólica. No entanto, falar de uma "ausência" da perspectiva significaria apreender a perspectiva como uma condição fundamental que somente poderia ou estar dada ou justamente faltar. Mas, de fato, a perspectiva é uma convenção embasada em uma construção teórica motivada por objetivos e expectativas fáceis de descrever. Quanto a uma antiperspectiva, esta pressuporia, em contrapartida, a existência da forma específica da perspectiva dos primórdios da era moderna. Analisar a perspectiva como uma forma cultural ou simbólica só pode fazer sentido se compreendemos também outras maneiras de direcionar o olhar, segundo regras intrínsecas, e se reconhecemos a forma simbólica do olhar e da representação como uma constante universal da história cultural. No islã, a luz poderia ser considerada uma forma simbólica como tal: ela não é suscitada na visão humana, mas elaborada por intermédio da decoração, que filtra e regula a luz. A janela, com seu motivo geométrico, possibilita assim que a própria luz entre em cena como forma simbólica.

O egípcio Hassan Fathy, que defendia uma modernidade islâmica em arquitetura, referia-se a uma tal forma simbólica quando examinava o muxarabi (*macharabiyya*). Trata-se de uma antiga forma de janela que adornava também as varandas das casas. Ela se caracteriza por uma tela de treliça de madeira (*a wooden latticework screen*, conforme a expressão do autor) cuja decoração deu origem ao termo usado para designar esse tipo de janela. Tal circunstância é relevante, pois a partir disso a ênfase recai sobre a *janela como tela de luz*, à diferença da *janela como abertura*. Fathy queria fazer reviver na arquitetura do pós-guerra essa forma da janela à qual ele havia dedicado sua *Fábula da Macharabiyya* (STEELE, 1997, p. 84ss.). Nesse texto, Fathy propõe que uma tela de janela desse tipo, que combina luz e sombra, impede o ofuscamento pela luz do sol e dissolve a superfície da parede no espaço interno, na medida em que aí se projetam motivos que continuamente se alteram conforme a luz do dia. Até a altura dos olhos, o desenho do motivo deve ser denso e composto de pequenos elementos. Acima, as aberturas podem ser mais largas e mais abertas, a fim de permitir que a luz penetre no ambiente em maior amplitude. Como na *camera obscura*, tem-se um espetáculo de luz que entra em cena aqui por meio da tela difusora. Além de resguardar o espaço privado, esse tipo de janela tem também a vantagem de permitir uma melhor circulação do ar.

Em uma entrevista concedida em 1974, Fathy afirmou que a arquitetura árabe orienta-se do interior para o exterior; seria uma arquitetura dos espaços interiores e não uma arquitetura de paredes (STEELE, 1997, p. 12). No entanto, também é evidente que os espaços interiores são completamente regidos pela luz que neles se introduz a partir do exterior. Em um vilarejo próximo a Luxor, que Fathy construiu com tijolos de barro, ele criou, através da decoração da tela da janela, um motivo pleno de vivacidade em suas composições de luz e sombra; o motivo se introduz através da janela e, com a luz do dia, move-se lentamente sobre as paredes e o chão, formando ângulos sempre diferenciados com a janela e arquitetura (STEELE, 1997, p. 84) (Fig. 5). A própria luz torna-se aqui um tema da geometria. Ela se destaca do suporte material que consiste na tela da janela e circula livremente no espaço habitável, em refrações cambiantes e ângulos variados. Deparamo-nos nisso com a forma simbólica em sua mais densa expressão. Dizendo de um modo que pode soar paradoxal, mas que é, todavia, adequado: a janela é direcionada para o interior, em vez de atrair o olhar para o exterior. Apresenta-se, de fato, uma janela de luz, em vez de uma janela do olhar, pois ela dá uma forma à luz através do motivo da tela, uma forma que se constitui somente no interior da casa, ou seja, a luz precisa desse espaço interior e de sua superfície escura para aparecer. O espaço construído recua por trás desse jogo de trilhamentos luminosos. Ele se torna uma cena sob a "direção da luz", a que tanto nos referimos. A direção da luz acontece aqui num sentido bastante especial: a luz "entra em cena" como uma potência cósmica, uma vez que percorre o espaço interior ao ritmo das horas do dia.

Figura 5 – Hassan Fathy, *Interior*, c. 1950
Gourna, próximo a Luxor

Essa "práxis da janela" apresenta origens remotas na história da arquitetura islâmica. Ela pode ser vista em sua forma mais acabada em um mausoléu islâmico construído em 1628, em Agra, ao sul de Nova Délhi. O motivo do muxarabi, ali executado em mármore, consiste numa estrutura geométrica rigorosa, inteiramente composta de círculos e raios; tal geometria usualmente aparece sobre superfícies, mas aqui ela se combina com a luz para formar um motivo redobrado que podemos ler duplamente (Fig. 6).

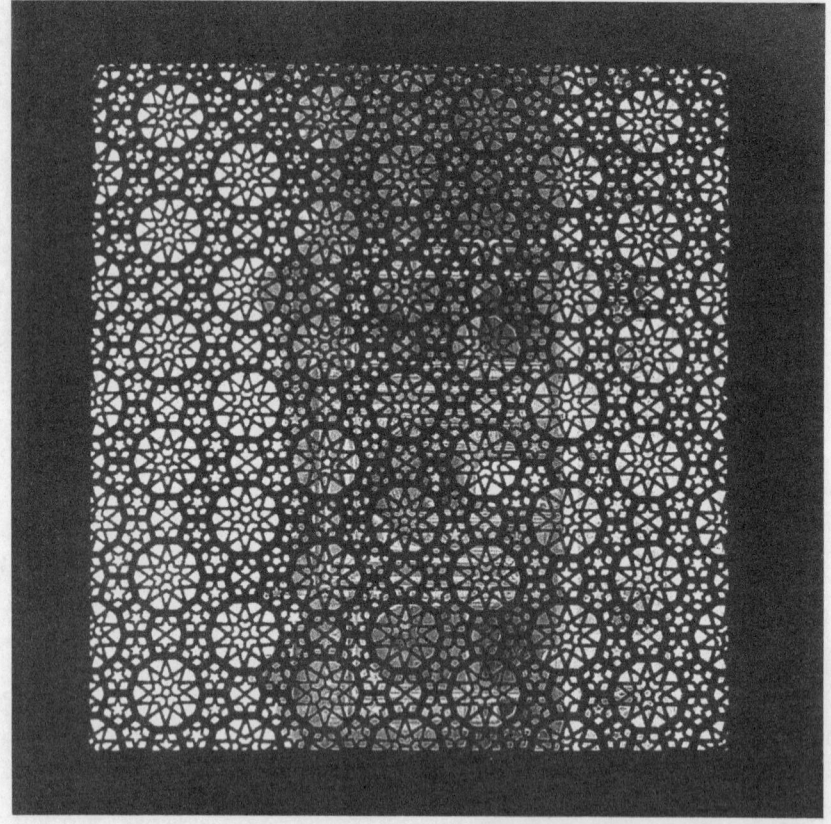

Figura 6 – Tumba de I'timad al-Daula, 1628
Tela de janela, Agra

Até a época contemporânea, a ideia do muxarabi marcou também o estilo das casas da população árabe rural. Em uma expressiva série de fotografias feita por Ursula Schulz-Dornburg, em 1980, que tematiza uma paisagem cultural atualmente extinta da região dos Dois

Rios,[4] encontra-se a vista de uma casa camponesa iraquiana; a partir de um interior escuro, avista-se, através da entrada, o Rio Tigre que passa em frente à casa (Fig. 7). A cavidade em forma de gablete, onde se instalou a porta, repete-se acima numa janela de igual tamanho que se lhe sobrepõe, esta ilumina o ambiente e atrai nosso olhar com a luz que perpassa o tecido sóbrio da janela. A função dessa janela é simultaneamente prática e simbólica. De fato, apenas a porta permite olhar do lado de fora e é somente através da porta que se pode ver as imagens mutáveis do mundo externo. Diferentemente, a janela, que serve apenas para a iluminação do ambiente, purifica o olhar de toda imagem e o dirige para a luz pura que aparece por trás da grade escura da geometria entrelaçada.

Figura 7 – Ursula Schulz-Dornburg, *Paisagens desaparecidas*, 1980-2002
Casa próxima ao Tigre

---

[4] O Tigre e o Eufrates. (N.T.)

Numa exposição realizada em Londres, em 2003, dedicada ao tema do véu, a artista Henna Nadeem, residente na Inglaterra, apresentou fotos de expressão singular. Essas imagens capturam a vista sobre o bairro londrino Brick Lane, domicílio da artista, sempre através do filtro de uma espécie de muxarabi (Fig. 8). Com isso, as ruas e o mundo representado esquivam-se por completo a um olhar direto. Nossos olhos permanecem prisioneiros da tela sobreposta, cujas figuras geométricas nos impactam mais intensamente que tudo o que aparece atrás, de modo indistinto e turvo. A artista instaura assim um véu sobre as ruas de Londres, que, de alguma maneira, ela observa com os olhos de sua cultura de origem. Véu e tela remetem-se aqui reciprocamente. Ao mesmo tempo, nessa estratégia artística contemporânea ainda subjaz a memória de uma cultura visual em que a geometria, em diálogo com a luz, assumia uma presença mais potente do que as aparições contingentes das coisas (BAILEY; TAWADROS, 2003, p. 25).

Figura 8 – Henna Nadeem, *Tela de janela,* 1997 (detalhe)

Para Fathy, o modernista da arquitetura egípcia, cada cultura é "uma reação específica do homem a seu meio ambiente. Ela testemunha o esforço constantemente renovado para encontrar novas respostas a nossas necessidades físicas e a nossos desejos espirituais" (STEELE, 1997, p. 84ss.). Nossa mudança de perspectiva entre o muxarabi e a janela ocidental pode assim somente ter por sentido compreender melhor ambas as culturas e suas especificidades, em vez de sublinhar uma vez mais o que as separa. Diferenciar é também uma ocasião de interpretar. Contudo, essa possibilidade pressupõe que não se considere a cultura ocidental como universal e que não se reduza outras culturas a um simples estatuto local. Vendo dessa perspectiva, a janela ocidental é igualmente um fenômeno local. O quadro moderno presta-se à interpretação dessa janela, uma vez que ela encontrou nele o seu emblema. De fato, o quadro fez do olhar através da janela o seu tema-chave: é o olhar curioso que explora o mundo em busca de imagens. O muxarabi, ao contrário, doma o olhar e o purifica de toda imagem sensível do mundo exterior, por meio de sua geometria rigorosa da luz interior. Em ambas as culturas, exterior e interior estabelecem relações tão diversas quanto aquelas entre o olhar e a luz. É evidente que, por trás disso, existem duas diferentes visões de mundo, que também atribuem um papel diferente ao sujeito. Num dos casos, o sujeito torna-se ativo pelo olhar, enquanto no outro, ele vivencia a luz – e, portanto, uma potência suprapessoal – como um espetáculo cósmico. Nesse sentido, não somente a perspectiva, juntamente com a metáfora da janela, é uma forma simbólica da cultura ocidental, mas também o muxarabi, cujo tema central é o fenômeno da luz, é uma forma simbólica da cultura árabe.

Referências

ALBERTI, L. B. *Zehn Bücher über die Baukunst*. M. Theuer (Ed.). Wien: Heller, 1912 (reed. Darmstadt: Wissenschaftliche Buchgesellschaft, 1991).

ALBERTI, L. B. *De la peinture/De pictura* (1453). Trad. J.-L. Schefer. Paris: Macula/Dédale, 1992. [*A pintura*. Trad. Antônio da Silveira Mendonça. 2. ed. Campinas: Ed. da Unicamp, 1999.]

AURENHAMMER, H. Malerei im Horizont von Rhetorik und Poesie. *Rhetorik* 24, 2005. p. 27-42.

BAILEY, D. A.; TAWADROS, G. (Org.). *Veil*. Veiling, Representation and Contemporary Art. Cambridge Massaschussets: MIT Press, 2003.

BELTING, H. Der Blick durch das Fenster. Fernblick oder Innenraum. In: CORSEPIUS, K. (Org.). *Opus Tessellatum*. Modi und Grenzgänge der Kunstwissenschaft. Festschrift für Peter Cornelius Claussen. Hildesheim: G. Olms, 2004.

BELTING, H.; BELLINI, G. *Pietà, Ikone und Bilderzählung in der venezianischen Malerei*. Frankfurt: Fischer, 1985.

BELTING, H.; KRUSE, C. *Die Erfindung des Gemäldes*. Das erste Jahrhundert der niederländischen Malerei. München: Hirmer, 1995.

BRUSATI, C. *Artifice and Illusion. The Art and Writing of Samuel van Hoogstraten*. Chicago: The University of Chicago Press, 1995.

BRYSON, N. *Vision and Painting. The Logic of the Gaze*. Londres: Macmillan Press, 1983.

BRYSON, N. The Gaze in the Expanded Field. In: FOSTER, Hal (Org.).*Vision and Visuality. Discussions in Contemporary Culture*. New York: The New Press, 1988.

DELEUZE, G. *Le Pli. Leibniz et le Baroque*. Paris: Minuit, 1988. [*A dobra*: Leibniz e o barroco. Trad. Campinas. São Paulo: Papirus, 1991.]

DESCARTES, R. De la Dioptrique. In: *Œuvres philosophiques*. F. Alquié (Ed.). t. I. Paris: Garnier Frères, 1963a.

DESCARTES, R. Discours de la méthode. In: *Œuvres philosophiques*. F. Alquié (Ed.). t. I. Paris: Garnier Frères, 1963b. [*Discurso do método*. Trad. Alan Neil Ditchfield. Petrópolis: Vozes, 2008.]

DESCARTES, R. *Méditations métaphysiques. Objections et réponses suivies de quatre lettres*. J.-M. e M. Beyssade (Ed.). Paris, 1979. [*Meditações metafísicas*. Trad. Maria E. A. Prado Galvão. São Paulo: Martins Fontes: 2000.]

EBERT-SCHIFFERER, S. (Org.). *Deceptions and Illusions. Five Centuries of Trompe L'œil Painting*. Washington: National Gallery of Art, 2002.

ELKINS, J. *The Poetics of Perspective*. Ithaca: Cornell University Press, 1994.

FILARETE. *Filarete's Treatise on Architecture, Being the Treatise by Antonio di Piero Averlino*. Ed. trad. John Spencer. New Haven: Yale University Press, 1965.

FRIED, M. *Absorption and Theatricality. Painting and Beholder in the Age of Diderot*. Berkeley: University of California Press, 1980. [*La Place du spectateur. Esthétique et origines de la peinture moderne*. Trad. C. Brunet. Paris: Gallimard, 1990.]

KEMP, W. Sehsucht. Die Engführung. In: BRANDES, Uta (Org.). *Sehsucht. Über die Veränderung der visuellen Wahrnehmung*. Göttingen: Steidl, 1995.

KOSCHORKE, A. *Die Geschichte des Horizonts. Grenze und Grenzüberschreitung in literarischen Landschaftsbildern*. Frankfurt: Suhrkamp, 1990.

LEIBNIZ, G. W. *Principes de la Philosophie ou Monadologie* (n. 7, 57). Éd. A. Robinet. Paris: PUF, 2001. [*A monadologia e outros textos*. Trad. Fernando Luiz B. G. e Souza. São Paulo: Hedra. 2009.]

LEIBNIZ, G. W. *Principes de la nature et de la grâce fondés en raison* (n. 4). A. Robinet (Ed.). Paris: PUF, 2001b. *A monadologia e outros textos* (inclui: *Princípios da Natureza e da Graça*). [Tradução de Fernando Luiz B. G. e Souza. São Paulo: Hedra. 2009.]

STEELE, J. *An Architecture for People. The Complete Works of Hassan Fathy.* Londres: Thames et Hudson, 1997.

VINCI, L. *Sämtliche Gemälde und die Schriften zur Malerei.* A. Chasel (Ed.). München: Schirmer/Mosel, 1990.

WU, H. *The Double Screen. Médium and Representation in Chinese Painting.* Londres: Reaktion, 1996.

PERSPECTIVAS HISTÓRICAS

137

III. A vida das imagens

Mãos pensantes – considerações sobre a arte da imagem nas ciências naturais

Horst Bredekamp
Traduzido do alemão por Fernando Fragozo

O problema da ilustração

A revista *Nature* de 1953 tem ao todo muito poucas ilustrações, dentre as quais se encontra o enigmático diagrama da dupla hélice (WATSON; CRICK, 1953) (Fig. 1). A ascese visual da revista é também notável pelo fato de que se evitou minuciosamente, por meio de uma hábil disposição, não colocar o artigo de Watson e Crick em apenas uma página. Sem autorização, as contribuições transbordam, mesmo se, como é o caso aqui, elas apenas transbordam três linhas.

Nos últimos 20 anos, essa situação mudou consideravelmente, de tal modo que a *Nature* solicitou ao historiador da arte Martin Kemp que analisasse os meios visuais das ciências naturais em uma série de artigos. Como resultado, ficou confirmado que as publicações das ciências naturais, outrora marcadas pela ética protestante, alcançaram um esplendor de cores e uma elegância dignos de uma revista de arte (KEMP, 2003).

Esse processo levou, no ano passado, a uma mudança na chamada pública da revista, no sentido de proceder com cuidado no uso das imagens, atentando para o efeito de real e evitando toda dimensão supérflua (OTTINO, 2003). A respeito das imagens fantasiosas tal qual a premiada imagem da nanoscopia de um assim denominado *Nanolouse*[1] (Fig. 2), fala o autor a respeito com propriedade de *beautiful*

---

[1] "Nanopiolho", em ingles no original. (N.T.)

drawings, como se todas as imagens geradas por computador estivessem submetidas às leis da pintura e não às regras indexicais da fotografia. Precisamente por essa razão, constituem tais formas um núcleo, a partir do qual

No. 4356   **April 25, 1953**   N A T U R E   737

equipment, and to Dr. G. E. R. Deacon and the captain and officers of R.R.S. *Discovery II* for their part in making the observations.

[1] Young, F. B., Gerrard, H., and Jevons, W., *Phil. Mag.*, **40**, 149 (1920).
[2] Longuet-Higgins, M. S., *Mon. Not. Roy. Astro. Soc., Geophys. Supp.*, **5**, 285 (1949).
[3] Von Arx, W. S., Woods Hole Papers in Phys. Oceanog. Meteor., **11** (3) (1950).
[4] Ekman, V. W., *Arkiv. Mat. Astron. Fysik.* (Stockholm), **2** (11) (1905).

MOLECULAR STRUCTURE OF NUCLEIC ACIDS

A Structure for Deoxyribose Nucleic Acid

WE wish to suggest a structure for the salt of deoxyribose nucleic acid (D.N.A.). This structure has novel features which are of considerable biological interest.

A structure for nucleic acid has already been proposed by Pauling and Corey[1]. They kindly made their manuscript available to us in advance of publication. Their model consists of three intertwined chains, with the phosphates near the fibre axis, and the bases on the outside. In our opinion, this structure is unsatisfactory for two reasons: (1) We believe that the material which gives the X-ray diagrams is the salt, not the free acid. Without the acidic hydrogen atoms it is not clear what forces would hold the structure together, especially as the negatively charged phosphates near the axis will repel each other. (2) Some of the van der Waals distances appear to be too small.

Another three-chain structure has also been suggested by Fraser (in the press). In his model the phosphates are on the outside and the bases on the inside, linked together by hydrogen bonds. This structure as described is rather ill-defined, and for this reason we shall not comment on it.

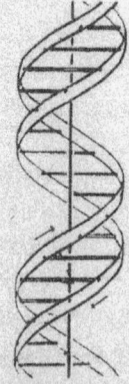

We wish to put forward a radically different structure for the salt of deoxyribose nucleic acid. This structure has two helical chains each coiled round the same axis (see diagram). We have made the usual chemical assumptions, namely, that each chain consists of phosphate di-ester groups joining β-D-deoxyribofuranose residues with $3',5'$ linkages. The two chains (but not their bases) are related by a dyad perpendicular to the fibre axis. Both chains follow right-handed helices, but owing to the dyad the sequences of the atoms in the two chains run in opposite directions. Each chain loosely resembles Furberg's[2] model No. 1; that is, the bases are on the inside of the helix and the phosphates on the outside. The configuration of the sugar and the atoms near it is close to Furberg's 'standard configuration', the sugar being roughly perpendicular to the attached base. There

This figure is purely diagrammatic. The two ribbons symbolize the two phosphate—sugar chains, and the horizontal rods the pairs of bases holding the chains together. The vertical line marks the fibre axis

is a residue on each chain every 3·4 A. in the *z*-direction. We have assumed an angle of 36° between adjacent residues in the same chain, so that the structure repeats after 10 residues on each chain, that is, after 34 A. The distance of a phosphorus atom from the fibre axis is 10 A. As the phosphates are on the outside, cations have easy access to them.

The structure is an open one, and its water content is rather high. At lower water contents we would expect the bases to tilt so that the structure could become more compact.

The novel feature of the structure is the manner in which the two chains are held together by the purine and pyrimidine bases. The planes of the bases are perpendicular to the fibre axis. They are joined together in pairs, a single base from one chain being hydrogen-bonded to a single base from the other chain, so that the two lie side by side with identical *z*-co-ordinates. One of the pair must be a purine and the other a pyrimidine for bonding to occur. The hydrogen bonds are made as follows : purine position 1 to pyrimidine position 1 ; purine position 6 to pyrimidine position 6.

If it is assumed that the bases only occur in the structure in the most plausible tautomeric forms (that is, with the keto rather than the enol configurations) it is found that only specific pairs of bases can bond together. These pairs are : adenine (purine) with thymine (pyrimidine), and guanine (purine) with cytosine (pyrimidine).

In other words, if an adenine forms one member of a pair, on either chain, then on these assumptions the other member must be thymine ; similarly for guanine and cytosine. The sequence of bases on a single chain does not appear to be restricted in any way. However, if only specific pairs of bases can be formed, it follows that if the sequence of bases on one chain is given, then the sequence on the other chain is automatically determined.

It has been found experimentally[3,4] that the ratio of the amounts of adenine to thymine, and the ratio of guanine to cytosine, are always very close to unity for deoxyribose nucleic acid.

It is probably impossible to build this structure with a ribose sugar in place of the deoxyribose, as the extra oxygen atom would make too close a van der Waals contact.

The previously published X-ray data[5,6] on deoxyribose nucleic acid are insufficient for a rigorous test of our structure. So far as we can tell, it is roughly compatible with the experimental data, but it must be regarded as unproved until it has been checked against more exact results. Some of these are given in the following communications. We were not aware of the details of the results presented there when we devised our structure, which rests mainly though not entirely on published experimental data and stereochemical arguments.

It has not escaped our notice that the specific pairing we have postulated immediately suggests a possible copying mechanism for the genetic material.

Full details of the structure, including the conditions assumed in building it, together with a set of co-ordinates for the atoms, will be published elsewhere.

We are much indebted to Dr. Jerry Donohue for constant advice and criticism, especially on interatomic distances. We have also been stimulated by a knowledge of the general nature of the unpublished experimental results and ideas of Dr. M. H. F Wilkins, Dr. R. E. Franklin and their co-workers at

Figura 1 – *Nature*, 25 abr. 1953, p. 737

é visado aquilo que se busca abarcar com o conceito de *iconic turn*[2] [virada icônica] – apesar de essas imagens se distinguirem consideravelmente das aquarelas da lua de Galileu, que são destacadas pelo próprio autor do artigo da *Nature*. Assim, começando com Galileu, gostaria de tentar apresentar, a partir de cinco exemplos, o sentido específico dos desenhos à mão.

Figura 2 – Coneyl Jay, *Nanolouse*, 2002

---

[2] O conceito foi cunhado por Gottfried Boehm (1994). (N.A.)

A lua de Galileu

Galileu era um desenhista notável. No manuscrito da Biblioteca Nazionale Centrale em Florença, encontra-se, entre as séries de cálculos das luas de Júpiter, por exemplo, o esboço casualmente desenhado a lápis de duas paisagens fluviais (Fig. 3). No canto superior, é possível reconhecer uma elevada cúpula da qual destacam-se algumas construções e árvores. Velas de barco indicam que essa paisagem se encontra à beira d'água. A segunda pequena cena situada logo abaixo apresenta o curso de um rio realçado com traços mais fortes. Do outro lado do rio ergue-se um castelo, diante do qual um grupo de quatro veleiros de apenas um mastro destaca-se sobre a água. Os esboços convencem pelo seu caráter confiante e moderno, e sua sóbria forma espontânea (BREDEKAMP, 2001).

Figura 3 — Galileu Galilei, *Duas paisagens fluviais*, 1610-1611

Após a interrupção de seus estudos de medicina, Galileu estudou na Academia de Artes de Florença e ali aprendeu a dominar a perspectiva das superfícies irregulares. Isso lhe possibilitou, quando da observação da lua com sua luneta astronômica no dia 30 de novembro de 1609, dar-se conta do fato de que, contrariamente às regras estabelecidas da cosmologia, a superfície do planeta não era plana mas tão acidentada quanto a superfície terrestre (Fig. 4).

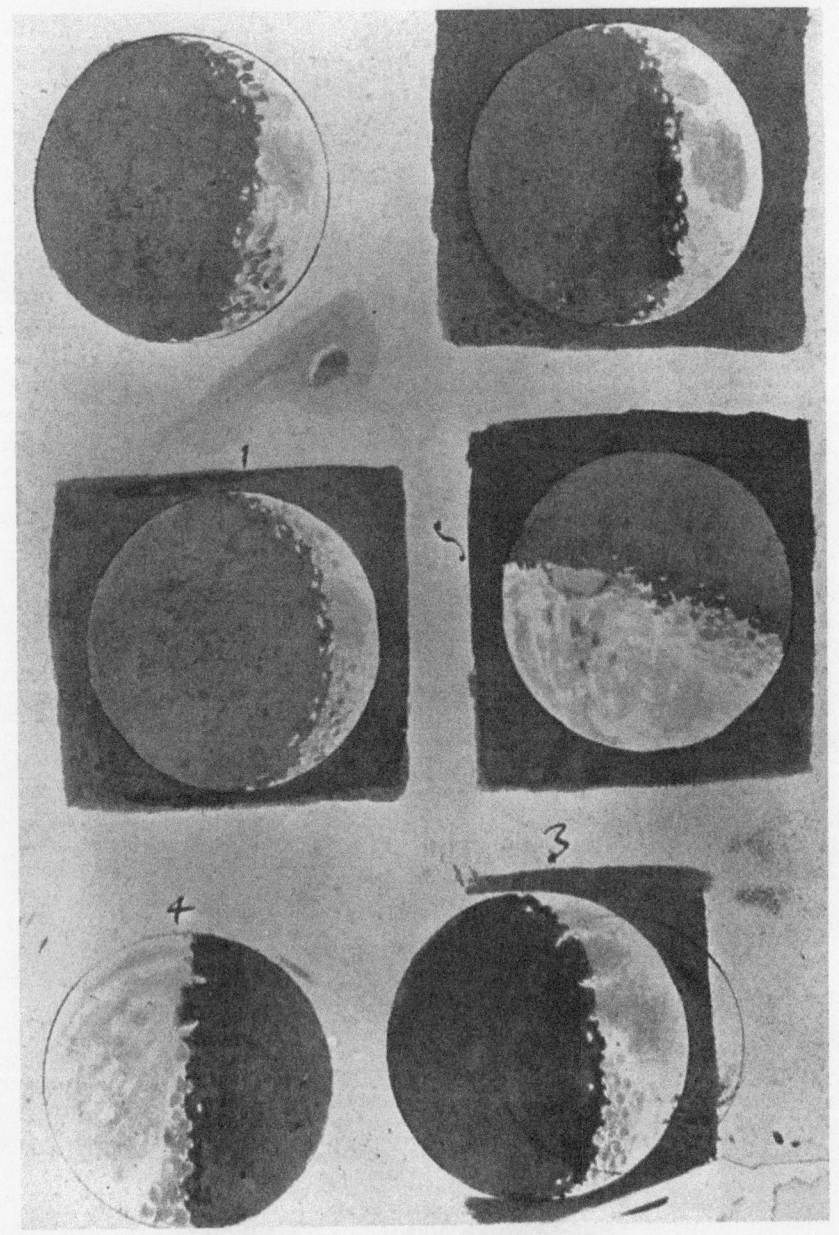

Figura 4 – Galileu Galilei, *Fases lunares*, 1610

No detalhe da superfície da lua reduzida pela perspectiva, Galileu inscreveu a obscuridade de uma cratera profunda que, devido ao seu grau de escurecimento, provoca um contraste. Por meio dessa intensificação das sombras surge a impressão de profundidade. As reflexões que Galileu e outros astrônomos dessa época elaboraram para avaliar, a partir da sombra projetada, a altura e a profundidade das formações na superfície da lua são aqui acentuadas em uma plasticidade virtuosa, construída exclusivamente por meio de efeitos de luz e sombra. Esse mesmo efeito, tornado aqui ainda mais explícito por meio de uma determinada cratera, marca o conjunto dos desenhos da lua; assim, a zona inferior da sexta esfera oferece uma impressionante paisagem plástica de crateras e montanhas.

As gravuras que são publicadas em Veneza no ano seguinte, 1610, perdem essa fineza intelectual dos desenhos (Fig. 5). A técnica alta-

Figura 5 – Galileu Galilei, *Fase lunar*, 1610

mente inspirada do desenho, que põe fim à disputa com a astronomia tradicional por meio dos movimentos traçantes da mão, é incomparavelmente superior à impressão mecânica da gravura. Nas manchas e gradações registradas com a maior sensibilidade, que correspondem ao primeiro sombreamento do lado ensolarado da superfície lunar, pode-se imediatamente perceber o trabalho do pensamento pelo qual Galileu registrou sobre o papel a sua visão da lua e em seguida pintou uma aquarela. Foram esses desenhos que provocaram a ruína da imagem platônica do cosmos e de suas estrelas perfeitamente esféricas.

Ludovico Cigoli, o pintor amigo de Galileu desde os dias passados juntos na Academia de Artes de Florença, resumiu a questão da seguinte maneira: "um matemático, seja ele tão grande quanto se queira, sem a capacidade de desenhar, é não apenas matemático pela metade como também um homem sem olhos".[3] Para Cigoli, a apreensão adequada da realidade não depende unicamente de sua recepção, mas também de sua reprodução – e de modo algum apenas da percepção, mas também de sua construção. Ver e desenhar são, para Cigoli, o fundamento do conhecimento, e é assim que ele deseja a Galileu, no final de sua carta, uma capacidade de visão desanuviada: "Basta que você tenha olhos que não lhe impeçam o curso de seus estudos".[4]

Os nós de Leibniz

Ao contrário de Galileu, Gottfried Wilhelm Leibniz era um desenhista deplorável que, no entanto, desenhou esboços incansavelmente. Assim, é possível ver à margem de um de seus numerosos textos e fragmentos um pequeno desenho (Fig. 6) (LEIBNIZ, 1923, p. 1230)[5] que parece, com seus dois laços direcionados para o alto,

---

[3] "Ora io ci ò pensato et ripensato, nè ci trovo altro ripiegho in sua difesa, se non che un matematico, sia grande quanto si vole, trovandosi senza disegnio, sia non solo um mezzo matematico, ma ancho uno huomo senza ochi" (CIGOLI, Carta a Galileu de 11/08/1611, in: GALILEI, 1890-1909, vol. XI, p. 168). Ver EDGERTON, 1991, p. 253, n. 41 e HALLYN, 1992, p. 58. O contexto da carta é desenvolvido por LATTIS, 1994, p. 195s. (N.A.)

[4] "Basta che abbiate l'ochio che non vi impedischino il corso dei vostri studi" (CIGOLI, Carta a Galileu de 11/08/1611 in:GALILEI, 1890-1909, vol. XI, p. 168s). (N.A.)

[5] Trata-se da discussão com o cientista natural e filósofo Joachim Jungius.(N.A.)

Figura 6 – Gottfried Wilhelm Leibniz, *Nó de liga*, s.d

a volta caindo para baixo e as tiras se desfazendo em franjas, uma variação de um nó de trevo.[6]

A explicação dada por Leibniz para esse arranjo parece à primeira vista uma piada, mas rapidamente se transforma em uma questão fundamental de teoria do conhecimento. Para o filósofo, trata-se da

---

[6] Sobre a tradição da ciência dos nós iniciada pelo médico Heraclas no século I d.C. e retomada por Vidus Vidius e Francesco Primaticcio no século XVI, ver EPPLE, 1999, p. 32ss., 40. (N.A.)

diferença entre conhecimento confuso e distinto, *cognitio confusa et distincta*, que é de grande significado para a percepção das ideias e a percepção do mundo: "A liga com três dobras, que se amarra em cima em duas pontas, fornece um belo exemplo do conhecimento confuso e distinto, bem como da lembrança confusa e distinta de determinada ação".[7] A amarração do nó é, ainda segundo Leibniz, "assim mantida de modo confuso e devido ao hábito, como um menino aprende a formar as letras em sua boca".[8]

Pela prática, da qual participam os olhos e as mãos, mas também a boca falante e o ouvido ouvinte, pode o menino apreender não apenas o mecanismo, mas reproduzi-lo pela palavra e se dar conta assim de que seu claro conhecimento passou do confuso ao distinto: "Se ele agora soubesse distintamente, poderia dizer a alguém qual deve ser, segundo a sua mão, a [fita] maior e, assim como um avental ou um laço, em que ordem uma deve passar sobre a outra".[9] É extremamente característico que Leibniz busque também imediatamente generalizar: "Essa segunda conexão existe em todos os aventais que apresentam também quatro ou duas dobras".[10]

Ao nomear "dobras" os laços dos nós, Leibniz emprega um dos conceitos centrais de sua cosmologia. O universo deve ser pensado, segundo Leibniz, como uma máquina de dobras que se redobra e se diferencia infinita e profundamente em si mesma. O texto de Leibniz sobre a liga engloba o tátil, o visual e também o acústico nos meios de conhecimento, o que revela a estrutura do cosmos como um eterno desdobramento. Um banal fenômeno aparente como um nó de liga se torna, assim, modelo da capacidade de conhecimento. Na medida em que o nó exige o jogo conjunto da mão, dos olhos e do ouvido,

---

[7] "Confusio Conceptuum. Strumpfbandel binden mit 3 falten ohn die zwey zipfel gibt ein schohn exempel confusae cognitionis et distinctae, item operationis ex confusa memoria et ex distincta" (LEIBNIZ, 1923, p. 1230, linhas 4-6). (N.A.)

[8] "[...] also confuse behalten und gewohnt, wie ein knabe die lettern im munde formiren Lernet" (LEIBNIZ, 1923, p. 1230, linha 9). (N.A.)

[9] "Wenn ers nun distincte wuste kondte er einem sagen, was nach seiner hand das langste seyn mus, und denn wie eine schürz oder schlinge und mit was ordnung über einander gehen" (LEIBNIZ, 1923, p. 1230, linhas 10-12). (N.A.)

[10] "Diese andre confusio ist in allen schürzen, die auch von 4 oder 2 falten seyn" (LEIBNIZ, 1923, p. 1230, linha 12). (N.A.)

previamente ao desdobramento intelectual da mônada, ele modifica a imagem habitual que se tem da filosofia de Leibniz. Um minúsculo desenho vence o autismo da teoria do conhecimento que estava ligada, até agora, à célebre representação de uma "mônada sem janelas".[11]

O coral de Darwin

Aproximadamente 150 anos mais tarde, Charles Darwin confiou de modo semelhante no desenho como *medium* do pensamento. Ele estava convencido de que a riqueza dos fenômenos naturais ultrapassava a mera descrição; sem imagens, o pesquisador estava perdido (DARWIN, 1859, p. 431). No caderno B, iniciado em julho de 1837 relatando a experiência da viagem a bordo do Beagle, Darwin dotou as primeiras formulações crípticas de uma seleção natural do motivo da árvore como metáfora da macroevolução e acompanhou por esses primeiros esboços esse processo de evolução (Fig. 7 e 8).

O desenho superior apresenta em sua base uma linha pontilhada que assinala as espécies desaparecidas, enquanto que os três traços contínuos indicam as evoluções reconstituíveis das espécies ainda vivas dos três domínios da vida, a saber, a água, a terra e o ar. As falhas logo abaixo já exibem uma ramificação indicando, no pontilhado direcionado para a esquerda, uma linhagem hipotética (DARWIN, 1987, Fig. 27, p. 177).[12] Os pontos assinalam também os domínios das espécies desaparecidas registradas pelos fósseis. Ambos os esboços são lastimáveis, mas abrigam um significado inestimável para a história da ciência e da cultura. Pela primeira vez, eles formulam a concepção de uma árvore da natureza e da vida, não como um plano previamente dado, mas como um processo evolutivo se desdobrando ao longo do tempo.

No entanto, se os esboços fazem pensar nas estruturas de uma árvore, eles não correspondem, contudo, a nenhum modelo arbóreo, mas aos contornos de um coral: "The tree of life should perhaps be called the coral of life" (DARWIN, 1987, Fig. 25, p. 177). Com o coral,

---

[11] Ver, a esse respeito, BREDEKAMP, 2004. (N.A.)

[12] O desenho busca formular a ascendência dos pássaros que, contrariamente à dos peixes, é complexa. Ver Gruber (1988, p. 126). (N.A.)

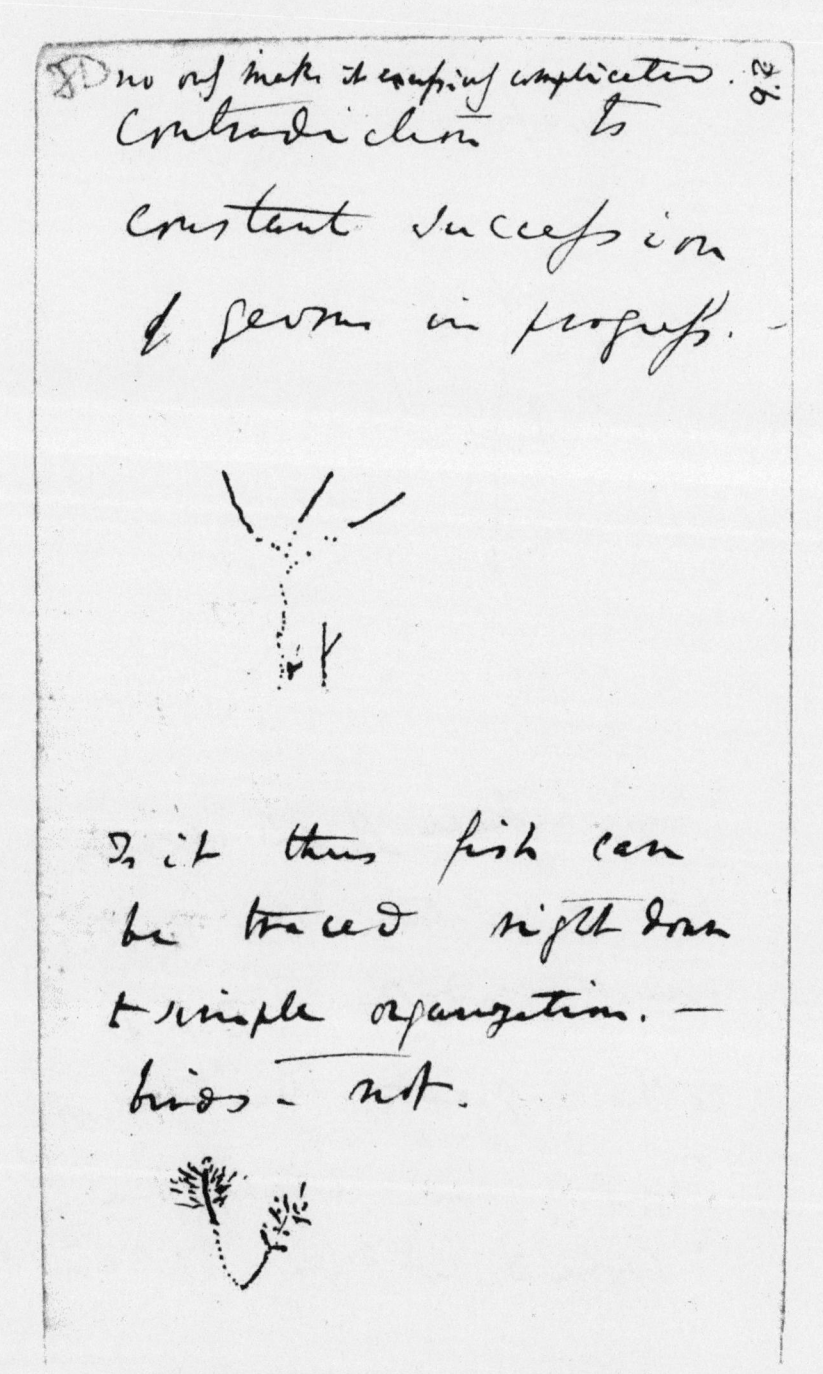

Figura 7 – Charles Darwin, *Dois diagramas da evolução*, 1837

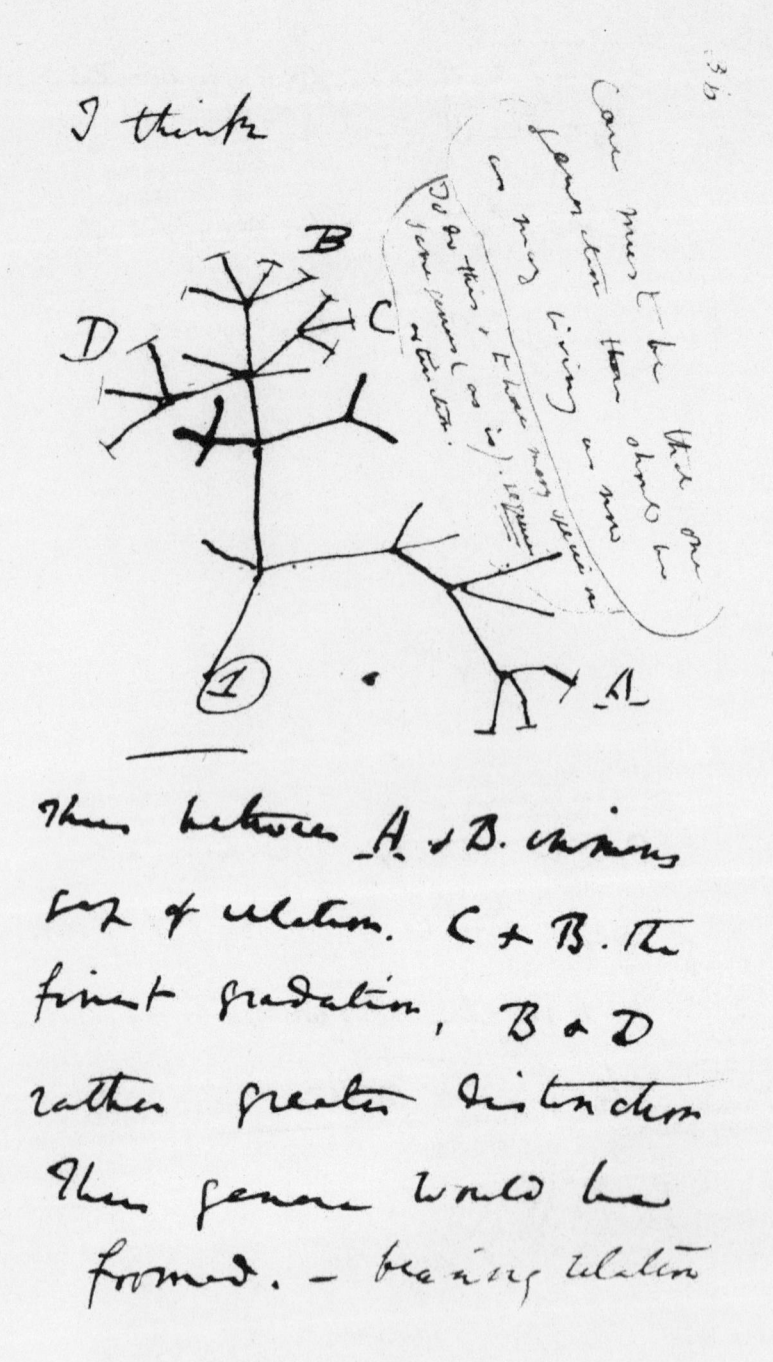

Figura 8 – Charles Darwin, *Terceiro diagrama da evolução*, 1837

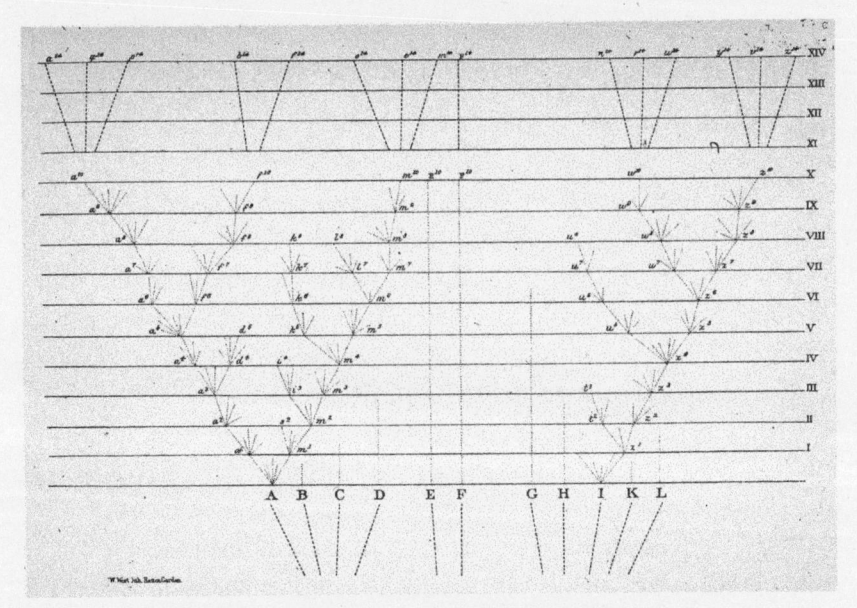

Figura 9 – Charles Darwin, *Diagrama da "seleção natural"*, 1859

Darwin possuía um modelo da evolução que permitia visualizar de modo decisivo o processo temporal, na medida em que permitia metaforizar em um só olhar a separação entre as espécies ainda vivas e as extintas. Como mostra um terceiro desenho (Fig. 9), o coral é, antes de mais nada, como metáfora visual da evolução, passível de evitar o *télos* hierárquico da árvore direcionada para cima e, nesse sentido, contrariamente à arvore, capaz de explicitar o processo da evolução como um processo não teleológico e fundamentalmente contingente.

É, no entanto, a partir desse primeiro desenho que surge, em 1859, um diagrama da evolução, então tornado ícone da Modernidade, que parece mostrar uma estrutura arborescente que, com suas ramificações, propõe a apreensão, em um só lance, da evolução das espécies ao longo de milhões de gerações. Foi assim em todo caso compreendido, e assim popularizado por Ernst Haeckel (1866, p. 397-399, quadros I-VIII) e outros como modelo referencial, determinando até hoje a representação do processo de evolução da natureza (PENNISI, 2003).

O diagrama publicado no *Origem* ainda mantém as mesmas reservas contra o modelo arborescente, que o primeiro esboço de Darwin havia formulado (BREDEKAMP, 2004). Na medida em que mostram a evolução da natureza não como um sistema de ramificações ordenado, mas sim como uma proliferação caótica, os desenhos revelam mais uma vez o modelo mais complexo.

O olho de Mach

Em seu livro mais recente, assim como em um artigo da revista *Nature*, Antonio Damasio (2003) levantou em novos termos a pergunta pela consciência do eu. Ele propõe a distinção entre um observador do próprio corpo e um aparato perceptivo capaz de perceber o mundo exterior. Com isso surge o problema de um novo dualismo, certamente menos dramático do que a distinção cartesiana entre razão e um semelhante corpo maquínico, mas que, em todo caso, levanta do mesmo modo a questão sobre a mediação entre a perspectiva interior e a exterior.

Em uma resposta conjunta a Damasio, um historiador da arte e um médico recentemente relembraram da representação do eu de Ernst Mach, feita em 1886 (Fig. 10), na qual a linha fronteiriça entre corpo interior e a vista exterior é sugestivamente encenada (WEILLER,

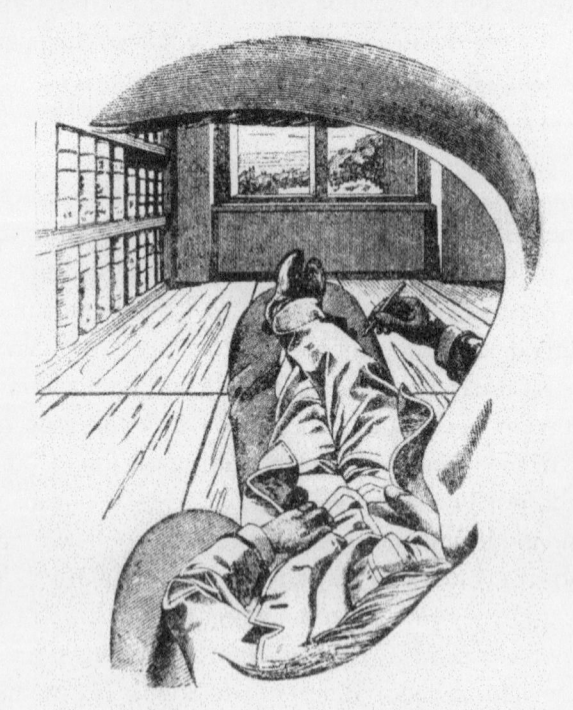

Figura 10 – Ernst Mach, *Autopercepção "Eu"*, 1882

2004, p. 31). De dentro surge a visão de um Mach deitado num divã contornado pela cavidade do olho e pela proeminência do nariz no espaço. Tem-se a impressão de que se está, literalmente, na fronteira entre um olhar que permite revelar amplamente o espaço e uma vista que parece dar um passo atrás e voltar-se exclusivamente à introspecção.

O esboço desajeitado difere da gravura em madeira especialmente pelas mãos (Fig. 11). No esboço, a mão esquerda segura um cigarro, enquanto a mão direita, que na ilustração exibe a caneta, está ausente. Em outro esboço, preparatório da ilustração do livro, Mach concentrou-se, sobretudo, nesse braço e o repetiu mais uma vez na página esquerda de seu caderno de anotações (Fig. 12). A mão que desenha dá a impressão de que Mach quer, por sua vez, desenhar o comentário de Cigoli a respeito do copertencimento entre o olhar pensante e o pensamento desenhante: a mão esboça a "autointuição do Eu"

Figura 11 – Ernst Mach, *Como se realiza a autopercepção "Eu"*, s.d.

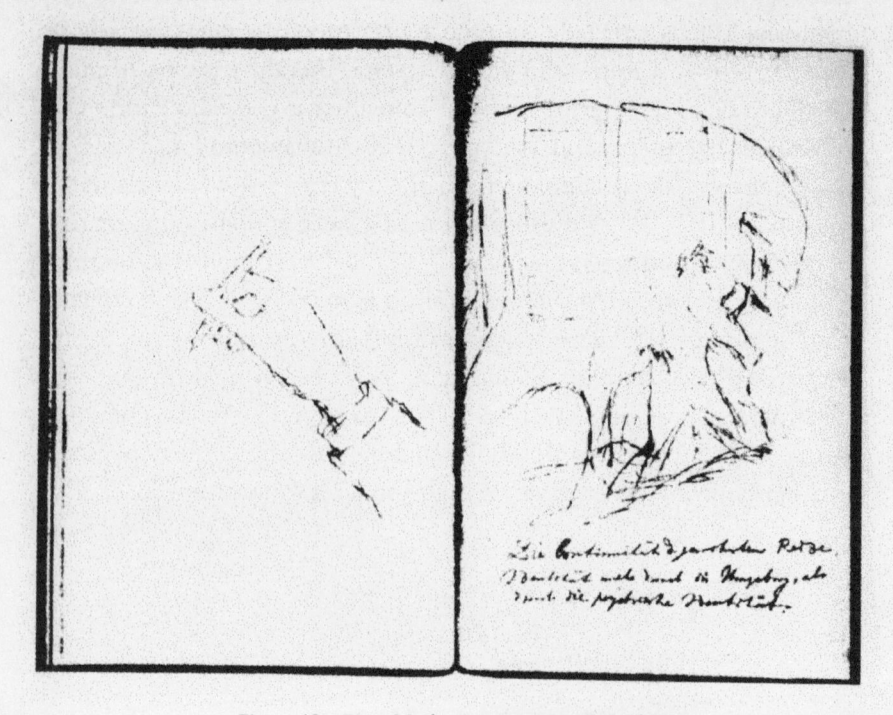

Figura 12 – Ernst Mach, *Autopercepção "Eu"*, 1886

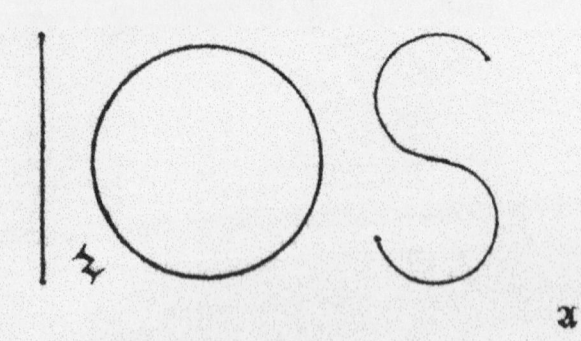

Figura 13 – Albrecht Dürer, *Três linhas fundamentais*, 1525

(Clausberg, 1999, p. 12s, com outras interpretações). Mais uma vez é o desenho que tenta apreender a dinâmica da busca de entendimento.

A espiral de Crick

O último exemplo diz respeito ao símbolo do somatório. Há aproximadamente 500 anos, os artistas buscam uma fórmula imagética que reúna em si tanto o movimento do pensamento quanto o da natureza. Como cânone, impuseram-se a linha reta e o círculo, mas, sobretudo, a linha em forma de S. Como apontou Dürer em seu *Instrução para a medição/com o círculo e a régua* de 1525 (Fig. 13), é, sobretudo, a linha serpenteada que possibilita mostrar plenamente a dupla determinação do desenho, tanto no encaminhar à natureza quanto no revelar o movimento interior do cérebro: "porque ela pode ser puxada na direção que se queira" (Dürer, 1525, p. A2).

Quando o escultor Benvenuto Cellini projetou, por volta de 1564, o selo oficial da Academia de Artes de Florença, imaginou uma Diana efésica, com múltiplos seios, como uma *magna mater*, acompanhada à direita pelo leão florentino e, à esquerda, por uma serpente enrolada sobre si mesma (Fig. 14). Esse desenho, que representa o símbolo de todos os desenhos, é para Cellini a forma de expressão que alcança como nenhum outro o movimento do pensamento do cérebro e é apropriado para convertê-lo em ação. Como o mais fino produto material possível do homem, abarca o desenho o mundo das ideias e dos modelos, e nessa dupla instalação torna-se símbolo e meio de toda as atividades criativas.[13]

Por esse motivo, Cellini introduziu o losango, no qual o corpo divino do desenho aparece em uma tira ao longo da qual as ferramentas da criação, do alicate à polia, são mostradas como um alfabeto mnemotécnico (Fig. 15). O final do alfabeto das ferramentas forma uma polia e uma linha curva que funciona, à primeira vista, como uma frisa ornamental, mas que, após observação mais minuciosa, se revela ser uma serpente com olhos arregalados. Trata-se de uma variação vitalizada da linha em S de Dürer.

---

[13] "Che il disegno essendo veramente origine, e principio di tutte le azzioni dell'uomo", citado por Kemp (1974, p. 223). (N.A.)

Figura 14 – Benvenuto Cellini, *Diana Ephesia*, c. 1564

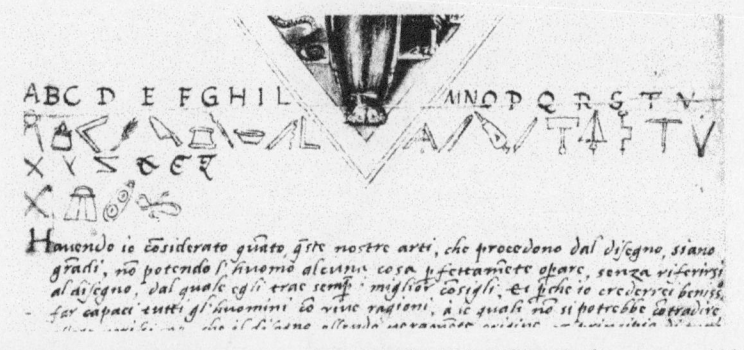

Figura 15 – Benvenuto Cellini, *Diana Ephesia* (detalhe). *Alfabeto das ferramentas*, c. 1564

A linha S foi assim transmitida, por vias que não serão reconstruídas aqui, até a matemática. Leibniz, o criador por excelência de símbolos matemáticos, ocupou-se ao longo de toda a sua vida com a simbolização dos cálculos matemáticos fundados por François Viète (CAJORI, 1925). O orgulho que Leibniz sentia em relação à sua atividade de matemático-pintor dizia respeito, entre outras, à sua aplicação do S serpentino da *Summa* latina à simbolização da integral, que permanece válida até hoje (HECHT, 1992, p. 45-49).

É bem possível que Leibniz tenha se inspirado da teoria da arte e da natureza do artista Giovanni Paolo Lomazzo, publicada em 1584, e na qual a *figura serpentinata* (linha serpenteada) da serpente e da chama ondulante na forma do S fora definida como o signo do movimento ideal da natureza assim como da realização artística (LOMAZZO, 1584, p. 22-24).[14] Não há mais que se provar que Leibniz conhecera a teoria da arte de Lomazzo, ele mesmo tendo sugerido uma tal relação. Como as formas de representação das matemáticas fundadas sobre a dissimilaridade possuem a liberdade da beleza, elas são, segundo Leibniz, comparáveis às obras de arte dos pintores. Em 1677, Leibniz (1855-1863, v. 1, p. 180s) descreveu o uso desses signos como meios de "pintar os pensamentos".[15]

---

[14] Sobre essa questão e sobre a recepção da linha serpenteada como elemento originário ver Gerlach (1989). (N.A.)

[15] No original: "[...] de peindre non pas la parole [...], mais les pensées". (N.A.)

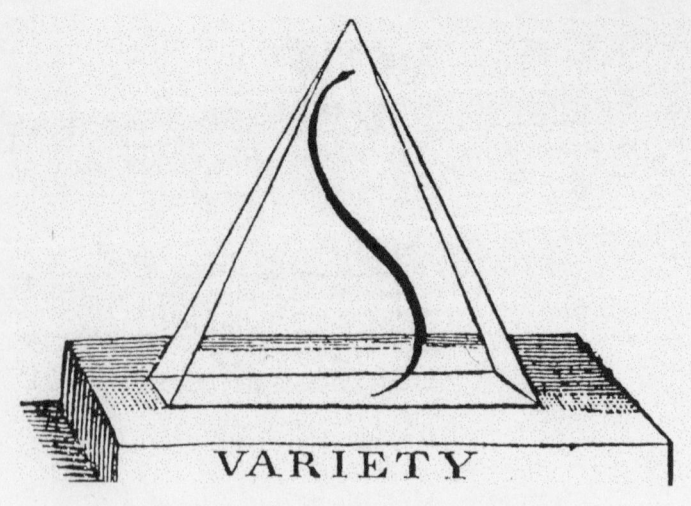

Figura 16 – William S. Hogarth, *Variety, Análise do Belo*, 1753

O pintor inglês William S. Hogarth viu, então, o elemento fundamental de toda beleza na linha serpenteada de Lomazzo. Sua *Análise do Belo*, de 1753, apresenta a linha serpenteada como emblema da *Variety*, compreendida como signo do somatório de todas as formas de movimento e representação (BINDMAN, 1997) (Fig. 16). Mais de um século após a contribuição de Hogarth da forma S como linha de completude, August Kekulé propôs o *tópos* da linha serpenteada oriundo da teoria da arte como a imagem da natureza movente para o domínio da química. Ele descreveu sua descoberta da organização hexagonal da molécula de benzeno como o produto de seu olho do espírito, ou seja, do domínio interior cuja expressão imediata o desenho representa. Semiadormecido, observando a lareira, ele reconheceu nas chamas a solução: "Tudo em movimento, contorcendo-se e girando como serpentes. Vejam, o que era aquilo? Uma das serpentes pegou sua própria cauda e sacudiu zombeteiramente a estrutura diante de meus olhos. Como atingido por um raio, despertei" (ANSCHÜTZ, 1929 p. 942).[16]

---

[16] "Alles in Bewegung, schlangenartig sich windend und drehend." Todo químico conhece essa história, mas quase ninguém sabe que se trata de um *tópos* de teoria da arte, no qual a natureza é em si equiparada ao movimento da serpente. A serpente que morde a própria cauda era além do mais um símbolo tradicional do tempo que se renova em sua consumação, o Ouroboros. A estrutura do benzeno é assim também produto de uma versão do símbolo da natureza e do tempo desenhado na imaginação do cérebro. (N.A.)

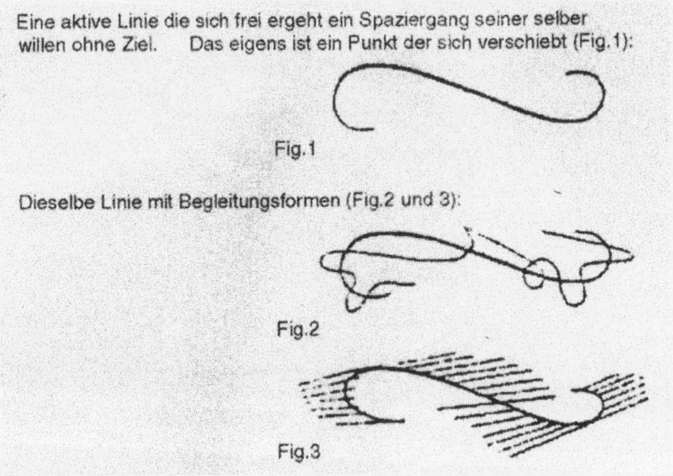

Figura 17 – Paul Klee, *Livro de esboços pedagógicos*, 1925

Por fim, retornando ao nosso ponto de partida, é na estrutura da dupla hélice, como fora desenhada por Odile Crick para a *Nature*, que surge mais uma vez a forma S da natureza de Hogarth. Parece impossível que Crick, como pintora, não tenha tido conhecimento do signo da completude da natureza de Hogarth ou ainda do *Livro de esboços pedagógicos* de Paul Klee, que do mesmo modo capta o S como linha serpenteada da natureza como tal (Fig. 17). Ao fundir o tradicional signo do somatório do pensamento e da natureza com o modelo da dupla hélice, Odile Crick criou um ícone das ciências naturais (Fig. 18). A fim de dissipar qualquer dúvida de que ali não é a natureza em si mas um modelo da natureza que é mostrado, assinala a legenda que a figura é *purely diagrammatic* (WATSON; CRICK, 1953).

Existem desenhos e linhas esquemáticas que, na fronteira entre pensamento e materialização, desenvolvem uma forma de expressão própria que não encontra legítima capacidade sugestiva em nenhuma outra manifestação. Independentemente do talento artístico, o desenho encarna, como primeiro vestígio do corpo sobre o papel, o pensamento em sua mais elevada imediaticidade possível. Em geral, a visualização digital é contraposta ao movimento pensante da mão que desenha. De fato, a digitalização apresenta grandes possibilidades para a simulação construtiva. A concepção segundo a qual essa cultura técnica do desenho iria substituir completamente o desenho

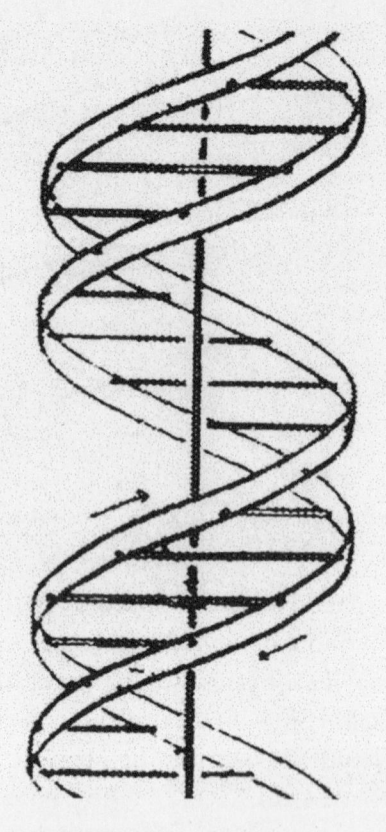

Figura 18 – Odile Crick, *Modelo da dupla hélice*, *Nature*, 25 abr. 1953, p. 737

desconhece, contudo, a intrasferível complexidade e dinâmica dessa forma de expressão. Ambos os procedimentos devem agir em conjunto, reforçando-se mutuamente a fim de desdobrar completamente a potência da capacidade de imaginação. A história das mãos pensantes que desenham, também e particularmente as dos cientistas, ainda não chegou ao fim.

Referências

ANSCHÜTZ, R. *August Kekulé*. Berlim, 1929. 2 vol., v. II

BINDMAN, D. *Hogarth and his Times* (catálogo da exposição). Londres: British Museum Press, 1997. p. 168s.

BOEHM, G. Die Wiederkehr der Bilder. In: *Was ist ein Bild?* Munique: Fink, 1994. p. 11-38.

BREDEKAMP, H. Darwins Evolutionsdiagramm oder: Brauchen Bilder Gedanken? In: XIX. Deutscher Kongress für Philosophie. Vorträge und Kolloquien, 2002. HOGREBE, W.; BROMAND, J. (Ed.). *Grenzen und Grenzüberschreitungen*. Berlin: Akademie-Verlag, 2004. p. 862-876.

BREDEKAMP, H. *Die Fenster der Monade. Gottfried Wilhelm Leibniz' Theater der Natur und Kunst*. Berlin: Akademie-Verlag, 2004.

BREDEKAMP, H. Gazing Hands and Blind Spots: Galileo as Draftsman. In: RENN, J. *Galileo in Context*. Cambridge: Cambridge University Press, 2001. p. 153-192.

CAJORI, F. Leibniz, the Master-Builder of Mathematical Notations. *Isis*, v. VII, n. 3, 1925. p. 418-428.

CLAUSBERG, K. *Neuronale Kunstgeschichte*. Selbstdarstellung als Gestaltungsprinzip. Wien e New York: 1999.

CLAUSBERG, K.; WEILLER, C. Mach dir ein Bild vom Hirn. Wie Denken aussieht. *Frankfurter Allgemeine Zeitung*, n. 26, Frankfurt, p. 31, 31 jan. 2004.

DÜRER, A. *Unterweysung der Messung/mit dem Zirkel und richtscheyt...* Nürnberg, 1525.

DAMASIO, A. The Person Within. *Nature*, 423, p. 227, 15 maio 2003.

DARWIN, C. *Charles Darwin's Notebooks, 1836-1844. Geology, Transmutation of Species, Metaphysical Enquiries*. In: BARRETT, P.; GAUTREY, J. (Ed.). British Museum (Natural History). Ithaca; Londres: Cornell University Press, 1987.

DARWIN, C. *On the Origin of Species by Means of Natural Selection, or the Preservation of Favoured Races in the Struggle for Life*. Londres: Murray, 1859. [*A Origem das espécies...* Trad. Cláudia Cavalcanti. São Paulo: Martin Claret, 2014.]

EDGERTON, S. Y. *The Heritage of Giotto's Geometry. Art and Science on the Eve of the Scientific Revolution*. Ithaca; Londres: Cornell University Press, 1991.

EPPLE, M. *Die Entstehung der Knotentheorie. Kontexte und Konstruktionen einer modernen mathematischen Theorie*.Wiesbaden: Vieweg, 1999.

GALILEI G. *Le Opere, Edizione Nazionale*. In: FAVARO, A. (Ed.). Florença: G. Barbera, 1890-1909. v. XI, p. 168.

GERLACH, P. Zur zeichnerischen Simulation von Natur und natürlicher Lebendigkeit. *Zeitschrift für Ästhetik und Allgemeine Kunstwissenschaft*, v. 34/2, p. 243-279, 1989.

GRUBER, H. Darwin's tree of nature and other images of wide scope. In: WECHSLER, J. *On Aesthetics in Science*. Boston e Basel: Bikhäuser, 1988. p. 121-140.

HAECKEL, E. *Generelle Morphologie der Organismen. Allgemeine Grundzüge der organischen Formen-Wissenschaft*. Berlin: Reimer, 1866.

HALLYN. F. Introduction. In: GALILEI, G. *Le Messager des Étoiles*. Paris: Seuil, 1992.

HECHT, H. *Gottfried Wilhelm Leibniz. Mathematik und Naturwissenschaften im Paradigma der Metaphysik*. Leipzig: Teubner, 1992.

KEMP, M. *Bilderwissen. Die Anschaulichkeit naturwissenschaftlicher Phänomene*. Köln: DuMont Buchverlag, 2003.

KEMP. W. Disegno. Beiträge zur Geschichte des Begriffs zwischen 1547 und 1607. *Marburger Jahrbuch für Kunstwissenschaft*, v. 19, p. 212-240, 1974.

KLEE, P. *Livro de esboços pedagógicos*. Munique: Bauhausbücher, 1925. t. 2.

LATTIS, J. M. *Between Copernicus and Galileo. Christoph Clavius and the Collapse of the Ptolemaic System*. Chicago; Londres: University of Chicago Press, 1994.

LEIBNIZ, G. W. Brief an Gallois (Carta a Gallois), 1677. In: GERHADT, C. I. (Ed.). *Gottfried Wilhelm Leibniz, Mathematische Schriften*. Berlin; Halle: 1855-1863 [reimp. 1962]. v. I-VII.

LEIBNIZ, G. W. *Sämtliche Schriften und Briefe* (Editado pela Academia Prussiana, posteriormente Academia Alemã de Ciências de Berlim), [AA], VI, 4, carta n. 241.) Berlim: Akademie-Verlag, 1923.

LOMAZZO, P. G. *Trattato dell'arte de la pittura*. Milão: Pontio, 1584. Livro I.1.

OTTINO, J. M. Is a picture worth 1,000 words? *Nature*, v. 421, p. 474-476, Jan. 2003.

PENNISI, E. Modernizing the Tree of Life. *Science*, v. 300, n. 5626, p. 1692-1697, 13. June 2003.

WATSON, J. D.; CRICK, F. H. Molecular Structure of Nucleic Acids. A Structurefor Desoxyribose Nucleic Acid. *Nature*, p. 737, 25 Apr. 1953.

O que as imagens realmente querem?

W. J. T. Mitchell
Traduzido do inglês por Marianna Poyares

As perguntas sobre imagens que dominam os trabalhos recentes em cultura visual e história da arte têm sido interpretativas e retóricas. Queremos saber o que significam as imagens e o que fazem, o modo como elas se comunicam como signos e símbolos, que tipo de poder elas têm de afetar as emoções e o comportamento humano. Quando se levanta a questão do desejo – normalmente localizado nos produtores e consumidores de imagens –, a imagem é tratada ou como uma expressão do desejo do artista ou como um mecanismo para suscitar os desejos do espectador. Neste ensaio, gostaria de deslocar o desejo para as próprias imagens e perguntar o que elas querem. Tal pergunta certamente não significa um abandono das questões interpretativas e retóricas, mas permitirá considerar diferentemente, espero, a questão acerca do poder e significado pictóricos. Também nos auxiliará a nos apossarmos da mudança fundamental ocorrida na história da arte e em outra disciplina chamada de cultura visual (*visual culture*) ou estudos visuais (*visual studies*),[1] que tenho associado à virada pictórica da cultura intelectual tanto popular quanto erudita.

Para poupar tempo, quero partir do pressuposto de que somos capazes de suspender nossa descrença a respeito das premissas da

---

[1] *Visual culture* ou *visual studies*, comumente traduzido para o português por cultura visual ou estudos visuais, é uma área de conhecimento relacionada aos estudos culturais, história da arte e teoria crítica, dedicada ao estudo da relação entre cultura e imagem. (N.T.)

pergunta "O que as imagens querem?". Estou ciente de se tratar de uma pergunta estranha e mesmo passível de questionamentos. Também estou ciente de que solicita uma subjetivação das imagens, uma personificação ambígua de objetos inanimados, que flerta com uma atitude regressiva e supersticiosa com relação às imagens e que, se tomada seriamente, nos levaria de volta a práticas como totemismo, fetichismo, idolatria e animismo. São práticas consideradas primitivas ou infantis pela maior parte dos indivíduos esclarecidos quando tratadas em sua forma original (por exemplo, adorar objetos materiais ou tratar objetos inanimados, como bonecas, como se estivessem vivos) ou em suas manifestações modernas (fetichismo, tanto de *commodities* quanto de perversão neurótica).

Também estou perfeitamente ciente de que a pergunta pode soar como uma apropriação de mau gosto de uma questão normalmente reservada a outros indivíduos, particularmente aqueles que têm sido objeto de discriminação, vitimados por imagens preconceituosas, identificados com estereótipos ou caricaturas. A pergunta de certo modo ecoa toda a investigação a respeito do desejo do Outro desprezado ou menosprezado, da minoria ou do subalterno, que tem sido tão central para os estudos modernos sobre gênero, sexualidade e etnia.[2] "O que quer o negro?" é a pergunta levantada por Frantz Fanon (1967, p. 8), arriscando a reificação da masculinidade e negritude em uma só fórmula. "O que querem as mulheres?" foi a pergunta que Freud não pôde responder.[3] Mulheres e negros têm lutado para responder diretamente tais perguntas, em articular seu próprio desejo. É difícil

---

[2] Transferir às imagens de características próprias às minorias e aos subalternos será um tema central para a sequência do texto. Poderíamos partir de uma reflexão acerca da famosa pergunta de Gayatri Spivak (1988) "Pode o subalterno falar?". A resposta de Spivak é "não", uma resposta que ecoa quando imagens são tratadas como signos silenciosos ou mudos, desprovidos de fala, sonoridade ou negação (nesse caso a resposta a nossa pergunta seria: as imagens querem uma voz, uma poética de enunciação). Uma análise da situação de "menoridade" da imagem pode ser encontrada nas observações de Deleuze (1977, p. 109, 159) acerca da forma segundo a qual o processo poético introduz o mutismo nas imagens, produzindo "uma linguagem de imagens, ressoando e colorindo-as", "cavando buracos" na linguagem "através de um silêncio ordinário, quando as vozes parecem terem se calado". (N.A.)

[3] Ernest Jones relata que Freud uma vez exclamou à princesa Maria Bonaparte "Was will das Weiss?" ("O que quer a mulher?") (GAY, 1989, p. 670). (N.A.)

imaginar como imagens podem fazer o mesmo ou como qualquer questionamento desse tipo pode ser mais do que apenas um ventriloquismo mal-intencionado ou, na melhor das hipóteses, inconsciente – como se Edgar Bergen perguntasse a Charlie McCarthy "o que querem as marionetes?".[4]

Não obstante, gostaria de proceder como se a pergunta valesse a pena ser feita, por um lado, como um tipo de experimento de pensamento, simplesmente para ver o que sucede e, por outro, pela convicção de se tratar de uma pergunta que já estamos fazendo, que não podemos evitar e que, portanto, merece ser analisada. Os precedentes de Marx e Freud me encorajam, uma vez que ambos consideravam necessário que as ciências sociais e a psicologia modernas tivessem que lidar com as questões do fetichismo e do animismo, com a subjetividade dos objetos, a pessoalidade das coisas.[5] As imagens são marcadas por todos os estigmas próprios à animação e à personalidade: exibem corpos físicos e virtuais; falam conosco, às vezes literalmente, às vezes figurativamente; ou silenciosamente nos devolvem o olhar através de um abismo não conectado pela linguagem.[6] Elas apresentam não apenas uma superfície, mas uma *face* que encara o espectador. Ainda que Marx e Freud tratem o objeto personificado, subjetivado e animado com profunda suspeita, subordinando seus respectivos fetiches à crítica iconoclasta, acabam por gastar grande energia em detalhar os processos pelos quais a vida dos objetos é produzida na experiência humana. E, ao menos no caso de Freud, trata-se de uma questão realmente importante a possibilidade de uma "cura" da doença do

---

[4] Edgar Bergen era um célebre ventríloquo americano e Charlie McCarthy uma de suas marionetes. (N.T.)

[5] Ao afirmar que as imagens têm certas características da pessoalidade, trago a questão acerca do que é uma pessoa. Qualquer que seja a resposta à pergunta, deverá levar em conta o que é que há nas pessoas que torna possível que as imagens as representem e as imitem. A argumentação poderia iniciar-se pela origem da palavra *per-sonare* (soar através), que funda a figura da pessoa nas máscaras usadas na tragédia grega. Em suma, pessoas e personalidades podem ter suas características derivadas de imagens bem como as imagens derivam suas características de pessoas. (N.A.)

[6] Estou citando aqui o comentário de John Berger (1980, p. 3) sobre o olhar do animal ("a gulf unbridged by language") em seu clássico ensaio "Why look at animals". Mais sobre esse assunto em meu texto "Looking at animals looking" (MITCHELL, 1994, p. 329-344). (N.A.)

fetichismo.[7] A minha posição é a de que o objeto subjetivado, animado, de uma forma ou de outra, é um sintoma incurável, e que tanto Marx quanto Freud devem ser tomados como guias à compreensão desse sintoma para, talvez, sua transformação em algo menos danoso e patológico. Resumidamente, estamos presos a nossas atitudes mágicas e pré-modernas frente a objetos, especialmente frente às imagens, e nossa tarefa não é superar tais atitudes, mas compreendê-las, para então lidar com sua sintomatologia.

O tratamento literário das imagens é bastante ousado na celebração de sua personalidade e vitalidade misteriosas, muito provavelmente porque a imagem literária não solicita ser encarada diretamente, mas encontra-se distanciada pela mediação da linguagem. Retratos mágicos, máscaras, espelhos, estátuas vivas e casas mal-assombradas estão por toda parte nas narrativas literárias, tanto moderna quanto contemporânea, e a aura dessas imagens imaginárias infiltra-se nas relações profissionais e cotidianas com imagens reais.[8] Os historiadores da arte podem "saber" que as imagens que estudam são apenas objetos materiais que foram marcados por cores e formas, mas eles frequentemente falam e agem como se as imagens tivessem sentimentos, vontade, consciência, agência e desejo.[9] Todos sabem que

---

[7] Freud (1961, p. 152-157) aborda o fetichismo sublinhando que se trata de um sintoma notoriamente satisfatório e que seus pacientes raramente reclamam dele. (N.A.)

[8] Imagens mágicas e objetos animados são características especialmente notáveis do romance europeu do século XIX, aparecendo nas páginas de Balzac, Brontës, Edgard Allan Poe, Henry James e, claro, por toda parte no romance gótico (ZIOLKOWSKI, 1977). Como se, a partir do encontro com sociedades fetichistas tradicionais ou pré-modernas – e sua destruição –, houvesse se produzido nos espaços domésticos vitorianos um ressurgimento pós-iluminista de objetos subjetivizados. (N.A.)

[9] A documentação completa do tropo da obra de arte personificada e viva no discurso histórico-artístico ocidental necessitaria um ensaio à parte. Tal ensaio poderia começar considerando o status do objeto de arte nos três "pais" canônicos da história da arte: Vasari, Winckelmann e Hegel. Suspeito que as narrativas progressivas e teleológicas sobre a arte ocidental não são primordialmente focadas na conquista da aparência e no realismo visual, como se pensa, mas na "vida" e "animação"(para usar os termos de Vasari) são insufladas nos objetos. O tratamento oferecido por Winckelmann à mídia artística como agente de seu próprio desenvolvimento histórico e sua descrição do Apolo de Belvedere como um objeto tão carregado de ânimo divino que transforma o espectador em uma figura do Pigmaleão, uma estátua tornada viva, será o foco central de tal ensaio, assim como o tratamento que Hegel faz do objeto artístico como uma coisa material que recebeu o "batismo do espírito". (N.A.)

uma foto de sua mãe não é algo vivo, mas relutariam em destruí-la. Nenhum indivíduo moderno, racional e secular considera que imagens devem ser tratadas como pessoas, mas sempre estamos dispostos a fazer algumas exceções para casos especiais.

Tal atitude não está restrita a valiosas obras de arte ou imagens que possuam um significado pessoal. Todo executivo do ramo da propaganda sabe que algumas imagens, para usar o jargão, "têm pernas"[10] – ou seja, têm a surpreendente capacidade de gerar novas direções e torções em uma campanha, como se tivessem inteligência e propósitos próprios. Quando Moisés pede a Aarão que explique como fez o bezerro de ouro, Aarão responde que simplesmente jogou o ouro dos israelitas no fogo e "saiu este bezerro" como se fosse um autômato autogerado.[11] Evidentemente, alguns ídolos também "têm pernas".[12] A ideia de que as imagens têm um poder social ou psicológico próprio é, de fato, o clichê reinante nos estudos contemporâneos em cultura visual. A alegação que vivemos em uma sociedade do espetáculo, vigilância e simulacro não é uma mera intuição da crítica cultural. Mesmo um ícone do esporte e da propaganda como André Agassi pode afirmar que "imagem é tudo" e ser compreendido como alguém que fala não apenas *a respeito* das imagens, mas *pelas* imagens, como alguém que é, ele próprio, "nada mais do que uma imagem".[13]

Não há nenhuma dificuldade, portanto, em demonstrar que a ideia de uma personalidade das imagens (ou, no mínimo, um animismo) encontra-se tão viva no mundo moderno quanto outrora em sociedades tradicionais. A dificuldade está em saber o que dizer a seguir. Como as atitudes tradicionais frente a imagens – idolatria,

---

[10] Expressão própria do ramo da propaganda, tradução da expressão inglesa *have legs*. (N.T.)

[11] Pier Bori sublinha que o relato acerca do "autoengendramento" do bezerro era uma parte crucial da expiação da culpa de Aarão (e da condenação do povo judeu) pelos pais da Igreja. Macário, o Grande, por exemplo, descreve o ouro atirado ao fogo "transformado em ídolo como se o fogo imitasse a decisão [do povo]" (BORI, 1990, p. 19). (N.A.)

[12] Ou asas. Meu colega Wu Hung me afirma que as estátuas voadoras do Buda são um fenômeno comum nas lendas chinesas. (N.A.)

[13] O autor se refere a uma propaganda de máquinas fotográficas Cannon do início dos anos 1990 estrelada pelo tenista André Agassi. (N.T.)

fetichismo e totemismo – são recolocadas na sociedade moderna? Seria nossa tarefa, como críticos da cultura, desmistificar essas imagens, destruir ídolos modernos, expor os fetiches que escravizam os indivíduos? Ou seria nossa tarefa discriminar o verdadeiro do falso, o saudável do doentio, o puro do impuro, imagens boas de imagens más? Será que as imagens são um terreno onde ocorrem disputas políticas, onde uma nova ética pode ser articulada?

Há uma enorme tentação em responder tais perguntas com um ressonante "sim" e tomar a crítica da cultura visual como uma estratégia direta de intervenção política. Esse tipo de crítica procede expondo as imagens como agentes de dano e manipulação ideológica. Em um extremo encontra-se a tese de Catherine McKinnon (1987, p. 172-173 e 192-193), segundo a qual a pornografia não é apenas a representação da violência e da degradação da mulher, mas um *ato* de degradação violenta e que, portanto, imagens pornográficas – especialmente fotografias e imagens cinematográficas – são, elas próprias, agentes dessa violência. Existe também o argumento familiar e menos controverso na crítica política da cultura visual: o cinema hollywoodiano constrói a mulher como um objeto do "olhar masculino"; as massas iletradas são manipuladas pelas imagens da mídia visual e da cultura popular; pessoas de cor são sujeitadas à estereótipos gráficos e à discriminação visual racista; museus de arte são uma forma híbrida de templo religioso e banco, nos quais os fetiches da mercadoria são exibidos em rituais de adoração pública, designados a produzir maisvalia estética e econômica.

Ainda que todos os argumentos anteriores tenham algum grau de verdade (eu mesmo sou responsável por formular muitos deles), há algo de radicalmente insatisfatório neles. Talvez o problema mais óbvio seja que a exposição e demolição crítica do poder vil das imagens é tão fácil de ser realizada quanto ineficaz. Imagens são antagonistas políticas populares, pois é possível posicionar-se contrariamente a elas e, no entanto, no final das contas tudo permanecerá praticamente idêntico.[14] Amplos sistemas podem ser depostos, um após o outro,

---

[14] Um forte exemplo dessa política de sombras é a indústria de testes psicológicos destinados a provar que os jogos de videogame são causadores de violência juvenil. Enormes quantias de dinheiro público são gastas anualmente em "pesquisas" (*sic*)

sem que isso surta nenhum efeito na cultura visual ou política. No caso de McKinnon o brilhantismo, paixão e futilidade da empreitada são evidentes. As energias de uma política progressista e humana, que busca justiça social e econômica, estariam sendo realmente bem empregadas em uma campanha que tem como objetivo erradicar a pornografia? Ou tal empreitada seria, no melhor dos casos, um mero sintoma de frustração política e, no pior, um desvio da energia política progressista pela colaboração com formas dúbias de reação política? Ou, melhor dizendo, o tratamento que McKinnon oferece às imagens, como se tivessem agência, é um tipo de testemunho de nossa incorrigível tendência a personificar e animar imagens? A futilidade política poderia levar-nos à reflexão iconológica?

Em todo caso, é tempo de puxar as rédeas dos argumentos acerca das consequências políticas da crítica à cultura visual e de moderar nossa retórica sobre o "poder das imagens". Certamente, as imagens não são desprovidas de poder, mas podem ser muito mais frágeis do que supomos. O problema é refinar e complexificar nossa estimativa acerca desse poder e do modo como ele se exerce. É por esse motivo que estou deslocando a pergunta de o que as imagens *fazem* para o que elas *querem*, do poder para o desejo, do modelo de poder dominante, ao qual devemos opor, ao modelo do subalterno que deve ser interrogado ou, melhor, convidado a falar. Se o poder das imagens é como o poder dos fracos, isso poderia explicar por que seu desejo é tão forte: para compensar sua impotência. Como críticos, gostaríamos que as imagens fossem mais fortes do que verdadeiramente são para, assim, conferirmo-nos uma sensação de poder ao confrontá-las, expô-las e aclamá-las.

Por outro lado, o modelo subalterno das imagens revela a dialética entre poder e desejo nas relações com as imagens. Quando Fanon reflete a respeito da negritude, a descreve como uma "maldição corporal" arremessada na imediatidade do encontro visual: "Olhe,

---

sobre o impacto de videogames, apoiadas por interesses políticos que preferem um bode expiatório icônico, "cultural", do que atenção aos verdadeiros instrumentos da violência, a saber, armas de fogo. Para maiores detalhes, ver conferência proferida na Universidade de Chicago, "Playing By The Rules: The Cultural Policy Challenges of Video Games", parte do evento *The Arts and Humanities in Public Life*, em 26 e 27 de outubro de 2001. (N.A.)

um negro!" (FANON, 1967, p. 109). Mas a construção do estereótipo racial e racista não é um simples exercício da imagem como técnica de dominação. Antes, trata-se da atadura de um nó que une tanto o sujeito quanto o objeto do racismo em um complexo de desejo e ódio.[15] A violência ocular do racismo parte seu objeto em dois, tornando-o simultaneamente hipervisível e invisível,[16] um objeto de "abominação" e "adoração", nas palavras de Fanon.[17] *Abominação* e *adoração* são precisamente os termos usados na Bíblia para condenar a idolatria: é exatamente pelo fato de o ídolo ser adorado que deve ser abominado pelo iconofóbico.[18] O ídolo, como o homem negro, é tão desprezado quanto adorado, desvalido por ser insignificante, um escravo, e temido por ser uma força desconhecida e sobrenatural. Se a forma mais dramática do poder da imagem na cultura visual é a idolatria, ela também é uma força consideravelmente ambivalente e ambígua. Enquanto a visualidade e a cultura visual estiverem infectadas por um tipo de "culpa por associação" com a idolatria e o mauolhado do racismo, não é de se admirar que o historiador e intelectual Martin Jay (1993) possa considerar o próprio "olho" constantemente "baixo"[19] na cultura ocidental, e a visão repetidamente "denegrida". Se as imagens são pessoas, então, são pessoas de cor, marcadas, e o escândalo da tela completamente branca ou preta, da superfície em branco, sem marcas, apresenta uma face bastante diferente.

---

[15] Para uma análise sobre esse "nó" (*double bind*), ver Homi Bhabha, "The Other Question: Stereotype, Discrimination and Discourse of Colonialism" (1994, p. 66-84). (N.A.)

[16] O romance *The Invisible Man*, de Ralph Ellison, trata desse paradoxo: é exatamente por ser hipervisível que o homem invisível é (em outro sentido), invisível. (N.A.)

[17] "Para nós, o homem que adora o Negro e tão doente quanto aquele que o abomina"(FANON, 1967, p. 8). (N.A.)

[18] Ver, por exemplo, o caso do ídolo de Astoreth (Reis 23:13 / Isaías 44:19). A versão on-line do Dicionário Oxford de Inglês oferece uma etimologia duvidosa: "Abominável (*abominable*), comumente escrito *abhominable*, e explicado como ab homine, "afastado do homem, inumano, bestial". A associação da imagem animada com bestas é, suspeito, um traço característico do desejo pictórico. Abominação também é um termo regularmente aplicado a animais impuros ou malditos na Bíblia. Sobre o ídolo como uma imagem monstruosa, composição impossível de formas que combinam características humanas e animais, ver Carlo Ginzburg (1994, p. 55, 67). (N.A.)

[19] Da expressão inglesa *downcast eyes*, utilizada por Martin Jay (1993). (N.A.)

Quanto ao gênero das imagens, está claro que a concepção-padrão é que estas sejam femininas. Segundo o historiador da arte Norman Bryson (1994, p. xxv), as imagens "constroem sua audiência ao redor de uma oposição entre a mulher como imagem e o homem como o portador do olhar" — não imagens *de* mulheres, mas imagens *como* mulheres.[20] A pergunta "o que as imagens querem?" é, portanto, inseparável da pergunta "o que querem as mulheres?". Muito antes de Freud, "O conto da mulher de Bath", de Chaucer, coloca em cena uma narrativa construída em torno do questionamento "o que as mulheres mais desejam?". A pergunta é posta a um cavaleiro condenado pelo estupro de uma dama da corte, a quem foi concedido um ano de suspensão da execução de sua pena de morte para que vá em busca da resposta correta. Caso ele retorne com a resposta errada, a sentença de morte será executada. O cavaleiro recebe muitas respostas erradas das mulheres que entrevista: dinheiro, reputação, amor, beleza, belas roupas, prazer na cama, admiradores. A resposta correta, no entanto, é *maistrye*, termo do inglês medieval que indica a ambiguidade entre a dominação de direito ou por consentimento e o poder advindo de uma força superior ou astúcia.[21] A moral do conto de Chaucer é que o domínio consensual, livremente outorgado, é melhor, mas o narrador do conto, a cínica e mundana mulher de Bath, sabe que o que as mulheres querem (ou seja, o que lhes falta) é poder, e que elas o tomarão da forma que for.

Qual é a moral para as imagens? Caso se pudesse entrevistar todas as imagens que se encontre em um ano, quais respostas elas dariam? Certamente, muitas imagens dariam as respostas "erradas" do conto de Chaucer, isto é, as imagens pediriam um alto valor para si, serem admiradas e louvadas por sua beleza, adoradas por muitos amantes. Mas, acima de tudo, elas gostariam de exercer alguma maestria (*maistrye*) sobre o espectador. O crítico e historiador da arte Michael Fried resume a "convenção primordial" da pintura nos seguintes termos: "uma pintura deve, primeiramente, atrair o espectador, depois

---

[20] Um texto central acerca do gênero da imagem e do olhar é, certamente, o "Visual Pleasure and Narrative Cinema" de Laura Mulvey (1975). (N.A.)

[21] Meus agradecimentos a Jay Schleusener por sua ajuda com a noção chauceriana de *maistrye*. (N.A.)

prender seu olhar e finalmente encantá-lo. Uma pintura deve chamar o espectador, paralisá-lo e sustentar sua atenção, como se o espectador estivesse impossibilitado de mover-se, como se estivesse enfeitiçado" (FRIED, 1990, p. 92). Em suma, o desejo da pintura é trocar de lugar com o espectador, fixá-lo em seu lugar, paralisá-lo, tornando-o assim uma imagem para o olhar da pintura, o que poderíamos chamar de "efeito Medusa". Esse efeito é, provavelmente, a demonstração mais clara que temos que o poder das imagens e o poder das mulheres são modelados um à semelhança do outro, e que se trata de um modelo, tanto de imagens quanto de mulheres, abjeto, mutilado e castrado.[22] O poder que desejam é manifestado como *falta* e não como possessão.

Sem dúvida, poderíamos estabelecer uma relação entre imagens, feminilidade e negritude de forma muito mais elaborada se relacionássemos outras variações da subalternidade das imagens com outros modelos de gênero, identidade sexual, local cultural, e até mesmo de identidade entre espécies (suponha, por exemplo, que os desejos das imagens fossem modelados a partir dos desejos dos animais? O que Wittgenstein queria dizer com suas frequentes referências a certas penetrantes metáforas filosóficas como "imagens *queer*"?[23]). Mas, pelo momento, gostaria simplesmente de retornar ao questionamento de Chaucer e ver o que acontece se questionarmos as imagens a respeito de seus desejos em vez de simplesmente olharmos para elas como veículos de significados ou instrumentos de poder.

Comecemos por uma imagem que é como um livro aberto, o famoso cartaz de recrutamento do exército norte-americano durante a Primeira Guerra Mundial, *Uncle Sam*, de James Montgomery Flagg (Fig. 1). Trata-se de uma imagem cuja demanda e mesmo seu desejo parecem ser absolutamente claros, focados em um objeto específico:

---

[22] Ver Neil Herz (1983) e minha argumentação acerca da Medusa em Mitchell (1994, p. 171-177). (N.A.)

[23] No entanto, o termo *queer*, como utilizado por Wittgenstein (1953, p. 79-80 e 83-84), não significa de forma alguma perverso (*widernatürlich*), mas sim algo absolutamente natural (*ganz natürlich*), ainda que estranho (*seltsam*) ou curioso (*merkwurdig*). (N.A.) Na tradução inglesa, os vocábulos alemães supracitados são traduzidos por *queer*. A diferenciação de significados é estabelecida por Mitchell e não por Anscombe, tradutor para o inglês desta obra de Wittgenstein. (N.T.)

"você", ou seja, jovens homens admissíveis para o serviço militar.[24] O objetivo imediato da imagem parece ser uma versão do efeito Medusa: ela interpela o espectador verbalmente e tenta paralisá-lo com seu olhar penetrante e (seu elemento pictórico mais extraordinário) com o efeito de proximidade de sua mão e seu dedo que aponta ao espectador, acusando-o, designando-o e comandando-o. Mas o desejo de paralisá-lo não passa de um objetivo transitório e momentâneo. Seu objetivo a longo prazo é emocionar e mobilizar o espectador, enviá-lo ao "posto de alistamento mais próximo" e, finalmente, fazer com que atravesse o oceano para lutar e, possivelmente, morrer por seu país.

Figura 1 – Montgomery Flagg, *Uncle Sam*
"Quero você para o exército dos Estados Unidos. Posto de alistamento mais próximo"

---

[24] Invoco aqui a distinção lacaniana entre desejo, demanda e necessidade. Jonathan Scott Lee (1991, p. 58) oferece uma glosa interessante: "desejo é aquilo que é manifesto no intervalo em que a demanda o esvazia, é [...] aquilo que é evocado por uma demanda para além da necessidade por ela articulada". Ver também Slavoj Žižek (1992, p. 134). Certamente, o verbo "querer" pode sugerir qualquer um desses significados (desejar, demandar, necessitar), dependendo do contexto. Žižek me fez perceber que seria perverso ler o "Eu quero você" do *Uncle Sam* como "Eu desejo você" e não como uma expressão de necessidade ou demanda. No entanto, em breve ficará evidente o quão perversa é essa imagem! (N.A.)

Até aqui temos feito uma leitura do que poderíamos chamar de signos manifestos do desejo positivo. O gesto do dedo apontado é um elemento frequente nos cartazes de recrutamento modernos (Fig. 2).

Figura 2 – Cartaz alemão de recrutamento, 1915-1916, Staatsgalerie Stutgart

Para avançarmos, precisamos perguntar à imagem o que deseja, no sentido do que lhe falta. Aqui o contraste entre o cartaz norte-americano e o cartaz alemão é esclarecedor: esse último mostra um jovem soldado saudando seus irmãos, chamando-os para se juntarem à fraternidade da morte honrosa no campo de batalha. Em contraste, *Uncle Sam*, como o nome indica, estabelece uma relação mais tênue e sutil com o potencial recruta. Trata-se de um homem velho, desprovido do vigor da juventude indispensável para o combate e, talvez ainda mais importante, da conexão sanguínea direta que a imagem da pátria poderia evocar. Ele chama jovens rapazes para lutar e morrer em uma guerra na qual nem ele nem seus filhos participarão. Tio Sam não tem filhos, apenas sobrinhos, sobrinhos da vida real (*real life nephews*) como coloca George M. Cohan.[25] Tio Sam é estéril, um tipo de imagem abstrata, um cartaz que não possui sangue ou corpo, mas que personifica a nação, pede o corpo e sangue dos filhos de outros homens. É apropriado, portanto, que ele seja um descendente pictórico das caricaturas britânicas do *Yankee Doodle*, uma figura ridícula que adornou as páginas da revista *Punch*[26] ao longo do século XIX. Seu ancestral mais longínquo é uma pessoa real: "Tio" Sam Wilson, um fornecedor de carne para o exército americano durante a Guerra de 1812. Podemos imaginar uma cena onde o protótipo original do Tio Sam esteja se dirigindo, não a um grupo de jovens, mas ao gado prestes a ser abatido. Não é de se admirar que essa imagem tenha sido tão prontamente apropriada para uma inversão paródica na figura do *Uncle Osama*, incitando os jovens norte-americanos a irem para a Guerra do Iraque (Fig. 3).

Figura 3 – Tom Paine, *Uncle Osama,* 2002
"Quero que você invada o Iraque"

---

[25] George M. Cohan foi autor da música "Yankee Doodle Dandy", cujos primeiros versos são: "I'm a Yankee Dloodle Dandy / A Yankee Doodle, do or die / A real live nephew of my Uncle Sam's /Born on the Fourth of July". (N.T.)

[26] *Punch*, fundada em 1941, era uma célebre revista britânica de humor, responsável pela popularização das charges satíricas, ou *cartoons*. Seu último exemplar foi publicado em 2002. (N.T.)

Então, o que quer essa imagem? Uma análise completa nos levaria às profundezas do inconsciente político de uma nação imaginada como uma abstração desencarnada, um regime iluminista de leis e não de homens, de princípios e não de relações sanguíneas, efetivamente encarnada como um lugar onde velhos brancos alistam jovens de todas as raças (incluindo um número desproporcional de pessoas de cor) para lutarem suas guerras. O que falta a esta nação, real e imaginária, é carne – corpos e sangue – e, para obtê-los, envia um homem oco, um fornecedor de carne, ou talvez apenas um artista. Afinal, o modelo do cartaz é o próprio James Montgomery Flagg. Tio Sam é, portanto, o autorretrato do patriota artista norte-americano vestindo as cores da bandeira, reproduzindo a si mesmo em milhões de impressões idênticas – um tipo de fertilidade que está disponível às imagens e aos artistas. A "desencarnação" dessa imagem produzida em massa contrasta-se com sua encarnação e localização *como imagem*[27] relacionada a postos de alistamento (e corpos de recrutas) espalhados por todo o país.

Dado esse pano de fundo, pode parecer surpreendente que o cartaz tenha tido qualquer poder ou efetividade como instrumento de recrutamento e, de fato, seria muito difícil saber qualquer coisa a respeito do poder real da imagem. O que podemos descrever, no entanto, é a construção do seu desejo em relação a fantasias de poder e de impotência. Talvez a combinação da sutil inocência da imagem quanto a sua esterilidade anêmica, com suas origens no comércio e caricatura, forme um símbolo apropriado dos Estados Unidos.

Por vezes a expressão de um querer significa antes uma falta do que o poder de comandar ou exigir, como no caso do cartaz promocional da Warner Brothers para o filme *The Jazz Singer* de Al Jolson (Fig. 4), cujo gestual evoca súplica ou rogo, declarações de amor por uma "mãe preta"[28] e uma audiência que deve ser encaminhada para o cinema e não para um posto de recrutamento. O que essa imagem quer, diferentemente do que ela pede, é uma relação estável entre imagem e fundo, uma demarcação entre corpo e espaço, pele e roupa, exterior e

---

[27] A relação entre a imagem desencarnada, sem corpo, e a imagem concreta é abordada no capítulo 4 de Mitchell (2005). (N.A.)

[28] Do inglês *mammy*, uma ama de leite negra que serve às crianças brancas. (N.T.)

interior. Essa demarcação é exatamente o que a imagem não pode ter, pois os estigmas racial e corporal se dissolvem em um vai e vem de espaços pretos e brancos que se alternam e tremulam frente a nossos olhos, como um *medium* cinematográfico e a cena que promete a farsa racial. Como se essa farsa finalmente se reduzisse a uma fixação nos orifícios e órgãos do corpo como zonas de indistinção: olhos, boca e mãos fetichizadas como portões iluminados entre o homem visível e invisível, brancura interna e negritude externa. "I am black but O my soul is white" (sou negro mas minha alma é branca), diz William Blake, mas as janelas da alma estão triplamente inscritas nessa imagem como ocular, oral e táctil – um convite para ver, sentir e falar para além do véu da diferença racial. Tal como afirma Lacan, o desejo que a imagem desperta em nosso olhar é exatamente aquilo que não pode mostrar. Tal impotência é o que lhe confere seu poder específico.

Figura 4 – Cartaz de Al Jolson para *The Jazz Singer*, 1927, Warner Brothers

O desaparecimento do objeto de desejo visual em uma imagem é por vezes o elemento característico da produção de espectadores, como no caso da miniatura bizantina do século XI (Fig. 5). A figura de Cristo, como a do *Uncle Sam* ou a de Al Jolson, se dirige diretamente ao espectador, aqui com os versos do Salmo 77: "Escuta, meu povo, meu ensinamento: emprestem suas orelhas às palavras de minha boca". O que se mostra claramente, no entanto, pelas evidências físicas da imagem, é que as orelhas não se inclinaram tanto às palavras da boca, quanto bocas foram pressionadas nos lábios da imagem, desgastando sua face até o limiar do seu desaparecimento. São espectadores que seguiram o conselho de João Damasceno: "acolher as imagens com olhos, lábios e coração".[29] Como no caso do *Uncle Sam*, essa imagem deseja o corpo, sangue e espírito do espectador; diferentemente do *Uncle Sam*, ela entrega seu próprio corpo no encontro, em um tipo de reatualização pictórica do sacrifício da eucaristia. A desfiguração da imagem não é uma profanação, mas um signo de devoção, um reposicionamento do corpo pintado no corpo do espectador.

Figura 5 – *Cristo pantokrator*, c. 1084. Manuscrito iluminado apagado pelos beijos dos fiéis. Dumbarton Oaks, Washington D.C.

[29] Para uma discussão mais aprofundada, ver Nelson (1992). (N.A.)

Expressões diretas de desejo pictórico como essas são geralmente associadas a modos "vulgares" de constituição da imagem – publicidade comercial, propaganda política ou religiosa. A figura como subalterna lança um apelo ou emite uma demanda cujos efeito e poder emergem de um encontro intersubjetivo composto por signos de desejo positivo e traços de falta ou impotência. Mas e a obra de arte como tal, o objeto estético do qual se espera autonomia em sua beleza ou sublimidade? Michael Fried fornece uma resposta na qual argumenta que a emergência da arte moderna deve ser entendida em termos de negação ou renúncia a signos diretos do desejo. O processo de sedução pictórica admirado por Fried é o indireto, aparentemente indiferente frente ao espectador, teatralmente absorto em seu próprio drama interior. O tipo específico de imagens que o cativa obtém o que quer exatamente por fingir não querer nada, simular possuir tudo aquilo que necessita. As discussões de Fried em torno das obras *Bolas de sabão* de Jean-Baptiste-Siméon Chardin (Fig. 6) e *A balsa da Medusa* de Théodore Géricault (Fig. 7) devem ser tomadas como casos exemplares, pois nos mostram que a questão não se reduz simplesmente ao que as figuras parecem querer, aos signos legíveis do desejo que transmitem.

Figura 6 – Jean-Baptiste-Siméon Chardin, *Bolas de Sabão*, c. 1739
Nova Iorque, Museu Metropolitano de Arte

Figura 7 – Théodore Géricault, *A balsa da Medusa*, 1819, Museu do Louvre

O desejo pode ser contemplativo ou hipnótico, como em *Bolas de sabão*, onde o globo brilhante e tremulante absorve a figura, tornando-se "o correlato natural da própria imersão [de Chardin] no ato de pintar e um espelhamento do que ele acreditava que seria a absorção do espectador frente ao trabalho finalizado" (FRIED, 1990, p. 51). Esse desejo pode também ser violento como em *A balsa da Medusa*, onde os esforços dos homens na balsa devem ser compreendidos não apenas em relação à composição interna do quadro e ao navio no horizonte que vem socorrê-los, mas sim "como a necessidade de escapar a nosso olhar, de pôr um fim a nossa contemplação e serem resgatados da inexorável presença que ameaça teatralizar seus sofrimentos" (p. 153).

O estágio final desse tipo de desejo pictórico corresponde, me parece, ao purismo da abstração modernista cuja negação da presença do espectador é articulada pelo teórico Wilhelm Worringer em sua obra *Abstraction and Empathy* e concretizada, em sua versão final, nos quadros brancos do jovem Robert Rauschenberg, cujas superfícies eram consideradas pelo artista como "membranas hipersensitivas [...] registrando mesmo o mais sutil fenômeno em suas peles esbranquiçadas" (JONES, 1993, p. 647). Pinturas abstratas são imagens que não querem ser imagens, que desejam ser liberadas de seu tornar-se imagem. Mas o desejo de não mostrar desejo é, conforme nos lembra Lacan, uma forma de desejo. Toda tradição antiteatral retorna mais uma vez ao padrão de feminilização da imagem, segundo o qual a imagem deve despertar o desejo do espectador e, simultaneamente, encobrir qualquer sinal de desejo próprio, ocultando inclusive o reconhecimento de estar sendo contemplada, como se o espectador fosse um *voyeur* olhando através de uma fechadura.

A fotocolagem de Barbara Kruger, *Your gaze hits the side of my face* (Fig. 8), fala diretamente a essa concepção purista ou puritana do desejo da imagem. O rosto de mármore está de perfil, como o rosto do menino com a bolha do quadro de Chardin, desatento ao olhar do espectador ou ao áspero feixe de luz que varre seu rosto de cima a baixo. O interior da figura, seus olhos brancos, sua expressão petrificada, fazem com que ela pareça estar além de qualquer desejo, em um estado de pura serenidade que associamos à beleza clássica. Mas a inscrição verbal colada na imagem envia uma mensagem absolutamente contrária: "seu olhar atinge a lateral do meu rosto". Se lermos tais palavras como se fossem pronunciadas pela estátua, toda a aparência do rosto se modifica subitamente, como se se tratasse de uma pessoa que acabara de ser transformada em pedra, como se o espectador fosse a Medusa, lançando seu olhar violento e maligno sobre a imagem. Mas o local e a segmentação da inscrição (sem mencionar o uso dos pronomes *seu* e *meu*) fazem com que as palavras pareçam, alternadamente, flutuarem sobre e grudarem-se à superfície da fotografia. As palavras "pertencem" tanto à estátua, quanto à fotografia e à artista, cujo trabalho de corte e colagem foi tão notavelmente posto em primeiro plano. Podemos interpretar tais palavras, por exemplo, como uma mensagem direta sobre a política de gênero do olhar, como uma figura feminina criticando a violência do olhar masculino. No entanto, o gênero da estátua não é claramente determinado, poderia muito bem tratar-se de um Ganimedes.[30] E, se as palavras pertencem à fotografia, ou à composição como um todo, qual gênero deveríamos atribuir-lhes? Essa imagem envia ao menos três mensagens conflitantes acerca de seu desejo: ela deseja ser vista,

---

[30] Ganimedes, na mitologia grega, é um dos príncipes de Troia, raptado por Zeus. Por sua beleza feminina, é um personagem cujo gênero não é claramente definido. (N.T.)

ela não deseja ser vista, ela é indiferente ao fato de ser vista. Acima de tudo, ela quer ser *escutada* – uma tarefa impossível para a imagem silenciosa, imóvel. Como o cartaz de Al Jolson, o poder da imagem de Kruger vem da alternância entre diferentes leituras, deixando o espectador em um tipo de paralisia. Face à imagem abjeta/indiferente de Kruger, o espectador é, simultaneamente, um *voyeur* exposto, que é flagrado espiando, e os olhos mortais da Medusa. De forma oposta, a interpelação direta da imagem de Al Jolson promete a libertação da paralisia e do mutismo, a satisfação do desejo da imagem silenciosa e imóvel pela voz e pelo movimento – uma exigência literalmente satisfeita pelas características técnicas da imagem cinematográfica.

Figura 8 – Barbara Kruger, *Sem título,* 1981, Mary Boone Galery
"Seu olhar atinge a lateral do meu rosto"

Então, o que querem as imagens? Podemos tirar deduções gerais a partir desse rápido exame?

Meu primeiro pensamento é o de que, apesar do meu gesto inicial de afastar-me das questões acerca de significado e poder das imagens para aproximar-me da questão do desejo, acabei por retornar aos procedimentos da semiótica, hermenêutica e retórica. A questão acerca do que as imagens querem não elimina a interpretação dos signos, tudo que alcança é um deslocamento sutil do alvo da interpretação, uma modificação sutil da imagem que temos das próprias imagens (e talvez dos signos).[31] As chaves para esse deslocamento são: 1) consentir com a ficção constitutiva das imagens como seres "animados", quase agentes, simulacros de pessoas; e 2) considerar as imagens não como sujeitos soberanos ou espíritos desencarnados, mas como subalternos cujos corpos são marcados pelos estigmas da diferença, que funcionam tanto como *mediuns* quanto como bodes expiatórios no campo social da visualidade humana. É crucial para essa mudança estratégica que não confundamos o desejo da imagem com o desejo do artista, do espectador ou mesmo das figuras na imagem. O que as imagens querem não é o mesmo que a mensagem que elas comunicam ou o efeito que produzem, não é sequer o mesmo que elas dizem querer. Como as pessoas, as imagens podem não saber o que querem, devem ser ajudadas a lembrá-lo através do diálogo com outros.

Poderia ter tornado esse questionamento mais difícil analisando pinturas abstratas (imagens que não querem sê-lo) ou estilos como paisagens onde a pessoalidade aparece apenas como uma "filigrana", para usar a expressão de Lacan.[32] Comecei pela face como objeto primordial e superfície da mímesis, do rosto tatuado às faces pintadas. Mas a questão do desejo pode ser dirigida a qualquer imagem e este ensaio é apenas um convite para que você mesmo o faça.

---

[31] Joel Snyder sugere que essa modificação já esteja descrita pela distinção aristotélica entre retórica (o estudo da comunicação de significados e seus efeitos) e poética (a análise das propriedades de um objeto dado, como se possuísse alma). Desse modo, a *Poética* se ocupa da "coisa feita" ou imitação (tragédia), e o enredo deve ser "a alma da tragédia", um conceito elaborado mais adiante quando Aristóteles quando insiste na "totalidade orgânica" das criações poéticas e trata o estudo das formas poéticas como se fosse um biólogo catalogando espécies da natureza. O que nos interessa, obviamente, é o que acontece contemporaneamente com os conceitos de fabricação, imitação e organicismo, hoje, na era dos ciborgues, da vida artificial e da engenharia genética. (N.A.)

[32] Para uma análise da animação/personificação da paisagem como ídolo, ver meu "Holy Landscape: Israel, Paletine and the American Wilderness" (MITCHELL, 2002, p. 261-290). A concepção lacaniana do olhar como uma "filigrana" na paisagem aparece em Lacan (1978, p. 101). Sobre os desejos da pintura abstrata, ver Mitchell (2005, p. 222-244). (N.A.)

O que as imagens querem de nós, o que falhamos em dar-lhes, é uma ideia de visualidade adequada a sua ontologia. Discussões contemporâneas em cultura visual são frequentemente desviadas pela retórica da inovação e modernização. Querem atualizar a história da arte aproximando-a de disciplinas teóricas, do estudo do cinema e da cultura de massa. Querem apagar as distinções entre alta e baixa cultura e transformar "a história da arte em uma história das imagens". Querem "romper" com a suposta dependência da história da arte de noções ingênuas de "semelhança e mímesis", "atitudes naturais" supersticiosas frente às imagens que parecem difíceis de reprimir.[33] Elas apelam a modelos de imagens "semióticos" ou "discursivos" que as revelam como projeções da ideologia, tecnologias de dominação às quais a crítica atenta deve resistir.[34]

Não se trata de tal concepção de cultura visual ser errada ou infrutífera. Muito pelo contrário, ela produziu uma transformação notável até mesmo nos confins adormecidos da história da arte acadêmica. Mas isso é tudo o que queremos? Ou, mais especificamente, é isso tudo o que as imagens querem? A mudança mais profunda que marca a busca de um conceito adequado de cultura visual é precisamente a ênfase no campo social do visual, nos processos cotidianos de olhar e ser olhado. Esse complexo campo de reciprocidade visual não é apenas um produto secundário da realidade social, mas um elemento que a constitui ativamente. A visão é tão importante quanto a linguagem na mediação de relações sociais sem ser, no entanto, redutível à linguagem, ao "signo" ou ao discurso. As imagens querem direitos iguais aos da linguagem e não simplesmente serem transformadas em linguagem. Elas não querem ser nem igualadas a uma "história das imagens", nem elevadas a uma "história da arte", mas sim serem consideradas como individualidades complexas ocupando posições de sujeito e identidades múltiplas.[35] As imagens querem uma

---

[33] Ver a crítica de Michael Taussig (1993, p. 44-45) ao lugar-comum da "mímesis ingênua" como "mera" cópia ou representação realista. (N.A.)

[34] Estou resumindo aqui em linhas gerais os argumentos de Bryson, Holly e Moxey em sua introdução editorial à revista *Visual Culture*. (N.A.)

[35] Outro modo de formular essa questão seria afirmar que as imagens não querem ser reduzidas aos termos de uma linguística sistemática fundada no sujeito cartesiano unitário, mas podem estar abertas à "poética da enunciação" que Julia Kristeva

hermenêutica que retorne ao gesto inicial da iconologia do historiador da arte Erwin Panofsky, antes que este elaborasse seu método de interpretação e comparasse o encontro inicial com uma imagem ao encontro com "um conhecido" que "me saúda na rua removendo seu chapéu" (PANOFSKY, 1955, p. 26).[36]

O que as imagens querem, portanto, não é serem interpretadas, decodificadas, adoradas, rompidas, expostas ou desmistificadas por seus espectadores, ou encantá-los. Elas podem nem mesmo desejar que comentadores bem-intencionados, que pensam que a humanidade é o maior elogio que se lhes pode oferecer, lhes outorgue subjetividade. Os desejos das imagens podem ser inumanos ou não-humanos, mais bem modelados pelas figuras de animais, máquinas, ciborgues, ou mesmo por imagens ainda mais básicas – aquilo que Erasmus Darwin chamava de "o amor das plantas". Portanto, o que as imagens querem, em última instância, é simplesmente serem perguntadas sobre o que querem, tendo em conta que a resposta pode muito bem ser "nada".

Referências

BERGER, J. *About Looking*. New York: Pantheon, 1980.

BHABHA, H. *The Location of Culture*. New York: Routledge, 1994. [*O local da cultura*. Trad. Myriam Ávila. Belo Horizonte: Ed. da UFMG, 2010.]

BORI, P. *The Golden Calf*. Atlanta: Scholar's Press, 1990.

BRYSON, N. *Visual Culture: Images and Interpretations*. Hannover, NH: University Press of New England, 1994.

DELEUZE, G. *Essays on Critical and Clinical*. Trans. Daniel W. Smith and Michael A. Greco. Minneapolis: University of Minessota Press, 1977. [*Crítica e clínica*. Trad. Peter Pál Pelbart. São Paulo: Editora 34, 2011.]

FANON, F. *Black Skins, White Masks*. New York: Grove Press, 1967. [*Pele negra, máscaras brancas*. Salvador: Ed. da UFBA, 2008.]

(1980) transferiu tão brilhantemente da literatura às artes visuais em seu clássico livro *Desire in Language*. Ver especialmente os capítulos "The Ethics of Linguistics" sobre a centralidade da poesia e da poética, e "Giotto's Joy" sobre os mecanismos de *jouissance* (gozo) presentes nos afrescos de Assis. (N.A.)

[36] Para discussões mais extensas acerca do tema, ver meu "Iconology and Ideology: Panofsky, Althusser and the Scene of Recognition" (MITCHELL, 1991, p. 292-300). (N.A.)

FREUD, S. Fetishism. In: *Standard Edition of the Complete Psychological Works of Sigmund Freud*. London: Hogarth Press, 1961. [Fetichismo. In: *Obras Completas de Sigmund Freud*. Rio de Janeiro: Imago, 1996.]

FRIED, M. *Absorption and Theatricality*. Chicago: Chicago University Press, 1990.

GINZBURG, C. Idols and Likeness: Origin, Homilies on Exodus VIII, 3, and Its Reception. In: *Sight and Insight: Essays on Art and Culture in Honour of E. H. Gombritch at 95*. London: Phaidon Press, 1994. p. 55-67.

GAY, P. *The Freud Reader*. New York: Norton, 1989.

HERZ, N. Medusa's Head: Male Hysteria under Political Pressure. *Representations*, n. 4, p. 27-54, Outono. 1983.

JAY, M. *Downcast Eyes: The Denigration of Vision in the Twentieth Century French Thought*. Berkeley: University of Carlifornia Press, 1993.

JONES, C. Finishing School: John Cage and the Abstract Expressionist Ego. *Critical Enquiry*, Chicago, v. 19, n. 4, p. 647, 1993.

KRISTEVA, J. *Desire in Language*. New York: Columbia University Press, 1980.

LACAN, J. *The Four Fundamental Concepts of Psychoanalysis*. New York: Norton, 1978. [*Seminário 11*: Os quatro conceitos fundamentais da psicanálise. Rio de Janeiro: Zahar, 1985.]

LEE, J. S. *Jacques Lacan*. Armherst: University of Massachussets Press, 1991.

MCKINNON, C. *Feminism Unmodified*. Cambridge, MA: Harvard University Press, 1987.

MITCHELL, W. T. J. Iconology and Ideology: Panofsky, Althusser and the Scene of Recognition. In: FARAGO, C. (Ed.). *Reframing the Renaissance: Visual Culture in Europe and Latin America, 1450-1650*. New Haven: Yale University Press, 1991. p. 292-300.

MITCHELL, W. T. J. *Picture Theory*. Chicago: Chicago University Press, 1994.

MITCHELL, W. T. J. *Landscape and Power*. Chicago: Chicago University Press, 2002.

MITCHELL, W. T. J. *What do Pictures Want? The Lives and Loves of Images*. Chicago: Chicago University Press, 2005.

MULVEY, L. Visual Pleasure and Narrative Cinema. *Screen*, Oxford, n. 13, p. 6-18, 1975.

NELSON, R. The Discourse of Icons: Then and Now. *Art History*, London, v. 12, n. 2, p. 144-155, June 1989.

SPIVAK, G. Can the Subaltern Speak? In: NELSON, C.; GROSSBERG, L. (Ed.). *Marxism and the Interpretation of Culture*. Urbana: University of Illinois

Press, 1988. p. 271-313. [*Pode o subalterno falar?* Trad. André Pereira. Belo Horizonte: Ed. da UFMG, 2010.]

TAUSSIG, M. *Mimesis and Alterity*. New York: Routledge, 1993

WITTGENSTEIN, L. *Philosophical Inverstigations*. Trad. G. E. M. Anscombe. Oxford: Basil Blackwell, 1953. [*Investigações filosóficas*. Petrópolis: Vozes, 2005.]

ZIOLKOWSKI, T. *Disenchanted Images: A Literary Iconology*. Princeton: Princeton University Press, 1977.

ŽIŽEK, S. *Looking Awry*. Cambridge, MA: MIT Press, 1992.

As imagens querem realmente viver?

Jacques Rancière

O que entender das palavras *pictorial turn* (virada pictórica)? Está claro que T. Mitchell forjou a expressão como uma resposta ao *linguistic turn* (virada linguística). Resta saber o que "resposta" quer dizer. Isso depende, evidentemente, do que se coloca sob a expressão *linguistic turn*. Ora, essa expressão é portadora de múltiplas significações mais ou menos contraditórias. Pode dizer, de acordo com os pragmáticos e a filosofia analítica, que os problemas da teoria eram, a princípio, uma questão dos usos da linguagem. Mas evoca também a prática semiológica da leitura das imagens como mensagens codificadas, conforme o modelo das *Mitologias*, de Roland Barthes. A virada linguística poderia afirmar a tese lacaniana da materialidade do significante e do primado do simbólico na constituição do sujeito, mas também a tese derridiana evocando o privilégio da fala plena em detrimento do traço gráfico. Afirmar a primazia do linguístico seria, portanto, de um lado, retirar da imagem sua consistência sensível, reduzi-la a seu sentido, quer dizer, às forças que manipulam a linguagem. Por outro lado, seria denunciar sua solidez; subtrair o pensamento à consistência do imaginário mascarava o primeiro trabalho da escrita ou a forma que o simbólico faz efeito no real. A dupla denúncia da consistência e da inconsistência das imagens poderia se resolver em um mesmo "iconoclasma" teórico no qual a fé marxista na inversão do mundo invertido se apoiava sobre uma visão platônica da separação entre o mundo sensível das aparências visíveis e o mundo inteligível, acessível somente pelo exercício dialético. Segundo essa lógica, as imagens exibiriam ao mesmo tempo a inconsistência das aparências sensíveis a dissipar e a consistência de um mundo de dominação reversível pelos explorados, armados pela dialética. As imagens não seriam nada – somente simulacros sem vida – e seriam tudo: a realidade da vida alienada, a consistência do mundo das ligações sociais fundadas sobre a exploração. A operação que desvelaria seu nada estaria garantida por uma aposta ao mesmo tempo na calma do conhecimento que volta das sombras da caverna para contemplar o esplendor inteligível da verdade, e na energia das massas operárias, que terminariam por esmagar o funcionamento do peso da máquina que produz a exploração e as imagens.

Falar de *pictorial turn* é, portanto, fazer duas coisas em uma, duas coisas que são logicamente independentes: é contestar a metafísica que sustentava o *linguistic turn*; é constatar, por outro lado, o esgotamento dessa metafísica, um esgotamento que se manifesta sob uma dupla face. O esgotamento é marcado, de um lado, pela separação entre a denúncia platônica das aparências e a fé marxista na destruição da máquina: o iconoclasma teórico torna-se, então, vazio, dele advém a demonstração niilista do engano de um mundo no qual, já que tudo é imagem, a denúncia das imagens está privada de qualquer eficácia. É esse desencantamento que resume o conceito de Baudrillard de *obscenidade* do mundo da comunicação generalizada, em que o real não se separa mais de sua aparência. Mas, de outro lado, se assistiu a uma requalificação – positiva ou negativa – das imagens, uma reafirmação de sua própria consistência. Nessa reafirmação se encontra o testemunho teórico na evolução do autor de *Mitologias*, que, depois de ter consagrado tanta energia para dissolver as imagens em sua mensagem, se juntou ao seu oposto, em *A câmara clara*, fazendo da fotografia o transporte da qualidade sensível única de um ser, uma qualidade irredutível a tudo isso que pode ser designado como seu sentido. Mas a requalificação se traduz também de maneira mais prática pelo retorno de um iconoclasma literal, quando os Talibãs destruíram os Budas de Bamiyan: assim, eles tornaram essas "obras de arte" pertencentes ao "patrimônio da humanidade" em sua realidade primeira de imagens da divindade, imagens desses falsos deuses cuja falsidade se manifesta justamente no fato de que eles se deixem representar por imagens.

Ao falar de um *pictorial turn*, T. Mitchell assimila a crítica da crítica na declaração de seu esgotamento. Ora, essa assimilação não é evidente. Porque, mesmo se o esgotamento da crítica "iconoclasta" se deixa muito facilmente observar, seu exame pode conduzir a uma dupla conclusão. Se a crítica das imagens teve seu momento, foi talvez porque a mudança de época, anulando seus poderes, revelou os pressupostos duvidosos que a fundaram, ao tempo mesmo que a fé num futuro de revolução ou de progresso sustentava os empreendimentos e voltava a examinar seus princípios. E, certamente, o autor de *Iconology* e de *Picture Theory* aportou a essa crítica da crítica mais de um elemento, ao analisar as pressuposições – filosóficas, sociais, sexistas – que fundam, já em Burke ou Lessing, o privilégio da fala e a desqualificação da imagem visível (MITCHELL, 2009).[1] Ele esclareceu a forma em que uma certa modernidade pôde se construir, privilegiando, dos dois lados da imagem, a materialidade do significante e a da forma visível abstrata. Ao contrário, ele lembra que a imagem não se identifica com o visível e que os poderes da fala são aqueles de suas condensações e deslocamentos, que fazem ver uma coisa em uma outra ou por uma outra. Ele mostrou como o discurso moderno, bem mais que a pureza do significante ou a abstração da forma, se nutriu de seres anfíbios: monstros geradores do discurso como o dinossauro; escritas da história petrificadas como fósseis (MITCHELL, 2005, p. 169-187). Seguiu o destino desses anfíbios através de alguns entrelaçamentos exemplares de palavras e de formas visíveis, como aqueles que William Blake propõe e que poderia figurar como o pai de uma modernidade resolutamente antilessingeniana (MITCHELL, 1995, p. 111-150).

Ao se seguir o fio dessa crítica, talvez não seja necessário falar em pictorial turn. Pode ser suficiente, de um modo genealógico, opor as visões simplistas da imagem como aparência inconsistente ou realidade maléfica à genealogia efetiva dos entrelaçamentos de palavras e de formas que fazem a vida das imagens, uma vida ao mesmo tempo mais sólida que a das aparências e mais leve que a das potências maléficas. Mas é evidentemente possível atribuir outra

---

[1] Ver a respeito "Le Laocoon de Lessing et les politiques du genre" e "Edmund Burke et les politiques de la sensibilité" (2009). (N.A.)

causa ao esgotamento da crítica, e lhe dar uma transformação efetiva no estatuto mesmo das imagens. *Pictorial turn*, então, não designaria simplesmente uma redenção justa à imagem contra as acusações de inconsistência ou de grande consistência. O termo designaria uma virada histórica efetiva, uma mutação no modo de presença das imagens, não mais uma justiça dada pelo observador, mas uma vingança exercida pelas novas potências da imagem contra todos aqueles que negaram seus poderes. Essa segunda via é certamente a escolhida por Mitchell. Isso quer dizer que ele escolheu responder, de uma forma privilegiada, a uma certa crítica das imagens, aquela que declara sua inconsistência: aquela que atualmente as diz desaparecidas no fluxo de comunicação, que as faz, em última instância, apenas números. Mas, para responder a essa crítica, é preciso, de uma certa maneira, reuni-la à outra, aquela que faz das imagens potências dotadas de uma vida maléfica. Reabilitar as imagens, para Mitchell, é insistir em sua vitalidade. As imagens não são reflexos, sombras ou artifícios, são seres viventes, quer dizer, organismos dotados de desejos.

Essa formulação é evidentemente problemática. Alguns estariam tentados a dar a Mitchell uma aprovação que não conviria. Pode-se, de fato, atribuir vida à imagem, trazendo a uma e a outra um certo núcleo de informação. Mas é justamente isso que T. Mitchell não quer. Seu mundo de imagens não é um mundo de mensagens genéticas codificadas, é um tecido vivo que substitui, como as imagens de Deleuze, uma história natural. Mas aqui se impõe uma segunda distinção. A história natural deleuziana define as imagens como formas de vida, mas essas formas de vida são não orgânicas. As de Mitchell, em contrapartida, se inscrevem claramente em uma alternativa em que a vida que se opõe à abstração informática e comunicacional é uma vida orgânica, uma vida simbolizada na imagem de um organismo. O universo biocibernético é, para ele, claramente um universo em que os dois termos entram em conflito, onde a vida se manifesta como a "doença" que resiste à liquidação cibernética das imagens. O *pictorial turn* se deixa descrever, então, como um retorno do recalcado. Mas isso que retorna não é a vida numerada no DNA, não são as formas de vida pré-individuais de Deleuze. É uma vida orgânica, individual. Mas há duas grandes maneiras de pensar essa individualidade: uma é aquela do corpo orgânico estruturado por uma lógica da falta; a outra é a do vírus proliferador.

A vida que Mitchell reivindica para as imagens oscila entre os dois polos. O desejo que ele lhes atribui oscila da mesma maneira entre a expressão de uma falta e de uma vontade e a afirmação schopenhauriana de uma vida que prolifera sem finalidade. Em um polo, há uma vida que se prova por sua falta de vida: a imagem é vivente precisamente porque a ela falta vida, ela precisa de nós para ser o organismo do qual ela ainda é a sombra desencarnada. Assim como esse Tio Sam que reclama o sangue dos jovens americanos. Ele não o reclama como um pai que usaria seus velhos direitos de patriarcas ou da mãe pátria-revolucionária sobre a vida de seus filhos. O tio necessita desse sangue precisamente porque ele não é um pai e porque seu próprio sangue está seco, portanto, ele não pode simbolizar o organismo comunitário sem fazê-lo com a sua carne e o seu sangue (MITCHELL, 2005, p. 37). O jovem tio se torna um vampiro, e a imagem em falta se aproxima de outra figura da imagem vivente, a imagem como vírus proliferante, se amparando na vida dos indivíduos como essa cortina americana que, sobre a fotografia de Robert Frank, corta as cabeças dos habitantes de Hoboken. Mas o vírus se hospeda na cabeça dos artistas e encontra sua imagem matricial nessas nuvens que fazem com que o corpo de William Blake pareça em turbilhão. E o vírus de nossos computadores aparecem menos como artefatos e mais como falhas das máquinas, as formas de uma vida orgânica que retomam seus direitos sobre o código informático.

O *pictorial turn* é, então, menos um retorno imaginário do pensamento contemporâneo do que uma volta da máquina dialética, a transformar as imagens e a vida em linguagem codificada. Tal será, no fundo, a tese de Mitchell: a máquina que quer produzir a vida artificialmente produz de fato um novo tipo de imagens, que define uma nova potência da vida, de uma vida que não se deixa separar de suas imagens e de seus monstros, de suas doenças e de suas mitologias. E que, em todo caso, ele ilustra com a figura de um clone. A vida produzida pelo artifício dos sábios não é qualquer vida. Ela é aquela de uma ovelha, do animal oferecido em sacrifício, mas também do animal simbolizando o Deus que morre e ressuscita por realização do corpo da Igreja e da ressureição final dos mortos.

Assim como Mitchell faz do dinossauro e do fóssil os animais emblemáticos de uma modernidade romântica – uma modernidade não modernista –, ele faz da ovelha clonada o animal emblemático de uma pós-modernidade não pós-modernista: uma pós-modernidade na qual o pretendido reino da máquina comunicacional produz, ao contrário das expectativas e dos estereótipos, uma nova exuberância das imagens como forma de vida. Segundo essa lógica, mesmo as formas da negação e da destruição das imagens tornam-se as provas de sua potência vital reforçada. É o que demonstra a análise da publicidade "iconoclasta" que nos lembra que a sede, e não a imagem, nos faz beber. Mitchell retoma o argumento: a "negação" da imagem em favor da sede é a afirmação da potência que sustenta as imagens, a potência da oralidade. A "sede contra a imagem" é, de fato, uma sede de imagens (MITCHELL, 2005, p. 77-80). Mitchell pode aplicar essa estratégia do retorno a toda forma de iconoclasma, teórico e prático. Denunciar a potência das imagens ou negá-la dá no mesmo: os dois atos expressam para ele a mesma ansiedade diante de sua potência, o mesmo reconhecimento dessa potência. A afirmação baudrillardiana da indistinção definitiva entre imagem e realidade pode agora ser tomada como expressão da potência ameaçadora da imagem tanto quanto as fantasmagorias cibernéticas dos filmes de Cronenberg, mas também tanto quanto as análises das mensagens escondidas na imagem publicitária. O iconoclasta quer preservar os outros desse perigo de que ele se supõe, ele mesmo, preservado. São os outros que sempre se representam como vítimas da potência maléfica das imagens. Mas essa delegação da crença só faz, para Mitchell, acusar a potência. Por que acreditar que os outros acreditam em seus malefícios se não porque se acredita também? O destruidor fanático dos Budas e o sociólogo desiludido da tela total testemunham juntos a força que eles negam.

Esse encontro dos extremos teve, na nossa história, uma cena privilegiada, à qual Mitchell se refere muito naturalmente, a da derrubada das torres do World Trade Center. Mesmo sem fazer referência a elas, dificilmente se pode deixar de pensar que sua análise é uma resposta à análise de Baudrillard. Este último recusou a opinião de que a queda das torres foi um retorno do real desmontando suas teses. Ele destacou, ao contrário, a indissociação entre o evento e a difusão de suas imagens: a realidade não parecia desmentir a ficção porque ela havia absorvido a energia, ela mesma se tornou ficção. E a derrubada das torres havia sido antecipada em sua existência como dublê, que fazia de cada uma o clone da outra. A queda das torres comprovaria que elas eram imagens às quais toda nossa realidade atual se volta. Elas atestariam a tendência suicida carregada por essa realidade. Mitchell retoma o argumento da equivalência entre imagem e realidade. O terrorismo não é o vírus da irrealidade que leva a realidade a confrontar sua própria morte.

Ele é a destruição das imagens como símbolos de uma potência, realidade dessa dominação encarnada e sua imagem. As torres eram para os terroristas as imagens viventes e insuportáveis da potência americana. O argumento é mais clássico e mais razoável, parece, que o de Baudrillard. Mas não haveria um equívoco na ideia de *living image*? A vida do World Trade Center não era a vida de sua imagem. Ela era a vida de um centro de poder efetivo. E a carga simbólica de sua destruição não significa que seja como imagem que as torres foram destruídas. Transformar o símbolo em "imagem vivente" é, em um sentido, dar demais à imagem. Mas, em um outro sentido, é dar muito pouco, ao fazer simplesmente a correlação de uma ansiedade e de uma intolerância. Segundo essa interpretação, as torres foram "punidas" como se elas fossem seres humanos porque elas eram "an affront or visual insult to those who hate and fear modernity, capitalism, biotechnology, globalization" (MITCHELL, 2005, p. 15). Poder-se-ia reprovar Mitchell aqui por se bandear um pouco em direção daqueles que identificam a luta contra o império americano com o "medo diante da modernidade". Ele responderia, sem dúvida, que esse medo não é próprio dos islâmicos, que a inofensiva Dolly provoca, ela também, o pânico na América avançada, e que o medo do terrorismo pode ter as mesmas fontes obscuras que o ultraje ressentido diante da Virgem Maria ornamentada com excrementos de elefante por Chris Ofili. O medo arcaico experimentado diante das imagens, a crença em seu poder maléfico, argumentaria ele, não é privilégio de ninguém. Mas esse argumento que coloca os "primitivos" assustados pela modernidade de costas para os espíritos fortes que se riem deles os coloca em igualdade, ao preço de reduzir a imagem em geral à expressão de crenças e de medos arcaicos insistentes no coração do mundo que acredita tê-las cassado.

Não há como negar a dimensão antropológica das imagens. Os historiadores das imagens, de Aby Warburg a Hans Belting, nos obrigam a lembrar que os objetos que admiramos como "obras de arte" foram primeiro objetos usados em função de rituais, expressão de inquietudes ou de utensílios de práticas exorcistas. O que resta do benefício de contestar "a crítica" que reduz as imagens a ilusões enganosas corre o risco de se perder se a vida que se atribui a elas é uma vida alimentada por crenças e medos. Não se pode pensar a independência das imagens lhes subtraindo do dilema de ser ilusão ou vírus? É bem essa independência que Mitchell encontra diante da fotomontagem de Barbara Kruger, onde o perfil de um rosto de mármore é comentado por essas palavras, alinhadas sobre o lado esquerdo: *"Your gaze hits the side of my face"*. Ele leu ali mensagens contraditórias de uma denúncia feminista do olhar masculino e de uma afirmação da radical indiferença a todo olhar (MITCHELL, 2005, p. 45). Mas essa contradição é também manifestação de um estatuto da imagem que não se deixa reduzir nem à transmissão de uma mensagem nem à absorção modernista da pintura voltada para ela mesma, tal como ilustrado pelo jovem de Chardin ocupado em soprar bolas de sabão. A imagem consistente é precisamente aquela que é ao mesmo tempo *face* e *size* para o olhar, aquela que o acolhe e o rejeita ao mesmo tempo. Essa tensão dos contrários, Schiller – um autor do século de Chardin – transformou em critério de beleza, quer dizer essa "livre aparência" que permite o "livre jogo" do olhar. Michael Fried faz do jovem absorto por suas bolhas o emblema de uma pintura modernista se desviando do teatro para se absorver nele mesmo. Schiller dá ao "jogo" da figura toda uma outra força, colocando seu olhar sobre uma cabeça colossal de uma deusa, a Juno Ludovisi de Roma: uma deusa ociosa, uma deusa que não se sacia com nada e não quer nada (SCHILLER, 1992, p. 207-209). Isso quer dizer também uma deusa que parou de comandar imaginariamente no Olimpo e de servir concretamente na cidade; uma estátua que não exerce mais função e não inspira mais nem adoração nem medo; uma "simples" imagem oferecida ao olhar de qualquer um no espaço neutralizado de um museu. Se o jovem ocioso Chardin serve retrospectivamente de emblema da autonomia da arte, essa deusa serve a outra coisa, sem poder servir de emblema: a autonomização paradoxal de uma experiência estética, de uma experiência livre do jogo e da indiferença oferecida a todos. É a virtude política dessa indiferença que Hegel consagra quando ele exalta, em um quadro de Murillo que representa a inocência olímpica desses pequenos mendigos de Sevilla, crianças esfarrapadas, que não fazem nada e com nada se preocupam. Nada fazer, tal é a virtude paradoxal, a virtude indissoluvelmente estética e política das imagens.

É ainda essa virtude da indiferença da imagem que oferece sua força na imagem de Barbara Kruger. O rosto de uma mulher com raiva franzindo a sobrancelha e lançando um olhar violento ao homem agressor pode ser eficaz "na vida". Não tem nenhuma eficácia como imagem. As feministas que querem denunciar o estatuto da mulher no mundo da arte preferem, não sem razão, a máscara do gorila. Mas o gorila de *Guerrilla Girls* se dá como emblema, não como obra. O perfil de mármore de Barbara Kruger se dá como obra política. Mas se ele pode fazê-lo, é por unir dois estatutos oposto da imagem. O artista construiu sua imagem articulando duas ambiguidades: a do perfil do qual não se sabe se ele distorce a dignidade do olhar ou se ele afirma imediatamente sua independência em relação a ele; a do texto, do qual não se sabe se ele denuncia a agressão que ainda bate no perfil que escapa ou se ele afirma que ele estará sempre ao lado de sua mira. Mas essa construção de imagem como operação polêmica é uma faca de dois gumes, e só é possível apoiada sobre uma primeira camada imagética, sobre uma indiferença, uma "ociosidade" fundamental da imagem. A operação polêmica pode funcionar porque a imagem neutraliza o que distingue a mulher – aqui permanecendo quase andrógina – da deusa e aquilo que opõe a carne, refletindo a luz na frieza do mármore. Ela funciona porque as palavras que explicitam o conflito são separadas ao mesmo tempo de toda boca vivente que as pronuncia e da disposição normal das frases, as palavras são autonomizadas como epitáfios sobre as placas de mármore, espacializadas por sua sombra. A imagem é eficaz ao abolir a distinção usual entre a abstração desencarnada das palavras e a vitalidade do corpo.

Era assim que funcionavam, já nos anos 1920, os cartazes de Rodchenko, espacializando as palavras em formas simplificadas de objetos representados a fim de uni-las em uma mesma direção, uma mesma flecha voltada em direção à conquista do futuro. É ainda isso o que fazem, de outra forma, as "imagens reais" pelas quais Alfredo Jaar escolheu "representar" o genocídio em Ruanda. Essas "imagens reais" não representam para nós nenhum dos corpos sacrificados. Elas nos mostram palavras inscritas sobre caixões negros nas quais estão fechadas as fotografias dos corpos ausentes, quer dizer que ele lhes dá um outro corpo, um corpo e uma história singular em lugar de um corpo anônimo da vítima do massacre de massa. O que constitui a imagem é a operação que transforma uma corporeidade em outra. E é ainda uma metamorfose desse gênero que Mitchell (1994, p. 281-322) analisa quando estuda, em *Let Us Now Praise Famous Men*, uma outra política de "igualdade" de palavras e representações visuais, aquela que joga sobre a independência radical da série visual e da série verbal, fornecendo de um mesmo golpe imagens políticas menos "viventes" mas talvez mais eficazes que as montagens dramáticas de corpos viventes e de pensamentos concentrados presentes à mesma época em *You Have Seen Their Faces*.

Talvez a ovelha sacrificial seja agora uma "imagem" enganadora do estatuto das imagens. Platão já ensinava: a imagem de Crátilo não é um segundo Crátilo. O reino da imagem termina lá onde um corpo é a réplica de um corpo em carne e osso. A ovelha clonada não é mais uma imagem, e se as torres não fossem nada além de imagens, teria sido suficiente destruí-las como efígie. Dar às imagens sua consistência própria é justamente lhes dar a consistência de quase-corpo que são mais que ilusões, menos que organismos vivos. Na resposta para "o que querem as imagens?", é preciso, nos diz Mitchell (2005, p. 48), correr o risco de que a resposta seja "nothing at all". Talvez de fato as imagens não queiram nada, senão que as deixem tranquilas, que não as obriguem a serem viventes, um benefício que talvez estejamos um pouco inclinados a dar e que não demanda tanto. Ou, para dizer de outra forma, são os fabricadores de imagens que querem fazer alguma coisa, mas talvez eles possam fazer justamente porque as imagens, elas mesmas, não querem nada. E se amamos vê-las, é pela capacidade que temos de lhes emprestar ou de lhes subtrair ao mesmo tempo vida e vontade. As grandes narrativas da modernidade jogaram com duas teologias da imagem que são, todas duas, teologias de antirrepresentação, da dissipação das sombras: há a teologia modernista negativa que opõe a obscenidade do real e as miragens da representação à virtude autônoma das palavras e das formas puras; e há a teologia romântica positiva da encarnação, essa faz da separação das palavras e das aparências o mal absoluto e reivindica para toda a imagem, toda palavra, toda sensação, um corpo vivente. Sem dúvida é preciso sair desse dilema para pensar a natureza e as metamorfoses desses quase-corpos que são as imagens. "Pictures want equal rights with language, not to be turned into language. They want neither to be levelled into a 'history of images' nor elevated into a 'history of art', but to be seen as complex individuals occupying multiple subject positions and identities" (MITCHELL, 2005, p. 47). Poder-se-ia protestar que essa vontade de singularizar as imagens lhes empresta ainda muito de "desejo". Mas isso seria esquecer o papel do "como se" no pensamento de Mitchell. Tomemos, portanto, a liberdade de corrigir em seu lugar: as imagens fazem como se elas quisessem tudo isso. É, em todo caso, assim que devemos vê-las se quisermos fazer justiça à sua vida sem obrigá-las a ser tão viventes.

Referências

MITCHELL, W. T. J. *Picture Theory*. Chicago: Chicago University Press, 1994.

MITCHELL, W. T. J. *What do Pictures Want?* Chicago: Chicago University Press, 2005.

MITCHELL, W. T. J. *Iconologie: image, texte, idéologie*. Trad. Maxime Boidy et Stéphane Roth. Paris: Les Praires Ordinaires, 2009.

SCHILLER, F. *Lettres sur l'éducation esthétique de l'homme*. Trad. R. Leroux. Paris: Aubier, 1992. [*A educação estética do homem*. Trad. Roberto Schwarz e Márcio Suzuki. São Paulo: Iluminuras, 2002.]

IV. Restituições

Devolver uma imagem

Georges Didi-Huberman

As questões mais ingênuas escondem, muito frequentemente, todos os seus recursos para provar a real complexidade das coisas. É ainda o "pensamento grosseiro" que se revela o mais propício – segundo a ideia de Walter Benjamin (2003 [1935], p. 72-73), comentando a pedagogia paradoxal de Bertolt Brecht em suas montagens épicas – para reivindicar uma visão dialética, mais sutil, dessas coisas complexas que são as imagens. Por exemplo, não é inútil se perguntar *de que* exatamente uma imagem é imagem, quais são os aspectos que aí se tornam visíveis, as evidências que apareceram, as representações que primeiro se impõem. Essa questão tem, ainda por cima, a vantagem de suscitar o interesse pelo *como* das imagens, outra questão crucial. E depois, existe a questão totalmente tola – e totalmente maldosa, na realidade, quero dizer a questão política – de saber *a quem* são as imagens. Diz-se: "tirar uma foto". Mas o que se tira, *a quem* se tira exatamente? Tira-se verdadeiramente? E não é preciso devolvê-la a quem de direito?

★

No seu sentido antigo, ligado à antropologia política do mundo romano da época da República, a *imago* – deixemos por um instante o *eikón* grego, esta é uma outra história – coloca imediatamente a questão de sua posse e de sua restituição. O gesso "tira" o rosto da morte, depois é preciso "retirar" o molde, e despejar a cera quente para obter uma "tiragem" e, quando as novas crianças da família tomam para eles suas imagens ancestrais, "retirar" novos exemplares a fim de que a imagem, assim reproduzida, garanta sua função de transmissão genealógica e honorífica. Porque a imagem, nesse sentido, é um objeto de culto privado – os ancestrais, a morte, a família – e um objeto de culto público – o "direito de imagem" estando de acordo apenas com o lugar que ocupa o ancestral na *res publica*, e a exposição das *imagines* sendo um espetáculo público no quadro das "pompas fúnebres" ou rituais de enterro –, pode-se dizer que a imagem institui a questão da semelhança fora de toda a esfera "artística" como tal. Ela aparece mais como um objeto do *corpo privado* (o rosto daquele cuja imagem é fabricada) que retorna à esfera do *direito público* (Didi-Huberman, 2000, p. 59-83).

*

O que é isso hoje? Vilém Flusser (2006, p.122-123), em seu artigo sobre "La politique à l'âge des images techniques", descreve a situação assim:

> Antigamente as informações eram publicadas no espaço públi-
> co, e as pessoas deviam deixar suas salas para ter acesso a elas [...]
> Elas eram, de bom ou mau grado, "politicamente engajadas".
> Hoje, as informações são transmitidas diretamente do espaço
> privado ao espaço privado, e as pessoas devem permanecer em
> casa para ter acesso a elas. [...] Elas suportam um "desengaja-
> mento político", porque o espaço público, o fórum, não serve
> mais para nada. Nesse sentido, pretende-se que "o político" está
> morto e que a história se debruça sobre a pós-história, onde
> nada progride e onde nada, simplesmente, se passa.

Poder-se-ia dizer também que a maior ilusão produzida por esse "aparelho de Estado" das imagens é que nada *se passa* no mundo se não *se passar* na televisão.

O que fazer para *restituir* alguma coisa à esfera pública para além dos limites impostos por esse aparelho? É preciso *instituir os restos*: *tomar* nas instituições o que elas não querem mostrar – o rebotalho, o refugo, as imagens esquecidas ou censuradas – para retorná-las a quem de direito, quer dizer, ao "público", à comunidade, aos cidadãos.

É exatamente o que faz Harun Farocki quando nos mostra, em seus filmes ou instalações, conjuntos de imagens que não tinham, de início, vocação para serem tornadas públicas. Por exemplo: em *Ein Bild*, de 1983, assistimos à lenta fabricação – tão entediante em seu tempo real quanto qualquer processo artesanal visto de fora – de uma imagem erótica para a revista *Playboy*; em *Videogramme einer Revolution*, de 1992, tivemos acesso, no contexto da televisão estatal, às imagens da queda política por ocasião dos acontecimentos na Romênia, em 1989; em *Gefängnisbilder*, de 2000, vemos as imagens que não iriam, normalmente, jamais deixar os arquivos de determinadas prisões americanas; em *Die Schöpfer der Einkaufswelten*, em 2001, nos surpreendemos com as decisões publicitárias destinadas a nos tornar instrumentalizados pelo espaço do supermercado; enfim, em *Immersion*, de 2009, Farocki nos dá meios para uma tomada de posição sobre certas técnicas militares de "terapia psíquica", precisamente concebidas para que não se possa jamais avaliá-las, seja para nos fazer sofrer, seja para nos levar a ignorá-las.

★

Frequentemente questiona-se Harun Farocki sobre sua *forma de fazer*, de obter, de manipular essas "imagens operadoras" do mundo científico, comercial, esportivo, político ou militar. "De onde você obtém esse material", pergunta-se a ele. E ele responde – sua malícia, seu humor sempre caminham juntos com a exatidão e a eficácia –: "Não tenho o direito de dizer. Se tivesse, diria agora...". Mas ele diz outra coisa, se resguarda de explicar como encontra e como tira as imagens que irá nos mostrar (FAROCKI, 2002, p. 97). Recentemente, lhe fiz a mesma pergunta, insistindo no aspecto jurídico. Ele me respondeu que entendia usar o direito de citação que protege justamente – e sem dúvida artificialmente – o mundo da arte. Evocou o exemplo, imundo, segundo ele, de Erwin Leiser, obrigado a pagar direitos a Leni Riefenstahl por seu filme *Mein Kampf*, como se, diz ele, "os nazistas se beneficiam da crítica ao nazismo". Também evocou o Domínio Público do direito americano. E me confidenciou que teve que comprar os direitos das imagens da televisão romena, mas por uma quantia incoerente com as 50 horas contidas no arquivo. Ele calcula, geralmente, a partir do fato de que as imagens interessantes ao seu propósito parecem, com frequência, a título de material, despidas de interesse para aqueles que a detêm. É evidentemente por sua montagem que elas se tornam verdadeiramente explosivas: a partir da sua forma de restituir, verbo que diz ao mesmo tempo da transformação de um objeto e de sua substituição por um outro.

★

As montagens de Harun Farocki têm, portanto, muito pouco a ver com os procedimentos de *desvio* usados antigamente pelos Situacionistas[1] e, depois, pelos diferentes praticantes do *Sample* (BEAUVAIS; BOUHOURS, 2000, p. 18-30). Seu gesto político não de se apropriar, mas de devolver pontos de vista, modo dialético de operar não apenas "derivante", se se pode dizer assim. Uma sugestão de Hal Foster torna a questão ainda mais aguda: porque é o modo operador de Andy Warhol que está aqui convocado, apesar dos "fins brechtianos" reconhecidos no trabalho do cineasta. Como Warhol, explica Foster (2004, P. 158), Farocki "anexa" imagens encontradas. Mas *anexar* quer dizer, estritamente, "fazer passar sob uma dependência", o que se diz de uma população ou de um território conquistado militarmente, por exemplo, os africanos colonizados e tornados escravos por aqueles que "anexaram" seu território e, mais ainda, suas vidas. Anexar quer dizer, portanto, *possuir*, segundo o antigo valor do *mancipium* romano, como quando se compra alguma coisa – ou alguém – para dele dispor a sua maneira segundo seu direito privado.

Tudo que Warhol tirou, ele guardou em suas mãos. Ele não "retornou" senão à venda. Ele dispôs a sua maneira, se dando ao direito de recontar sua história: conhece-se primeiro o nome de suas *Stars*, claro, mas não se conhece mais o nome das vítimas de seus *Disasters*. Tudo aquilo que ele tirava, transformava em obra de arte e, para isso, fica com o *copyright*, outra forma – tipicamente capitalista – de garantir a transmissão de um bem. Poder-se-ia dizer que a estratégia de Harun Farocki é exatamente inversa: não é nem questão de mercado, nem mesmo da arte como tal, que preside sua decisão de *tirar*, aqui ou lá, as imagens que lhe interessam. Isso em direção ao que ele tende é,

---

[1] O autor refere-se ao movimento fundado pelo intelectual francês Guy Débord, Internacional Situacionista. (N.T.)

justamente, o desaparecimento do *copyright* no domínio dos arquivos visuais da história. Ele não tira para tomar conhecimento, jamais para impor sua marca de fábrica: assim, a mulher do *Album d'Auschwitz*, em *Images du monde et inscription de la guerre*, não se tornará jamais um indicador estilístico da arte de Farocki. Enfim, ele não toma conhecimento senão para dar a conhecer: para retornar as imagens a quem de direito, quer dizer, ao bem público. Em suma, para emancipá-las.

★

Um dos textos mais famosos da estética contemporânea tratou, não por acaso, dessa questão da *restituição*. Trata-se do capítulo consagrado por Jacques Derrida (1978, p. 291-436), em *La verité en peinture*, ao debate que havia oposto o grande filósofo da existência, Martin Heidegger, ao grande historiador da arte neomarxista, Meyer Schapiro. A seguir, o argumento geral: em seu texto "Origem da obra de arte" – que data dos anos 1935/1936 –, Heidegger toma como exemplo "um célebre quadro de Van Gogh" representando os "sapatos do camponês". Depois ele expõe todo um paradigma para enunciar que "a matéria e a forma, assim como a distinção entre os dois, remontam a uma origem mais longínqua" que o quadro nos permite apreender através de seu "apelo silencioso da terra" (HEIDEGGER, 1980 [1935/1936], p. 32-35). Em 1968, Schapiro (1982 [1968], p. 349-360) refuta esse exemplo primeiro ressaltando que esse "célebre quadro" não é senão o resumo mental, por Heidegger, de muitas obras pintadas por Van Gogh sobre o mesmo tema; e que esses "sapatos de camponês" evocando o enraizamento do *Heimat* são, na realidade, "objetos pessoais" do artista, esse cidadão boêmio errante nos campos de Arles.

Esse resumo simples já nos faz compreender a centralidade, nesse debate, ocupada pelo jogo da restituição. Derrida começa por colocar frente a frente as tentativas de *atribuir* a qualquer um em particular isso que se quer pensar como o ato de *restituir* a quem de direito:

> O desejo de atribuição é um desejo de apropriação. Na arte com em qualquer outro lugar. Aqui (nessa pintura ou nesses sapatos) retorna a X, isso que volta a dizer: isso volta a mim pelo desvio do "isso retona a (um) eu". Não apenas, isso volta como próprio a este ou aquele, ao portador ou à portadora

[do sapato], mas isso *me* volta como próprio, por um breve caminho de apropriação: a identificação, entre muitas outras identificações, de Heidegger com o camponês e de Schapiro com um cidadão, daquele com o sedentário enraizado, do outro com o emigrante desenraizado. [...] Cada um diz: eu vos devo a verdade em pintura e eu a direi. Mas é preciso carregar o acento sobre a dívida e sobre o *devo*, verdade sem verdade da verdade. O que eles devem, todos os dois, e o que eles devem quitar nessa restituição dos sapatos, um pretendendo devolvê-los ao camponês, o outro ao pintor? (DERRIDA, 1978, p. 297, 309)

A grande virtude desse raciocínio é manter o ato de restituição fora de toda atribuição tal ou qual: restituir não é atribuir alguma coisa a alguém para que ele anexe e se privilegie [e sobre ele prevaleça] um direito privado. A restituição não implica nem anexação nem a aquisição de propriedade. Desde que uma coisa pertence a um proprietário, ele não é mais restituído. Haveria, sem dúvida, ao lado disso, muito a discutir sobre a maneira que Derrida adota para "fazer justiça" à restituição no debate entre Schapiro e Heidegger: penso na sua crítica unilateral do *expert* em história da arte, como ele diz (DERRIDA, 1978, p. 318-323; 413-415; 421-426), diante de um filósofo cuja fórmula *es gibt* ("há", "isso dá") brilha quase, ao longo do texto, como uma fórmula mágica (p. 313; 324-326). É ignorar que, no ensaio de Heidegger (1980, p. 87-89), "a terra" é justamente isso que se diz pertencer propriamente a um "Povo" cujo anúncio do "despertar" denota uma situação histórica – 1935, as leis de Nuremberg – onde os não proprietários, os não enraizados – entendidos como "não Arianos" –, se encontravam precisamente excluídos. Derrida (1978, p. 32 e 57) preferirá se limitar a compreender o *es gibt* e sua restituição, na obra de arte, como um "dom de prazer" (para retomar por sua conta o gosto kantiano) ou como um "dom de abismo" (para retomar, para desviar, a profundidade heideggeriana).

★

Os grandes textos filosóficos sobre arte, tanto quanto me lembro, abrem quase todos, explicitamente ou não, uma perspectiva ética e política sobre o terreno das noções estéticas postas em obra. Isso é verdade para a *Poética*, de Aristóteles (não há valor para a arte fora da *pólis*), como para *De pictura*, de Alberti (não há valor para a arte fora da dignidade cívica), para a *Crítica da faculdade do juízo*, de Kant (não há valor para a arte que não coloque a questão teleológica e moral), como para a *Estética*, de Hegel (não há valor para a arte sem inscrição da história). As exposições de Derrida, em *La Verité en peinture*, não são exceção: não se saberá formular o conceito estético de "restituição" sem interrogar, em algum momento, a ética da dívida e do dom.

Se fosse preciso encontrar algumas palavras mais humildes para estabelecer a relação entre essas grandes questões filosóficas e o sentimento particular suscitado pelas obras de Harun Farocki, gostaria, espontaneamente, de falar aqui nos simples termos da generosidade e da modéstia. *Generosidade* da restituição: restituir é dar antes de qualquer troca e, mesmo, como sugere Derrida (1974, p. 269-270), antes de todo estado de "ser". É dar sem reter, sem resto, sem interesse, sem capital, sem processo de apropriação ou expropriação (DERRIDA, 1972, p. 27). É dar de forma que a relação ao outro se tome antes de toda dívida e, mesmo, antes de toda violência, com Derrida (1967, p. 219), retomando a noção de Emmanuel Lévinas. É dar sem dever, mesmo se esse "dar demanda e toma tempo" (DERRIDA, 1991, p. 59-60; p. 94). É dar mais do que aquilo que parecia dever ser prometido, segundo uma fórmula kantiana – a propósito do poeta – comentada por Derrida (1975, p. 71) no sentido da "sobreabundância [que] rompe generosamente a economia circular".

Que a generosidade assim entendida tenha a ver com a sobreabundância foi o que Georges Bataille (1976, p. 181-280) compreendeu sem dúvida e desenvolveu melhor do que ninguém. Derrida (1974, p. 269) – através de Hegel, Nietzsche e Marcel Mauss, as mesmas fontes de Bataille – retoma essa ideia quando fala, por exemplo, do "evento irruptivo do dom", ou mesmo quando descreve como esse evento se revela excessivo, portanto, perigoso, como indicado no duplo sentido da palavra *Gift* já revelado por Mauss: dom e veneno ao mesmo tempo (DERRIDA, 1972, p. 150). Por que um veneno? Porque a abundância, a enormidade da coisa restituída nos envenena a vida, em todo caso, nos complica a vida. De fato, não deveria complicar, ao nos fazer rever cada dia, por nossa própria conta, as imagens dos nossos "aparelhos de Estado", uma vez que Farocki desmontou e restituiu a estratégia, a duplicidade, a complexidade, a formidável técnica? A restituição nos completa: isso quer dizer, não que nos preenche, mas que nos transborda, nos dificulta. Tal é o valor literalmente explosivo que, lembremo-nos, Walter Benjamin reconhecia já na restituição da história – história tornada visível – que ele nomeou de "imagens dialéticas".

★

Modéstia da restituição: Farocki se contenta em nos tornar visíveis certos aspectos de nossa sociedade, que poderíamos perceber por nós mesmos, se tivéssemos tempo e energia para o trabalho. Ele faz despertar nossa raiva, suscita nosso pensamento, mas sem jamais criar primeiros planos enfáticos ou ostentadores (como em Warhol). Ele age pacientemente, sem efeitos de estilo, *sem aparecer*, como se diz. Não há nenhuma contradição, em Derrida (1991, p. 29), em falar do dom como "evento irruptivo" e depois dizer que "para que haja dom, é preciso que o dom não apareça, que ele não seja percebido como dom".

Essa modéstia não procede de uma pura e simples virtude moral. É o resultado de uma reflexão política e de uma posição de conhecimento: Farocki definitivamente subscreve o fato de que *as imagens constituem um bem comum*. Aquilo que ele nos restitui, tira na passagem em certas instituições que tentam – segundo estratégias evidentes de poder – se apropriar e, quando ele nos devolve, sabe que devolve a quem é de direito. Ele não é senão o atravessador (mas há todo um trabalho, já que é preciso, para "fazer passar", ele mesmo passar entre as malhas de uma rede de controle muito fechada). Ele não fica com nenhum *copyright* nessa passagem: a mulher que passa na fotografia do *Album d'Auschwitz* ou as imagens do campo nazista de Westerbork não pertencem à obra de Farocki. Elas voltam a nós porque sempre nos concerniram, porque fazem parte do nosso patrimônio comum. Evidentemente, quando esse patrimônio concerne a nossa história imediata – a vida inviável nas prisões, a gestão visual das operações militares no Iraque –, as coisas tomam um caminho mais diretamente político e polêmico. Aí está por que a modéstia dessa restituição não se dá sem efeito transgressor. O *dom das imagens* que Harun Farocki nos faz teria, portanto, a ver com o que Giorgio Agamben nomeia uma *profanação*. Farocki certamente não joga na lama as imagens que ele mostra e que ele remonta em seus filmes e suas instalações. Ao contrário, demonstra por elas um *respeito* exemplar (ele respeita ao máximo os modos de funcionamento, para melhor demonstrá-los). Mas esse respeito é profanação, no sentido preciso que lhe restitui Agamben (2005, p. 91 [2007, p. 65]): "E se consagrar (*sacrare*) era o termo que designava [no antigo direito romano] a saída das coisas da esfera do direito humano, profanar, por sua vez, significava restituí-las ao livro uso dos homens".[2] A profanação seria, nesse sentido – e na medida da manipulação que Farocki empreende sobre as imagens que ele desmonta e remonta –, "um contágio profano, um tocar que desencanta e devolve ao uso aquilo que o agrado havia separado e petrificado" (p. 93 [2007, p. 66]).

Aí está como Farocki "profana" as estratégias visuais do comércio internacional ou da indústria militar contemporânea: ele tenta, por *remontagens* interpostas, "não simplesmente abolir e cancelar as separações, mas aprender a fazer delas um novo uso, a brincar com elas" (AGAMBEN, 2005, p. 110 [2007, p. 75]). É assim que a vida na prisão ou a maneira de manejar uma guerra se tornará verdadeiramente *questão nossa e de todos*. Não espanta o fato de que Giorgio Agamben tenha dado ao seu belo "Elogio da profanação" uma conclusão explicitamente política para o tempo presente: "Por isso é importante toda vez arrancar dos dispositivos – de todo dispositivo – a possibilidade de uso que os mesmos capturaram. A profanação do improfanável é a tarefa política da geração que vem" (p. 117 [2007, p. 79])

*

Essa modéstia essencial, em Farocki, não deixa de ter consequências diretas sobre o estatuto de seu *trabalho* como produtor de *obras* de arte acessíveis nos lugares em que a indústria cultural chama de "galerias" ou "museus". As instalações de duas – ou várias – telas de Farocki permitem, sem dúvida, um deslocamento espacial muito eficaz e salutar de seus procedimentos de montagem que os filmes monobandas tornam sensíveis apenas na sua sucessão temporal. "Esse questionamento diante de duas telas e duas imagens se presta maravilhosamente ao espaço do museu", escreveu um organizador da exposição, "porque ele pode se deslocar fora de instalações com monitores

---

[2] As referências entre colchetes são da tradução brasileira que reproduzo. AGAMBEN, G. Profanações. Tradução Selvino J. Assman. São Paulo: Boitempo, 2007. (N.T.)

ou com projeções" (Thériault, 2008, p. 34). Mas se essa situação é tão "maravilhosa" como se pode, de fato, pensá-la?

A posição de Farocki parece muito mais nuançada (portanto muito menos entusiasmada diante da questão das imagens como objetos de exposição no museu):

> Quando um dos meus filmes passa na televisão, tenho a impressão de lançar uma garrafa ao mar e devo, para me apresentar a um espectador, inventar todo tipo de truque. Em uma sala de cinema, ao contrário, me parece que posso sentir menos flutuação na atenção dos espectadores, e que saberia relacioná-los ao agenciamento das imagens. As pessoas que veem meus filmes nas salas de exposição me falam com mais frequência do que aquelas que veem no cinema, mas tenho mais dificuldade de compreender aquilo que elas me dizem.
>
> Quando *Section* foi apresentada no Centro Georges Pompidou durante mais de três meses, sobre dois monitores instalados em uma cabine de madeira munida de um banco de cinco lugares, havia calculado que meu trabalho tocaria mais pessoas ali do que nos cineclubes e em outros lugares mais estritamente voltados para o 'cinema'. Frequentemente me perguntam por que larguei o cinema em prol da sala de exposição, e devo responder que, em primeiro lugar, não tenho escolha. *Vidéogrammes d'une révolution* foi o último dos meus filmes distribuídos em salas de cinema; no dia da estreia, havia apenas um único espectador nos dois cinemas berlinenses onde o filme estava sendo exibido. A segunda resposta é que os visitantes das salas de exposição têm uma ideia menos fixa da maneira como sons e imagens devem se articular. Eles estão mais dispostos a procurar na obra a medida do que foi aplicado. É justamente a razão dessa relativa ausência de preconceitos que é difícil apreciar suas reações.
>
> Quando vi *Auge/Maschine* pela terceira vez abrigada em uma exposição em uma galeria de Nova Iorque, as duas bandas estavam sendo projetadas lado a lado sobre um muro branco. Nesse vasto espaço, fui sensível à característica "deslocada" de todas essas imagens laboriosamente coletadas entre os institutos de pesquisa, os serviços de relações públicas, os arquivos de filmes educativos e outros. As imagens funcionais de uma finalidade puramente técnica são usadas para uma operação

precisa e são, em seguida, na maioria das vezes, apagadas de seu suporte, imagens apenas de uso técnico. Que o comando norte-americano tenha mostrado tais imagens da Guerra do Golfo, imagens que não visavam nem a edificar nem a instruir, mas somente a funcionar uma vez, isso é também um incrível deslocamento, isso é arte conceitual. Minhas imagens também querem atender à arte no máximo acessoriamente (Farocki, 2002, p. 23-24).

Farocki assume, então, o deslocamento – ou a desterritorialização – das imagens do comando militar americano para o sofisticado *white cube* da galeria de Nova Iorque. Mas ele está perfeitamente consciente do perigo de reterritorialização que sua obra sofre neste mesmo momento: arrisca-se, portanto, de não ver essas *imagens para destruir* e, ao contrário, ver *imagens para seduzir* um público culto que ali verá, doravante, alguma coisa da arte conceitual. As montagens de Farocki se prestam "maravilhosamente" à exposição em museus: mas sob condição de desencantar essa "maravilha". Farocki não é um fabricante de colecionismos, mas um pesquisador de documentos técnicos que remonta sob a forma de um atlas em movimento, a fim de torná-los legíveis e de condenar a violência do mundo que as tornou possíveis. Toda a questão, quando se levanta sua raiva à altura de uma forma, é não deixar se dissolver – se sublimar – a raiva na forma.

*

Aí está por que Farocki não se sente completamente tranquilo quando os visitantes de uma exposição – armados de toda a história da arte moderna e pós-moderna – aceitam amavelmente suas soluções de montagem como trabalhos formais. Eles não estão "mais dispostos a procurar na obra" a necessidade de sua existência?

Mas aí está justamente onde reside o problema (onde ressurge a dupla questão, gnosiológica e política). Está-se quase sempre satisfeito com seus *achados*, o que ajuda a valorizá-los, por exemplo, no mercado de arte. Enquanto sua pesquisa ou seus "ensaios" nunca forem concluídos, mesmo se, ao seu redor, no entusiasmo endógeno da galeria de arte, todo mundo quer te convencer de que você fez uma "obra de arte", ou seja, um objeto acabado, portanto suscetível de entrar nos circuitos de troca. Daí o mal-entendido que, no mundo da arte, ameaça Harun Farocki como um modesto pesquisador de imagens, e não um virtuoso com seus achados.

Em *A parte maldita*, Georges Bataille (1976, p. 439) julgava assim os limites fundamentais que o mundo capitalista, diferentemente do mundo comunista, atribuía à "soberania do artista": "Na sociedade soviética, o escritor ou o artista estão a serviço dos dirigentes [...]. O mundo burguês que, de uma maneira fundamental, é, ainda mais que o comunismo, fechado à soberania decisória, acolhe, é verdade, o escritor ou o artista soberano, mas sob a condição de ignorá-lo". Forma de dizer que é possível, no contexto do museu, "amar", "gostar" como *obra*, de uma montagem de Farocki, sem tirar dela as consequências demonstradas por seu *trabalho*. Este é, sem dúvida, um ponto sobre o qual Farocki – depois de ter retido a inestimável lição de *A dialética do esclarecimento* – bifurcará sensivelmente a via traçada por Adorno em sua *Teoria Estética*.

O filósofo, sabe-se, defendia a "grande arte autônoma" naquilo que "ela critica a sociedade pelo simples fato de ela existir" (ADORNO, 1974, p. 287). Ele via com maus olhos esse "entrelaçamento das artes" cujo "fenômeno originário" ele reconhecia no "princípio de montagem" e a consequência, sem dúvida nefasta, um recobrimento recíproco da realidade estética e de inúmeras realidades extraestéticas que o cercam.

> Quanto mais um gênero deixa entrar em si isso que seu *continuum* imanente não se contém nele mesmo, mas ele participa do que lhe é estranho, disso que é a ordem da coisa, do lugar de imitação. Ele se torna virtualmente uma coisa entre as coisas, ele se torna portanto isso que não sabemos o que é (ADORNO, 2002, p. 70).

Adorno não estava propriamente "errado" ao dizê-lo, certamente. O que ele diz de Beckett, por exemplo, guarda aos nossos olhos toda sua força e pertinência. Mas as condições históricas mudaram, notadamente no plano das relações institucionais entre a arte e a sociedade. Não há mais lugar, no nosso mudo contemporâneo, de opor, tão simplesmente quanto fez Adorno, a "grande arte autônoma e as "indústrias culturais". A grande arte tornou-se ela mesma uma grande indústria cultural, até o "desgosto" que isso pode, de um modo ou de outro, terminar por inspirar (BROSSAT, 2008).

Confrontado por essa situação, entre a desertificação dos cinemas de "ensaio" e a insolente acolhida das galerias "de arte", Harun Farocki tenta, da maneira que vejo, manter sua ética de pesquisador. Ele talvez guarde na memória o que, em 1929, Walter Benjamin, refletindo justamente sobre o lugar do artista – e o artista "sonhador" por excelência, o surrealista – na crítica da sociedade, nomeava uma *organização do pessimismo pelas imagens*. Até considerar que o artista não exclui, sem interromper seu trabalho, interromper sua própria carreira artística (como uma boa montagem interrompe o curso normal das coisas):

> Organizar o pessimismo significa simplesmente extrair a metáfora moral da esfera da política, e descobrir no espaço da ação política o espaço completo da imagem. Mas esse espaço da imagem não pode de modo algum ser medido de forma contemplativa. [...] Na verdade, trata-se muito menos de fazer do artista de origem burguesa um mestre em "arte proletária" que de fazê-lo funcionar, mesmo ao preço de sua eficácia artística, em lugares importantes como desse espaço de imagens. Não seria a interrupção de sua "carreira artística" uma parte essencial dessa função? (BENJAMIN, 1929, p. 133 [1993, p. 34]).[3]

Nesses anos – 1929, 1930, os mesmos da grande crise social e econômica no mundo –, Georges Bataille descrevia na sua revista *Documents* a maneira, aí incluída a artística, de conjurar tal pessimismo:

> O jogo do homem e de sua própria podridão continua nas condições mais mornas sem que um jamais tenha a coragem de confrontar o outro. Parece que nunca poderemos nos encontrar diante da imagem grandiosa de uma decomposição cujo risco intervém a cada sopro e, no entanto, o sentido mesmo de uma vida que preferimos, não sabemos por que, a uma outra cuja respiração poderia nos fazer sobreviver. Dessa imagem não só conhecemos a forma negativa, os sabonetes, as escovas de dente e todos os produtos farmacêuticos cuja acumulação nos permite

---

[3] Reproduzo a tradução brasileira, com referências entre colchetes. BENJAMIN, W. O surrealismo. O último instantâneo da inteligência europeia. In: *Magia e técnica, arte e política*. Tradução de Sergio Paulo Rouanet. 5. ed. São Paulo: Brasiliense, 1993. (N.T.)

escapar penosamente a cada dia da sujeira e da morte. Cada dia, nos fazemos de dóceis servidores dessas pequenas fabricações que são os únicos deuses do homem moderno. Essa servidão continua em todos os lugares onde um ser normal pode ainda se encontrar. Entra-se em um vendedor de quadros como entra-se numa farmácia, em busca de remédios bem apresentáveis para as doenças confessáveis (BATAILLE, 1970, p. 273).

★

Modéstia, portanto. "Minhas imagens querem alcançar a arte, no máximo, acessoriamente" (FAROCKI, 2002, p. 24). A propósito de um trabalho significativamente intitulado *Tel qu'on le voit* [tal como se vê], em 1986 – e não, por exemplo, *Tel que je le vois* [tal como eu o vejo] –, Harun Farocki admite, sem temer por seu *ego* artístico: "Pude me ajustar a uma forma simples porque estava prestes a abandonar o essencial dos meus recursos estilísticos" (p. 100). O que fará com que um de seus comentadores, Thomas Elsaesser (2008, p. 45), diga: "Farocki se situa em alguma parte entre o 'trabalhador com uma máquina' e o 'operário como um artista'". Mas, em todo caso, o autor de *Images du monde et inscription de la guerre*, sempre se organiza para contornar a "marca de fábrica" industrial ou aquela "marca registrada" artística em que Molly Nesbit (sob o exemplo de Marcel Duchamp), depois Didier Semin (que abarca um arco temporal bem mais amplo, de Yves Klein a Daniel Buren e de Jean Tinguely a Hubert Duprat), restituíram a emergência e a importância, sempre crescente, do domínio da arte contemporânea (NESBIT, 1990, p. 57-65).

★

Houve um modelo para essa modéstia do trabalho. É Robert Bresson. Por sua ética da imagem – "dar prova de humildade" – e por seu rigor formal, notadamente sobre as questões do enquadramento e da montagem. Farocki se debruçou longamente sobre os filmes de Bresson. Em um texto de 1984, ele analisa o "quadro fechado", o uso dos pontos de vista frontais embora "ligeiramente distorcidos", e o emprego do plano-contraplano que "Bresson critica ao intensificar seu uso" (FAROCKI, 2002, p. 75-76). Ele ama, no autor de *L'Argent*, essa maneira tão precisa de "justapor as coisas inesperadas, fazendo derivar do movimento uma correspondência, uma semelhança" (p. 77). Ele descreve *Un condamné à mort s'est echappé* como um verdadeiro documentário sobre o trabalho consistente de inventar minúsculas respostas técnicas – as "máquinas de guerra", segundo Deleuze e Guatarri – na clausura opressora dos "aparelhos de Estado":

> O detento transforma qualquer objeto de sua cela em utensílios para sua fuga. Ele afia o cabo da colher para fazer uma lâmina, ele desmonta as treliças de seu colchão e enrola os cabos, com tecidos rasgados e camisas, para fabricar uma corda. Tal filme sobre esse trabalho e o que ele significa praticamente nunca foi feito (p. 77).

Modéstia diante do trabalho e modéstia do trabalho – o trabalho da imagem ou do pensamento – na medida em que ele seria sempre trabalho sobre o trabalho de outro. Restituindo a esse título o trabalho humano em geral na esfera do bem comum, que não pertence propriamente a ninguém. Bresson (1975, p. 15 e 138) dizia: "Controlar a precisão. Ser em si mesmo um instrumento de precisão. [...] Ser escrupuloso. Rejeitar tudo aquilo que do real *não se torna verdade* (a assustadora realidade do falso)".

*

Torna-se, de repente, necessário nuançar a influência no entanto notória – evidente e modestamente reconhecida pelo cineasta alemão – do "grande estilo" de Godard sobre a obra de Harun Farocki. Não gostaria, aliás, de tomar como uma questão de influência estilística propriamente dita. Antes, uma questão relativa à *posição do montador na sua própria montagem* (do trabalhador em seu próprio trabalho). Volker Pantenburg (2006, p. 45-59) colocou bem aquilo que reuniria Jean-Luc Godard e Harun Farocki: a noção do filme com teoria em ato. Teoria cuja montagem, tanto em um quanto em outro, constitui o pivô processual e a forma por excelência (p. 68-73). Christa Blümlinger (1995, p. 33), por sua vez, frequentemente aproximou – e de forma evidentemente fundamentada – os dois cineastas no plano dos procedimentos: por exemplo, o uso de entretítulos, de citações muitas vezes de textos da tradição filosófica e frequentemente lidos pelos próprios realizadores. Farocki, lembremos, consagrou uma obra inteira – escrita em colaboração com Kaja Silverman (1998) – ao cinema de Jean-Luc Godard. Assim como em Godard, vê-se em Farocki muitos livros filmados, muitas pessoas que leem, muitos gestos ligados ao trabalho de montagem, muitas interrupções recíprocas da imagem e do texto, muitas questões políticas, muitas imagens do mundo e das inscrições da guerra... Está-se evidentemente tentado a deduzir que Farocki terá "permanecido até esse momento fiel ao programa de Godard em sua atividade de cineasta e de artista autoproduzido" (BLÜMLINGER, 2009, p. 78).

Uma diferença se imiscui, todavia, e abre uma fenda decisiva. Christa Blümlinger (1995, p. 38), nas linhas em que, provavelmente, ela não pensava mais em Godard, evoca a passagem quando observa que, "ainda que Farocki não tema sua própria imagem, ele opera sempre para além da exploração narcísica". Não que Godard se compraza de alguma "exploração narcísica", claro. Mas, ao menos desde 1994, ele ocupa sozinho – e, parece, sempre cada vez mais sozinho – o centro de suas próprias montagens. Isso vai de *JLG/JLG* até *Vrai faux passeport*, passando, claro, por sua magistral *Histoire(s) du cinema*. Christa Blümlinger (2004, p. 59) cita ainda um extrato do cenário do filme *Passion*, onde ele escreveu: "Você quer ver, re-ce-ber"[4]. A questão que essa inclusão do *receber* coloca no *ver* poderia, então, se formular assim: a imagem que você vê e que você recebe, você a recebe por bem, você a recebe até o fim? Ela acaba por ser *nossa*, tanto minha, que te transmito, quanto sua e de todos os *outros* onde ela poderá se difundir como bem comum?

★

Ou, para dizê-lo com um pouco mais de precisão filosófica: em que condições pode-se dizer que um cineasta consegue *restituir* verdadeiramente aquilo que ele *dá a ver*? Tal é a questão crucial que – para retomar um *dictum* famoso do próprio Godard (2006, p. 145) – permitiria fazer a diferença entre "fazer filmes políticos" e "fazer *politicamente* os filmes". Ora, nesse plano, o autor de *JLG/JLG* não parece representar a verdadeira antítese da posição de Warhol, se se

---

[4] Existe aqui um jogo entre *voir* (ver) e *recevoir* (receber) que se perde na tradução dos verbos em português. No original: "Tu veux voir, re-ce-voir". (N.T.)

organiza sobre essa posição a estratégia de apropriação, pelo artista, das imagens do mundo – veja as inscrições da guerra – que ele dispensa em torno dele. De um lado, Godard adota há muito tempo a atitude fundamental de citação de Brecht: é o terreno comum que ele compartilha com Farocki. Ele ainda lhes associa, no contexto atual do grande mercado cultural – ou da sociedade do espetáculo – um anúncio para a livre circulação das imagens e das palavras: "NO COPY RIGHT", lê-se, por exemplo, de maneira recorrente e refrescante, sobre os entretítulos de seu filme *Deux fois cinquante ans de cinéma*, em 1995.

Mas, por outro lado, Godard toma pessoalmente e ostensivamente posse das imagens do mundo e das inscrições da guerra que ele dispõe em torno dele. Ele nunca deixa de afirmar seu *estilo*: lirismo, ritmo efervescente, festival de pulsações visuais. Enquanto Farocki apaga seu estilo ou não hesita em perder velocidade em benefício de uma clareza mais modesta que ele deseja imprimir a suas montagens. Godard sempre *reforça* aquilo que mostra. Farocki *enfraquece* o que mostra. Godard atravessa a grande *história da arte* – entra-se em Godard como no ateliê de Rembrandt ou no estúdio de Beethoven –, ele que não para de se confrontar com suas obras de arte. Enquanto Farocki interroga o subterrâneo da *história das imagens* e nos faz entrar na ponta do pé no atelier de um embusteiro ou na torre de controle de um funcionário do tráfego urbano.

Godard se vê o *autor soberano* de suas imagens: ele projeta sobre o cinema algum tipo de concepção do artista que, de fato, vem de uma linha do direito de um estatuto jurídico inventado na Renascença (Kantorowicz, 1984, p. 31-57). Enquanto Farocki se vê – sem renunciar a suas prerrogativas de autor-ensaísta – o *produtor não exclusivo*, não soberano, de suas imagens. Como ser o soberano absoluto de coisas que se quer restituir a todos? Quando Godard dá a pensar, ele dá a admirar seu próprio pensamento, seja ele indiscernível dos múltiplos pensamentos que ele usa, cita, decupa ou mesmo distorce. Quando Farocki dá a pensar, ele nos dá a refletir sobre outra coisa que não é seu próprio pensamento. Godard tem *sempre a última palavra* sobre suas montagens, Farocki faz de seu ponto de honra *nunca ter a última palavra*. Godard *interpreta* o mundo em primeira pessoa, falando de uma voz inspirada, uma voz de profeta melancólico. Farocki se contenta em *desmontar* o mundo, em terceira pessoa, falando de uma voz neutra, precisa e não tomado pelo *páthos* apocalíptico.

Os dois são incomparáveis arqueólogos das imagens. Mas Godard, exibindo o fragmento da ruína material ou do impensado, tem o gesto empático de Schliemann descobrindo Troia (ELSAESSER, 2004, p. 27) e se sente, portanto, dialogando de igual para a igual com Homero em pessoa. Enquanto o gesto de Farocki me evocaria, antes, aquele de Ronald Hirte, o obscuro arqueólogo do campo de Buchenwald, encarregado de colocar em dia os objetos mais modestos que sejam, testemunhas da vida menos gloriosa que seja. Godard chora não ser "reconhecido" como deseja, Farocki não para de rir dos mal-entendidos onde seu trabalho se arrisca, algumas vezes, ser ameaçado.

Todos os dois são – repitamos – incomparáveis coletores – e remontadores – de imagens. Mas Godard se coloca sempre *ao centro* de sua coleção, como André Malraux sobre uma célebre fotografia que ele mostra no meio da iconografia estabelecida para *Les Voix du silence*, em 1951. Enquanto Farocki permanece sempre *na margem* de suas próprias montagens, de seu *corpus* de imagens, o faz quando filma a ele mesmo enquanto trabalha. Porque, em Farocki, são sempre as imagens do mundo que tomam a fala. Nunca aquele que as mostra as reduzirá a suas próprias fórmulas. Longe, portanto, de um modelo de inspiração frequentemente genial, mas peremptório – grandioso – reconhecível em André Malraux, seria antes a modéstia inspirada de Aby Warburg e de seu *Bilderatlas* que parece guiar a atitude de Farocki em sua mesa de montagem. Lá onde Godard – notadamente em *Histoire(s) du cinéma* – constrói uma grande *legenda* do século em que o sopro lírico libera uma *universalidade* sobre o destino do cinema, mas deixa de lado a questão de saber de quem tal imagem é imagem, de forma que o espectador se encontra forçosamente intimidado ao saber, portanto, que ele não tem as chaves; Farocki, de seu lado, libera para cada imagem uma *legenda* precisa que visa restituir sua *singularidade* operadora.

A Rembert Hüser, que lhe colocou uma questão sobre sua relação com a obra de Jean-Luc Godard, Farocki respondeu que ele tinha a tendência de ver no autor das *Histoire(s)* um continuador típico da escola histórica francesa, justamente: aquela que vai de Lucien Febvre – mas, sobretudo, antes dele, de Jules Michelet – aos *Essais* d'ego-historie, publicados há alguns anos por Pierre Nora (1987). Enquanto ele se via como um continuador, pelas imagens, desse coletivo de filólogos e de filósofos reunidos na Alemanha em torno de Erich Rothacker para constituir um "arquivo da história dos conceitos" (*Archiv für Begriffsgeschichte*) (FAROCKI, 2000, p. 309). Tal é, portanto, a modéstia de Harun Farocki. Tal foi o preço "artístico" a pagar para que as imagens do mundo e as inscrições de guerra nos tenham sido oferecidas. Restituídas. Devolvidas. Não como lugares-comuns – que suas remontagens desmontam ou desconstroem –, mas como o *lugar do comum*.

Referências

ADORNO, T. *Théorie esthétique*. Trad. M. Jimenez. Paris: Klincksieck, 1974. [*Teoria Estética*. Lisboa: Edições 70, 1970.]

ADORNO, T. *L'Art et les arts*. Paris: Desclée de Brouwer, 2002.

AGAMBEN, G. *Profanations*. Trad. M. Rueff. Paris: Payot et Rivages, 2005. [*Profanações*. Trad. Selvino J. Assmann. São Paulo: Boitempo Editorial, 2007.]

BATAILLE, G. L'Esprit moderne et le jeu des transpositions. In: *Oeuvres complètes*. Paris: Gallimard, 1970.

BATAILLE, G. La Limite de l'utile. In: *Oeuvres complètes*. Paris: Gallimard, 1976.

BATAILLE, G. La Part maudite. In: *Oeuvres complètes*. Paris: Gallimard, 1976. [*A parte maldita*. Trad. Miguel Serras Pereira. Lisboa: Fim de Século, 2005.]

BEAUVAIS, Y.; BOUHOURS, J-M. La propriété, c'est le vol. In: *Monter, sampler: l'échantillonnage generalize*. Paris: Editions du Centre Pompidou-Scratch Projection, 2000. p. 18-30.

BENJAMIN, W. *Essais sur Brecht*. Trad. P. Ivernel. Paris: La Fabrique, 2003. [Que é o teatro épico? Um estudo sobre Brecht. In: *Obras Completas*. v. 1. São Paulo: Brasiliense, 1985.]

BENJAMIN, W. O surrealismo ou o último instantâneo da inteligência europeia. In: *Obras escolhidas*. São Pauo: Brasiliense, 2012. v. 1.

BLÜMLINGER, C. De la lente élaboration des pensées dans le travail des images. *Trafic*, Paris, n. 14, p. 33, 1995.

BLÜMLINGER, C. Lire entre les images. In: LIANDRAT-GUIGUES, S. (Org.). *L'Essai et le cinéma*. Seyssel: Champ Vallon, 2004.

BLÜMLINGER, C. De l'utilité et des inconvénients de la boucle pour le montage. In: PONTBRIAND, C. (Org.). *HF/RG (Harun Farocki/Rodney Graham)*. Paris: Editions du Jeu de Paume-Blackjack, 2009.

BLÜMLINGER, C. De la lente élaboration des pensées dans le travail des images. In: PONTBRIAND, C. (Org.). *HF/RG (Harun Farocki/Rodney Graham)*. Paris: Editions du Jeu de Paume-Blackjack, 2009.

BRESSON, R. *Notes sur le cinématographe*. Paris: Gallimard, 1975.

BROSSAT, A. *Le Grand dégoût culturel*. Paris: Le Seuil, 2008.

DERRIDA, J. *La Vérité en peinture*. Paris: Flammarion, 1978.

DERRIDA, J. *Glas*. Paris: Galilée, 1974.

DERRIDA, J. *Marges de la philosophie*. Paris: Editions de Minuit, 1972. [*Margens da filosofia*. Campinas: Papirus, 1991.]

DERRIDA, J. *L'Écriture la différence*. Paris: Seuils, 1967. [*A escritura e a diferença*. 4. ed. São Paulo: Perspectiva, 2009.]

DERRIDA, J. *Donner le temps*. Paris: Galilée, 1991.

DERRIDA, J. *Mimesis: Des articulations*. Paris: Flammarion, 1975.

DIDI-HUBERMAN, G. L'image-matrice. Histoire de l'art et généalogie de la resemblance. In: *Devant le temps: Histoire de l'art et généalogie de ressemblance*. Paris: Minuit, 2000.

ELSAESSER, T. *Harun Farocki: Working on the Sightlines*. Amsterdam: Amsterdam University Press, 2004.

ELSAESSER, T. Sauts temporels et dé-placements: le souvenir du travail dans les machines de vision de Farocki. *Intermédialités. Histoire et théorie des arts, des lettres et des techniques*, Paris, n. 11, 2008.

FAROCKI, H. *Bilderschatz* (extraits). In: BLÜMLINGER, C. (Dir.). *Reconnaître et poursuive..* Courbevoie: Théâtre Typographique, 2002.

FAROCKI, H. Filmographie. In: BLÜMLINGER, C. (Dir.). *Reconnaître et poursuivre*. Courbevoie: Théâtre Typographique, 2002.

FAROCKI, H. Influences transversales. *Trafic*, Paris, n. 43, 2002.

FAROCKI, H. Bresson, un styliste. In: BLÜMLINGER, C. (Dir.). *Reconnaître et poursuivre*. Courbevoie: Théâtre Typographique, 2002.

FOSTER, H. The Cinéma of Harun Farocki. *Artforum International*, New York, v. XLIII, n. 3, 2004.

FAROCKI, H.; SILVERMAN, K. *Speaking About Godard*. New York; London: New York University Press, 1998.

FLUSSER, W. *La Civilisation des médias*. Belval: Circé, 2006.

GODARD, J-L. Que faire? In: BRENEZ, N. (Org.). *Jean-Luc Godard*. Documents. Paris: Editions du Centre Pompidou, 2006.

HEIGEDDER, M. L'origine de l'oeuvre d'art. Trad. W. Brokmeier. In: *Chemins qui ne mènent nulle part*. Paris: Gallimard, 1962. p. 32-35. [*A origem da obra de arte*. Lisboa: Edições 70, 2015.]

KANTOROWICZ, E. La souveraineté de l'artiste. Note sur quelques maximes juridiques et les théories de l'art à la Renaissance. In: *Mourir pour la patrie et autres textes*. Paris: PUF, 1984. p. 31-57.

NESBIT, M. Les originaux des *readymades*. Le modèle Duchamp. *Les Cahiers du Musée National d'Art Moderne*, Paris, n. 33, p. 57-65, 1990.

NORA, P. (Org.). *Essais d'ego-histoire*. Paris: Gallimard, 1987.

PATENBURG, V. *Film als Theorie. Bildforschung bei Harun Farocki und Jean-Luc Godard*. Bielefeld: Transcript Verlag, 2006.

SEMIN, D. *Le Peintre et son modèle déposé*. Genève: Mamco, 2001.

SCHAPIRO, M. L'objet personnel, sujet de nature morte. A propos d'une notation de Heidegger sur Van Gogh. In: *Style, artiste et société*. Paris: Gallimard, 1982. p. 349-360.

THÉRIAULT, M. Intraduisible. Le point de départ d'un film. In: *Harun Farocki: One Image Doesn't Take the Place of the Previous One*. Montréal; Kingston: Galerie Leonard et Bina Ellen Gallery; Concordia University-Agnes Etherington Art Centre-Queen's University, 2008.

Ilustrações

Entre a transparência e a opacidade – o que a imagem dá a pensar

Fig. 1, p. 8:   Keith Cottingham, Sem título (Triplo), 1992. Fotografia modificada. Série *Retratos Fictícios*. Courtesia: Ronald Feldman Fine Arts, Nova Iorque.

Aquilo que se mostra. Sobre a diferença icônica

Fig. 1, p. 27:   Andy Warhol, *Rorschach*, 1984. Acrílico sobre papel. Zurique, Eth, Coleção de estampas.

Fig. 2, p. 34:   Albrecht Dürer, *Jesus entre os doutores da lei*, 1506. Óleo sobre tecido, 65 x 80 cm, Lugano, Coleção Thyssen-Bornemisza.

Fig. 3, p. 35:   Ticiano, *Retrato de Jacopo Strada*, c. 1567. 125 x 195 cm. Viena, Museu Kunsthistorisches.

Fig. 4, p. 37:   Mark Rothko, *Nr*. 7, 1960. Óleo sobre tela, 266,5 x 236 cm. Sezon (Japão), Museu de Arte Moderna.

A imagem entre proveniência e destinação

Fig. 1, p. 43:   *Mãos negativas*. Gruta Chauvet (Ardèche, França), 30.000 a.C. Foto de: Chauvet/Deschamps/Hillaire.

Fig. 2, p. 47:   *Jesus regado a vinagre – os iconoclastas recobrem de cal a imagem de Cristo*. Saltério Chludov, metade do século IX. Moscou, Museu Histórico, ms. D. 29, f. 67.

Fig. 3, p. 50:   Hans Memling, *Verônica*, c. 1483. Óleo sobre madeira, 31 x 24 cm. Washington, Galeria Nacional.

Imagem, *mímesis* & *méthexis*

Fig. 1, p. 64: Edouard Manet, *O toureiro morto*, 1864-1865. Óleo sobre tela, 75,9 x 153,3 cm. Washington, Galeria Nacional.

Fig. 2, p. 67: Paul Cézanne, *Jovem diante da morte,* c. 1895-1896. Óleo sobre tela, 130,2 x 97,3 cm. Merion, Pensilvânia, Fundação Barnes.

A janela e o muxarabi: uma história do olhar entre Oriente e Ocidente

Fig. 1, p. 121: Giulio Romano, *Afresco mural,* 1526-1534 (detalhe). Mântua, Palácio del Te, Sala de Cavalos.

Fig. 2, p. 122: Samuel van Hoogstraten, *Quadro de uma janela*, 1653. Viena, Museu Kunsthistorisches

Fig. 3, p. 124: Samuel van Hoogstraten, *Interior*, 1658. Museu do Louvre, Paris.

Fig. 4, p. 128: Mestre do altar de Pfullendorf, *Profetas* (fim do século XV). 39 x 26 cm, Staatsgalerie, Stuttgart.

Fig. 5, p. 131: Hassan Fathy, *Interior*, c. 1950. Gourna, próximo a Luxor.

Fig. 6, p. 132: Tumba de I'timad al-Daula, 1628. *Tela de janela*, Agra.

Fig. 7, p. 133: Ursula Schulz-Dornburg, *Paisagens desaparecidas*, 1980-2002. Fotografia. Casa próxima ao Tigre.

Fig. 8, p. 134: Henna Nadeem, *Tela de janela*, 1997 (detalhe).

Mãos pensantes – considerações sobre a arte da imagem nas ciências naturais

Fig. 1, p. 142: *Nature*, 25 abr. 1953, p. 737.

Fig. 2, p. 143: Coneyl Jay, *Nanolouse*, 2002 (*Nature*, vol. 421, 421, 30 jan. 2003, p. 474).

Fig. 3, p. 144: Galileu Galilei, *Duas paisagens fluviais*, 1610-1611. Desenho a bico de pena, Florença, Biblioteca Nacional Central, Ms. Gal.48, fol. 54v.

Fig. 4, p. 145: Galileu Galilei, *Fases lunares*, 1610. Naquim, Florença, Biblioteca Nazional Central, Ms. Gal. 48, Fol. 28r.

Fig. 5, p. 146: Galileu Galilei, *Fase lunar*, 1610. Calcografia, *Sidereus Nuncius*, Veneza, 1610, p. 8r.

Fig. 6, p. 148: Gottfried Wilhelm Leibniz, *Nó de liga*, s.d. Desenho a bico de pena, Hannover, Niedersächsische Landesbibliothek, LH IV 7C, fol. 120r.

Fig. 7, p. 151: Charles Darwin, *Dois diagramas da evolução*, Cadeno B, 1837. Desenho a bico de pena. Cambridge, University Library, Dar. Ms. 121, fol. 26.

Fig. 8, p. 152: Charles Darwin, *Terceiro diagrama da evolução*, Cadeno B, 1837. Desenho a bico de pena. Cambridge, University Library, Dar. Ms. 121, fol. 36.

Fig. 9, p. 153: Charles Darwin, *Diagrama da "seleção natural"*, 1859. In *Origin of Species*, Londres, Murray, 1859, p. 116.

Fig. 10, p. 154: Ernst Mach, *Autopercepção "Eu"*. Dois desenhos. Caderno de anotações de abril de 1882. Archives Ernst Mach, Deutsches Museum, Munich.

Fig. 11, p. 155: Ernst Mach, *Como se realiza a autopercepção "Eu"*. Desenho em um caderno de anotações, data desconhecida. Citado por Karl Clausberg, *Neuronal, Kunstgeschichte*, Vienne, Springer, 1999, p. 11.

Fig. 12, p. 156: Ernst Mach, *Autopercepção "Eu"*. Xilogravura, in: *Analyse der Empfindungen*, Iéna, Fischer, 1886, p. 15.

Fig. 13, p. 156: Albrecht Dürer, *Três linhas fundamentais*, in: *Unterweysung der Messung*, 1525. Nuremberg.

Fig. 14, p. 158: Benvenuto Cellini, *Diana Ephesia*, c. 1564. Desenho. Londres, British Museum.

Fig. 15, p. 159: Benvenuto Cellini, *Diana Ephesia* (detalhe). *Alfabeto das ferramentas*, c. 1564. Desenho. Londres, British Museum.

Fig. 16, p. 160: William S. Hogarth, *Variety*, in: *Análise do Belo*, 1753. Londres.

Fig. 17, p. 161: Paul Klee, *Livro de esboços pedagógicos*, 1925, Bauhausbücher, Munique, vol. II, p. 6.

Fig. 18, p. 162: Odile Crick, *Modelo da dupla hélice*, *Nature*, 25 abr. 1953, p. 737.

O que as imagens realmente querem

Fig. 1, p. 175: James Montgomery Flagg, *Uncle Sam*, 1916-1917. Cartaz. Washington, Biblioteca do Congresso, Divisão de Gravuras e Fotografias.

Fig. 2, p. 176: Cartaz alemão de recrutamento, 1915-1916. Stuttgart, Staatsgalerie.

Fig. 3, p. 177: Tom Paine, *Uncle Osama*, 2002. Affiche. Cortesia: Tompaine.com.

Fig. 4, p. 179: Cartaz de *The Jazz Singer*. Al Jolson, 1927. Warner Brothers.

Fig. 5, p. 180: *Cristo pantokrator*. Manuscrito iluminado (semiapagado pelos beijos dos fieis), c. 1084. Ms. 3, fol. 39r. Cortesia: Washington, Dumbarton Oaks.

Fig. 6, p. 181: Jean-Baptiste-Siméon Chardin, *Bolas de sabão*, c. 1739. Óleo sobre tela, 93 x 74,6 cm. Nova Iorque, Museu Metropolitano de Arte.

Fig. 7, p. 182: Théodore Géricault, *A balsa da medusa*, 1819. Óleo sobre tela, 491 x 716 cm. Paris, Museu do Louvre.

Fig. 8, p. 184: Barbara kruger, Sem título. *Your gaze hits the side of my face* [Seu olhar atinge a lateral do meu rosto], 1981. Zindman/Fremont-photography. Courtesia: Galeria Mary Boone, New York.

Sobre os autores

Emanuele Coccia (*1976)

Professor assistente de Filosofia Medieval na Universidade de Friburgo, em Breisgau. Estudou em Macerata, Florença, Berlim e Paris. Entre suas publicações estão *La trasparenza delle immagini. Averroè e l'averroismo* (Milão, 2005), *La vida sensible* (Buenos Aires, 2010) e, com Giorgio Agamben, publicou *Angeli: Ebraismo, Cristianesimo, Islam* (Veneza, 2009), uma antologia sobre a angeologia no judaísmo, no cristianismo e no islamismo.

Emmanuel Alloa (*1980)

Pesquisador na Universidade de Basileia e no Polo Nacional de pesquisa *eikónes*. Professor de Filosofia em Basileia e de Estética no Departamento de Artes Plásticas de Paris 8. Em 2009 defendeu, em cotutela entre as universidades de Paris 1 e a Universidade Livre de Berlim, uma tese sobre a noção do "diáfano". Em 2010, foi pesquisador visitante na Universidade de Columbia, em Nova Iorque. É autor de *La résistance du sensible: Merleau-Ponty critique de la transparence* (Paris, 2008); *Nitcht(s) sagen: Strategien des Ent-Sagens im Gegenwartsdenken* (Bielefeld, 2008); e de *Das durchscheinende Bild: Konturen einer medialen Phänomenologie* (Berlim, 2010), bem como de uma antologia do pensamento francês sobre a imagem no século XX (Munique, 2010).

Georges Didi-Huberman (*1953)

Historiador da Arte e da Filosofia, leciona na Escola de Estudos Avançados em Ciências Sociais desde 1990. Foi professor visitante na Academia da França em Roma, no Centro de Estudos da Renascença Italiana de Harvard e no Instituto Warburg. Lecionou em inúmeras universidades estrangeiras como Johns Hopkins, Northwestern, Berkley e Instituto de Arte Courtauld. Em 2006, recebeu o Prêmio Hans-Reimer da Instituição Aby-Warburg, em Hamburgo, e o prêmio Humboldt. Foi curador de diversas exposições, como a L'Empreint, no Centro Georges Pompidou (Paris, 1997) e a Fables du lieu, no Estúdio Nacional de Artes Contemporâneas (Tourcoing, 2001). Entre suas publicações, destacam-se: *L'image ouverte: Motifs de l'incarnation dans les arts visuels* (2007); *La Ressemblance par contact* (2008); *Quand les images prennent position: L'oeil de l'histoire* (2009), *Survivance des Lucioles* (2009). Entre seus livros traduzidos no Brasil, destacam-se: *O que vemos, o que nos olha* (Editora 34, 1998); *Sobrevivência dos vagalumes* (Ed. da UFMG, 2011); *A pintura encarnada* (Escuta, 2012); *A imagem sobrevivente* (Contraponto Editora, 2013); *Diante da Imagem* (Editora 34, 2014).

Gottfried Boehm (*1942)

Depois de defender sua tese de Filosofia sob orientação de Hans-Georg Gadamer, em 1968, e uma tese de História da Arte, em 1974, lecionou em Heidelberg, Bochum, Giessen e Basileia, onde dirige, desde 2005, o Polo Nacional de Pesquisa *eikónes*, dedicado à imagem. Foi pesquisador visitante no Instituto de Estudos Avançados de Viena em 1994, e no Instituto de Estudos Avançados de Berlim de 2001 a 2002. Protagonista, com Hans Belting e Horst Bredekamp, das novas pesquisas sobre a imagem na Alemanha, constatou, no coletivo de 1995 *Was ist ein Bild?* [O que é uma imagem?] que estava em curso uma "virada icônica". Sua mais recente monografia é *Wie Bilder Sinn erzeugen* [Como imagens criam significados] (Berlim, 2007).

Hans Belting (*1935)

Historiador de arte, defendeu uma tese sobre a arte bizantina em 1959. De 1970 a 2002, foi professor em Heidelberg, Munique e Karlsruhe, onde foi cofundador do Centro para Arte e Media.

Professor visitante no Colégio de França de 2002 a 2003, suas palestras debatiam a história do olhar no Ocidente. Depois de dirigir o Centro Internacional de Pesquisa em Estudos Culturais de Viena, de 2004 a 2007, realiza atualmente pesquisas sobre o museu e a arte globalizada. Entre as suas obras traduzidas para o português estão: *O Fim da História da Arte* (Cosac Naify, 2012); *Antropologia da Imagem* (KKYM, 2014); e *A Verdadeira Imagem* (Dafne, 2011).

Horst Bredekamp (★1947)

Historiador da arte, professor da Universidade Humboldt de Berlim e pesquisador visitante do Instituto de Estudos Avançados de Berlim. Realizou pesquisas no Instituto de Estudos Avançados de Princeton, no Instituto de Pesquisa Getty e no Colégio de Budapeste. É codiretor da revista *Bildwelten des Wissens* e membro fundador do projeto *The Technical Image*, na Universidade Humboldt de Berlim.

Jacques Rancière (★1940)

Professor emérito de Filosofia na Universidade de Paris 8. Seu trabalho se coloca sob o signo da crítica da representação e explora, em diferentes campos, as reconfigurações possíveis do ser-com. Ao lado de sua filosofia política, desenvolvida notadamente em *La Leçon d'Althusser* (1974) e *La Mésentente* (1995), seus trabalhos se concentram nas relações entre política e estética, em livros como *A partilha do sensível* (Editora 34, 2009), *O destino das imagens* (Contraponto Editora, 2012) e ainda *O espectador emancipado* (Martins Fontes, 2012). Entre seus títulos traduzidos no Brasil estão ainda *O desentimento* (Editora 34, 1996); *As distâncias do cinema* (Contraponto Editora, 2012); *O mestre ignorante* (Autêntica, 2004); e *Ódio à democracia* (Boitempo Editorial, 2014).

Jean-Luc Nancy (★1940)

Professor de Filosofia na Universidade de Estrasburgo de 1968 até 2004, e professor convidado em Berlim e em Berkley. No centro de uma obra prolífica, que vai desde *Le titre de la lettre* (1973), em coautoria com Philippe Lacoue-Labarthe, até *Etre singulier pluriel* (2000) e *La Déconstruction du christianisme* (2005), a literatura e as artes sempre desempenharam um papel crucial. Tratou especificamente da questão da imagem em uma série de textos mais recentes, nota-damente em *Au fond des images* (2003), mas também em *L'évidence du film* (2001), sobre o cinema de Kiarostami, *Visitation* (2001), sobre a pintura cristã e *La Peau des images* (2003), em coautoria com Federico Ferrari. Em 2007, organizou a exposição *Le plaisir du dessin*, no Museu de Belas Artes de Lyon.

Marie-José Mondzain (★1944)

Filósofa e diretora de pesquisa do Departamento de Comunicação e Política do Centro Nacional de Pesquisa Científica. Tradutora de um dos primeiros tratados sistemáticos sobre a imagem – *Antirrhétiques*, do autor bizantino Nicéphore –, sua pesquisa é dedicada a uma arqueologia da imagem e ao poder do olhar. Entre suas publicações estão *L'Image naturelle* (1995); *Image, icône, économie. Les sources byzantines de l'imaginaires contemporain* (1996); *L'image peut-elle tuer?* (2002); *Le Commerce des regards* (2003); *Qu'est-ce que tu vois?* (2008). Em *Homo spectator* (2008), desenvolve um pensamento da imagem emancipadora que tem origem em uma releitura da arte paleolítica.

W. J. T. Mitchell (★1942)

Professor de História da Arte e Literatura na Universidade de Chicago e um dos precursores dos estudos visuais nos Estados Unidos. É também um dos editores da revista *Critical Enquiry*. Após defender uma tese sobre a arte visual nas obras de William Blake (*Blake's Composite Art: A Study of the Illuminated Poetry*, 1978), dedicou numerosos trabalhos ao estudo das diferentes lógicas das imagens. Dentre suas principais publicações estão *Iconology: Image, Text, Ideology* (1986), *Picture Theory* (1994) e *What do Pictures Want? The Lives and Loves of Images* (2005). Seu último livro, *Cloning Terror*, dedica-se às imagens de guerra, do 11 de setembro a Abu Ghraib.

Sobre os tradutores

Todos os artigos foram traduzidos do francês por Carla Rodrigues, exceto quando houver indicação em contrário

Alice Serra

Doutora em Filosofia pela Universidade de Friburgo, Alice Serra é professora adjunta do Departamento de Filosofia da UFMG. É autora de *Archäologie des (Un)bewussten: Freuds frühe Untersuchung der Erinnerungsschichtung und Husserls Phänomenologie des Unbewussten* (Würzburg, 2010), entre outras publicações. Suas pesquisas atuais concentram-se na área de Filosofia Contemporânea, especialmente em Fenomenologia e Desconstrução.

Carla Rodrigues

Professora da cadeira de Ética do Departamento de Filosofia da UFRJ, é doutora e mestre em Filosofia pela PUC-Rio, onde defendeu tese de doutorado sobre as possibilidades de pensar a ética na filosofia de Jacques Derrida. Realizou pesquisa de pós-doutorado no Instituto de Estudos da Linguagem/Unicamp, como bolsista do CNPq (2011/2013). É autora, entre outros, de *Duas palavras para o feminino – hospitalidade e responsabilidade – sobre ética e política em Jacques Derrida* (NAU/Faperj, 2013) e *Coreografias do feminino* (Editora Mulheres, 2009), e tradutora de *Esporas – os estilos de Nietzsche*, de Jacques Derrida (NAU, 2013), *A sabedoria trágica*, de Michel Onfray (Autêntica, 2015), e *Demorar: Maurice Blanchot*, de Jacques Derrida (Ed. da UFSC, 2015).

Fernando Fragozo

Professor associado da Escola de Comunicação da UFRJ, onde leciona desde 1997, e do Programa de Pós-Graduação em Filosofia da UFRJ. Professor colaborador do Programa de Pós-Graduação em Filosofia da UERJ. Doutor em Comunicação e Cultura pela UFRJ, realizou pós-doutorado em Filosofia na Escola Normal Superior de Paris. É membro do Grupo de Estudos Sociais e Conceituais em Ciência, Tecnologia e Sociedade e do Laboratório Khôra de Filosofias da Alteridade.

Marianna Poyares

Cursou graduação (PUC-Rio) e mestrado (USP) em Filosofia. Atualmente é professora do curso de graduação do Departamento de Filosofia da UFRJ. Tem se dedicado a pesquisas sobre identidade e representação e suas relações com as artes e com as ciências sociais.

Este livro foi composto com tipografia Bembo Std e impresso
em papel Off-White 80 g/m² na Gráfica Assahi.